브라질 공급망의 모든 것

공급망을 알면 브라질이 보인다

브라질 공급망의
모든 것

신재훈 지음

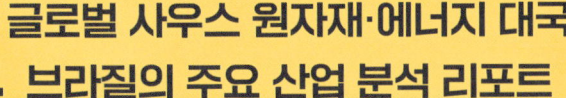

글로벌 사우스 원자재·에너지 대국
브라질의 주요 산업 분석 리포트

농업

광물

에너지

물류·
모빌리티

공급망
혁신기술

머리말

우리나라의 많은 사람들에게 브라질은 아마존, 축구, 쌈바, 커피, 이구아수 폭포, 위험한 나라, 부패 등의 단편적인 이미지로 인식되고 있다. 브라질에 주재원으로 파견을 간다고 하면 언제든 강도를 당할 수 있는 위험한 곳에 간다고 안타깝고 생각하는 지인들도 많았다. TV 프로그램, 영화 등에서 항상 브라질 관련해서는 비슷한 내용들이 나오기 때문이다. 본질과 다르더라도 자극적인 내용이 인기가 많은 법이다. 한편 경제 기사나 칼럼을 보면 브라질은 '영원한 가능성의 나라'로 자주 표현된다. 넓은 국토, 천연자원, 온화한 날씨 등 가진 것에 비해 경제 성장이 더디다는 의미다.

하지만 상상하는 것 이상으로 브라질은 산업 규모가 크고 농업, 광업, 에너지 등 원자재뿐 아니라 제조업도 발달하였다. 전 세계 대부분의 자동차 회사들이 브라질에 공장을 운영하고 있고 정유, 화학, 철강, 전력 등 기간 산업 관련해서는 라틴아메리카에서 가장 규모가 크고 경쟁력이 뛰어나다. 세계에서 3번째로 많은 민항기를 생산하는 엠브라에르(Embraer)도 브라질 회사다. 브라질의 거대한 내수 시장(인구 2.1억 명) 및 풍부한 사업 기회 덕분에 라틴아메리카에서 가장 많은 해외직접투자를 유치하는 나라기도 하다.

브라질은 2023년 국내총생산 순위에서는 9위에 올라 14위인 한국을 멀찌감치 따돌렸다. 2010년대 중반 원자재 가격이 하락하고 라바자투(Lava Jato)라는 대규모 부패 수사가 이루어지면서 브라질 경제가 끝없는 하락 곡선을 탈 줄 알았으나 워낙 펀더멘탈이 강한 나라라 반등하는 모습을 보이고 있다.

최근 미-중 갈등, 각국의 자원 국유화 추세 등을 볼 때 앞으로 식량, 광물, 에너지 등 천연자원의 공급망이 중요해질 것이다. 브라질은 글로벌 공급망이 재편되면서 가장 수혜를 볼 나라 중 하나로 보인다. 이미 2018년 이후 미국 트럼프 대통령이 중국산 제품에 대한 관세를 대폭 높이면서 중국은 대두 주요 수입국을 미국에서 브라질로 변경했고 브라질은 세계 1위의 대두 생산 및 수출국이 되었다.

2022년 러시아와 우크라이나 간 전쟁이 터지자 해당 지역에서의 옥수수, 밀 수출이 제한되어 브라질 옥수수 생산량이 급증하였고 수출량 1위에 오르기도 했다. 그동안 저조했던 밀 생산량도 늘어나고 있다. 브라질은 커피, 셀룰로스(펄프), 설탕, 육류 등의 주요 생산국이기도 하다. 세계 인구가 증가하면서 모두 수요가 늘어나고 있다.

브라질 에너지 산업도 매우 흥미롭다. 브라질은 수요에 비해 석유 생산량이 적어 2000년대 초만 해도 수입량이 많았다. 1970년대 석유 파동 때는 석유 대외 의존도를 줄이기 위해 에탄올 산업을 적극적으로 육성했다. 하지만 대형 심해유전이 발굴되면서 라틴아메리카 최대의 석유가스 생산국으로 성장했다.

브라질은 미국 다음으로 바이오연료를 많이 생산하는 국가이기도 하다. 사탕수수, 옥수수로 에탄올을 생산하고 대두, 동물성 지방으로 바이오디젤을 만든다. 친환경 기조가 이어지면서 바이오연료 사용량이 늘어나 브라질이 수혜를 볼 것이다. 지속가능항공유(SAF) 등 생산량도 늘어날 예정이다.

한편 브라질은 약 80%의 전력을 신재생에너지원에서 생산한다. 전통적으로 수력발전이 강했으며 최근에는 북부, 내륙 지방을 중심으로 태양광, 풍력발전 설비를 설치하고 있다. 이런 친환경 위주 발전은 향후 브라질 제조업 제품의 수출 경쟁력도 대폭 개선시켜 줄 것으로 예상된다. 중장기적으로 브라질은 대표적인 '파워쇼어링' 국가로 성장할 잠재력이 크다. 브라질은 2030년을 목표로 친환경 발전을 기반으로 그린수소도 대량으로 생산하여 유럽, 북미, 아시아 등으로 수출할 계획이다.

광업 관련해서는 브라질은 대표적인 철광석, 금, 다이아몬드 생산 대국이다. 호주 다음으로 많은 철광석이 매장되어 있고 생산 및 수출량도 세계 2위다. 브라질은 운이 좋은 나라인지 친환경 산업이 떠오르자 발맞추어 천연흑연, 니켈, 리튬, 구리, 희토류, 바나듐 등 핵심 광물(Critical Minerals)

의 매장량 및 생산량도 늘어나고 있다.

브라질 공급망 관련해서는 물류·모빌리티 및 혁신기술에 대해 살펴볼 필요도 있다. 중장기적으로 식량, 광물, 석유연료 등 원자재 수출 경쟁력을 가지기 위해서는 효율적인 물류 인프라가 필수적이다. 브라질은 고속도로, 철도 인프라가 열악해 경쟁국에 비해 매출액 대비 물류비가 높은 편이다. 이를 극복하고 경쟁력을 유지하기 위해 정부 및 기업들은 많은 노력을 기울이고 있다.

통신망 및 IT기술이 발전하면서 농업, 광업, 에너지 등 원자재 산업의 생산성도 획기적으로 개선되고 있다. 브라질 농기업들은 드론, 무인 농기계, 위성 기반 AI기술, 블록체인 등을 적극적으로 도입하고 있으며, 광물기업들도 생산성 개선 및 ESG 준수를 위해 혁신기술을 적극적으로 활용하고 있다.

3년 반 동안 근무하며 브라질 구석구석을 여행 및 업무차 방문하면서 현장에서만 느낄 수 있는 정보를 얻고 많은 것을 배울 수 있었다. 업무상으로는 정부 관료, 기업인, 협회 임원, 교수, 스타트업 창업자 등 다양한 사람들과 면담을 할 수 있어 브라질 경제 및 산업에 대해 이해도를 높일 수 있었다. 브라질에서 많은 출장을 다니고 행사를 개최하면서 마투그로수 주지사, 파라나 주지사 등 브라질 정치 및 경제를 이끄는 인사들을 실제로 만나볼 수 있는 영광도 얻을 수 있었다.

모쪼록 이 책을 읽으면서 독자들이 브라질에 대한 이해도를 높이고 투자, 비즈니스 등의 기회를 얻을 수 있길 바란다. 브라질이라는 국가를 가장 잘 이해하기 위한 키워드는 '공급망'이라고 생각한다. 공급망 관점에서 브라질을 분석하면 주요 산업 및 기업들에 대한 인사이트도 키울 수 있을 것이다. 이 책은 브라질로 출장이나 여행을 가면서 가볍게 읽을 수 있게 단순하고 명쾌하게 쓰려고 노력했다. 브라질의 잠재력과 매력을 느끼고 새로운 시각을 가지는데 도움이 되기를 기원한다.

차례

머리말

1. 세계의 식량 생산기지

- 브라질 농산업 개요 … 018
- 대두, 브라질 농산업의 주력 품목 … 034
- 세계 2위의 옥수수 수출국 … 043
- 브라질 축산업의 저력 … 047
- 커피 산업은 현대 브라질의 초석 … 051
- 상파울루는 사탕수수 천국 … 058
- 세계 최대 셀룰로스(펄프) 수출 국가 … 064
- 비료와 작물보호제는 브라질 농업의 약한 밸류체인 … 072

2. 에너지: 심해유전에서 그린수소까지

- 석유 순 수입국에서 중남미 최대의 생산 국가로   086
- 브라질의 주요 석유·가스 회사들   092
- 브라질산 해양플랜트 생산의 꿈   096
- 천연가스 단가 인하와 산업 경쟁력 제고   100
- 석유 대국 브라질은 왜 석유 제품을 수입할까?   104
- 브라질 화학 산업의 어려움과 떠오르는 바이오화학   108
- 세계 2위의 바이오연료 생산국   115
- 대부분의 전력을 친환경 에너지원으로 생산하는 축복받은 나라   123
- 그린수소는 브라질 에너지 산업의 미래   133

3. 철광석부터 핵심 광물까지

- 17~18세기 브라질 경제를 이끈 금과 다이아몬드　　140
- 브라질 광물 산업의 위상　　143
- 라틴아메리카 최대의 철광석·철강 생산국　　151
- 세계 니오븀 생산을 주도하는 CBMM　　157
- 브라질은 세계 희토류 매장량 3위인데 왜 생산량이 적을까?　　160
- 변방에서 리튬 생산의 다크호스로　　166
- 브라질은 세계 3위의 니켈 매장국　　170
- 브라질은 세계 2위의 천연흑연 매장국　　174
- ESG는 브라질 광업의 필수 요소　　177

4. 물류·모빌리티로 보는 브라질 공급망

- 브라질의 지나치게 높은 물류 비용　　　　　　　　　184
- 브라질 물류 인프라의 이상과 현실　　　　　　　　　189
- 물동량 증가로 주목받는 브라질 북부 항만　　　　　193
- 브라질 철도 산업은 왜 발전이 더딜까?　　　　　　　197
- 브라질은 왜 유료 도로가 많을까?　　　　　　　　　205
- 남미 최대의 자동차 생산 국가　　　　　　　　　　　207
- 브라질 친환경차의 대세는 에탄올 하이브리드　　　212
- 이커머스·첨단산업이 이끄는 브라질 항공운송　　　219
- 엠브라에르는 세계 3위의 민항기 생산 회사　　　　222
- 도로 대체 수단으로 떠오르는 수로·연안운송　　　 226

5. 브라질의 공급망 관련 혁신기술들

- 브라질은 왜 스타트업이 발전했을까?   234
- 브라질의 우수한 고등 교육 기관들   237
- 농촌 구석까지 연결되는 고속 인터넷망   241
- 어디서든 볼 수 있는 스타트업 인큐베이터   245
- 농촌 생산성을 높이는 어그테크 기술   247
- 무인 농기계의 시대로   251
- 브라질의 물류 관련 스타트업들   256
- 성장하는 농업 핀테크(Agfintechs)   262
- 브라질의 광업 및 석유·가스 관련 스타트업들   267

1

세계의 식량 생산기지

브라질 농산업 개요

브라질 농산업의 급격한 성장

어느 나라나 근간이 되는 산업이 있는데 브라질은 농·축산업이 경제를 이끌고 있다. 농업연구기관인 Cepea/CNA에 따르면 브라질 경제에서 농업이 차지하는 비중은 2013년 18.7%에서 2023년 24.04%로 대폭 상승하였다. 대두, 옥수수, 사탕수수 등 농산물이 브라질 농산업의 성장을 이끌고 있다.

브라질 전체 수출에서 농산물의 비중도 2022년 47.56%로 2011년에 비해 10%p나 늘어났다. 2022년 브라질 총수출액은 3,341억 달러였는데 농산물 수출액은 1,589억 달러였다. 러시아-우크라이나 전쟁이 발발하면서 밀, 옥수수 등 양국의 주요 곡물 수출에 제약이 생겼고 판매 가격이 상승하여 브라질 농산물 수출액이 증가하는 효과도 있었다. 생산성이 개선되고 재배 면적이 확대되면서 농산물 생산량도 지속적으로 증가하고 있다.

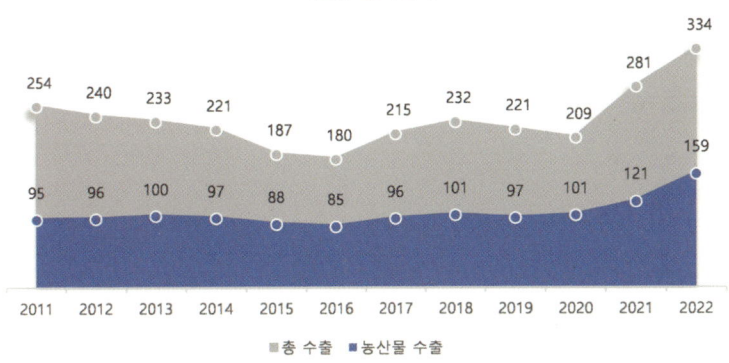

[자료: 브라질 농축산부(Mapa)]

국립농산물공급공사(Conab) 자료를 보면 브라질의 농산물 재배 면적은 2013/14년 5,706만 헥타르에서 2023/24년 7,994만 헥타르로 확대되었고, 헥타르 당 생산성도 2013/14년 3,394kg에서 2023/24년 3,727kg으로 증가했다. 곡물 총생산량은 2013/14년 1억 9,367만 톤에서 2022/23년 3억 1,981만 톤으로 늘어났다.

세계 인구가 늘어나면서 농산물에 대한 수요가 늘어났고, 농축산물 최대 수입국인 중국과 주요 수출국이었던 미국의 사이가 악화되면서 브라질 농가들이 반사이익을 얻었다. 한편 종자, 비료, 작물보호제 등 농화학 제품의 품질이 좋아지면서 농업 생산성도 개선되고 있다. 농업용 드론, 무인 농기계 등 첨단 기계들이 투입되면서 농장에 투입되는 인원을 줄이면서 생산량을 증가시킬 수 있게 되었다. 농촌 지역에도 점차 LTE 및 5G망이 도입되면서 첨단기술을 활용하기 좋은 환경이 조성되고 있다.

  브라질은 미국, 중국, 아르헨티나 등과 어깨를 견주는 곡물 생산국으로 대부분의 글로벌 농업 기업들이 진출해 있으며 이들 기업들은 브라질 환경에 맞는 신기술을 재빠르게 도입하고 있다. 브라질 농업 기업이나 농가들도 최근 벌어들이는 수익이 많다 보니 신기술을 도입하는 데 많은 자금을 투입할 수 있게 되었다. 결국 선순환 구조로 브라질 농산업은 계속 발전하는 중이다.

브라질 농산업의 역사

  포르투갈 사람들이 브라질에 도착하기 전 원주민들은 만지오카, 땅콩, 담배, 고구마, 옥수수 등을 재배하면서 살아갔다. 포르투갈 사람들은 브라질 해안 지역을 식민지화하면서 염료 나무인 파우브라질(Pau-Brasil)을 재배하고 유럽으로 수출하면서 경제활동을 유지했다. 파우브라질은 현재 국가 명칭의 시초가 되었다.

  현재 브라질 농산업의 특징은 대규모 단작(플랜테이션) 경작이라고 볼 수 있다. 브라질 농가들은 옥수수, 대두, 사탕수수, 오렌지, 커피 등 특정 작물을 대규모로 재배한다. 포르투갈 사람들은 북동부 페르남부쿠주(Pernambuco) 근처에서 대규모 사탕수수 농장을 건설하고 원주민들을 노동력으로 투입했다. 사탕수수로는 설탕을 만들었는데 브라질 내에는 구매할 수 있는 인구가 없어 대부분 유럽으로 수출했다. 북미의 경우 토지가 많은 사람들에게 분배되어 각자가 심을 작물을 선택했지만 브라질 농업은 시초부터 소수의 지주가 운영하는 대규모 플랜테이션이 기본이 되었다. 17세기 이후부터는 목화, 담배, 카카오 등으로 경작하는 품목이 다변화되었다.

포르투갈 식민지 시대 막바지에 이르러서는 커피가 주요 경작 품목으로 등장했다. 프랑스령 기아나(French Guiana)에서 도입된 커피는 처음에 브라질 북부 지역에서 경작되다가 점차 날씨가 시원한 남부로 내려왔으며 19세기에 이르러서는 처음에 리우데자네이루주, 이후에는 상파울루주 및 미나스제라이스주로 주요 경작지가 이동하였다. 당시 커피가 브라질 경제에 미치는 영향이 지대하여 상파울루주에 있는 몇 개 커피 가문과 미나스제라이스주의 낙농업(우유)을 영위하는 가문들이 번갈아서 정권을 차지하였다. 이 추세는 1930년대까지 지속되었다. 19세기 노예제도가 폐지되면서 농장에서 일할 노동력이 사라지면서 브라질은 이탈리아, 스페인, 프랑스, 독일, 일본 등지에서 대규모 이민을 받아들였다. 당시 금과 다이아몬드를 생산하던 광업까지 쇠퇴하면서 브라질 경제는 커피가 이끌어 갔다.

1900년대 초에는 아마존 한가운데 있는 거점 도시인 마나우스(Manaus) 인근에서 대규모로 고무나무를 재배하는 플랜테이션이 발전했다. 당시 자동차 시장이 성장하면서 타이어용으로 고무가 엄청나게 필요하던 시절이어서 마나우스는 큰 호황을 누렸다. 특히 1차 세계 대전이 발발하면서 군용 자동차 생산량이 대폭 늘어났다. 마나우스는 당시 남미에서 가장 부유한 지역 중 하나였다. 외부에서 돈이 몰려 들어오면서 부유해진 주민들은 여가를 즐기기 위해 분홍색 오페라 하우스를 건설했으며 지금도 마나우스의 주요한 관광 명소다.

브라질 농산업이 커피에서 벗어나서 현재와 같은 위용을 갖춘 시기는 1960~90년 사이다. 에밀리오 메디치(Emilio Medici) 대통령은 1973년 농업연구청(Embrapa)을 설치하여 전문적으로 대두, 옥수수, 쌀, 밀 등 다양한 작물에 대해 전문적으로 연구하기 시작했다. 브라질은 국토가 넓어서 지역마다 기후와 환경이 상이하다. 농업연구청은 각 지역에 맞는 작물을 찾아내어 도입하고 환경에 맞게 종자를 개량하였다. 선진기술을 도입하기 위해 미국, 유럽, 일본 등 농업 선진국과도 적극적으로 협력하였다.

1970년대부터는 그동안 덥고 건조해 상업적으로 이용되지 못하고 있던 세하두(Cerrado) 지역을 개간하였다. 세하두는 포르투갈어로 '닫혀 있다'라는 뜻이며 그동안 브라질 사람들에게 미지의 지역이었다. 철광석, 다이아몬드, 금 등 광물이 많이 매장되어 있는 것도 아니고 상파울루주, 파라나주, 히우그란지두술주 등 남부 지역처럼 토지가 비옥하거나 수량이 풍부한 것도 아니었다. 하지만 방문해 보면 지평선 너머 끝없이 펼쳐져 있는 평원이 인상적인 지역이다.

대두, 목화 등 주요 작물의 종자를 개량하고 수로를 연결하고 비료를 대량으로 투입하는 등의 노력을 거쳐 세하두는 현재 브라질 농업의 중심지로 떠올랐다. 특히 마투그로수주는 농업의 중심지인데 연구기관들이 브라질 곡물의 가격, 생산성, 경쟁력 등을 평가할 때 대두가 많이 재배되는 마토그로수주의 소히소(Sorriso)라는 도시를 기준으로 한다.

1960년대에는 브라질이 주로 수출하는 농산물 품목이 4개였는데 1990년대에 들어 12개로 늘어났다. 브라질 정부는 보조금, 저리 융자, 부채탕감 등을 통해 농가들이 성장하는 데 많은 도움을 주었다. 1994년 이후에는 재정난으로 정부가 농가를 지원하는 보조금을 줄이는 대신 민간 금융기관들의 영향력이 커졌다. 지금도 브라데스코(Bradesco), 이타우(Itaú), 산탄데르(Santander) 등 대형 은행들은 대규모의 농업 금융 프로그램 등을 운영한다.

존디어(John Deere), CNH인더스트리얼 등 농기계 회사들이 브라질 시장에 본격적으로 진출하면서 상당량의 농장 업무도 자동화되었다.

브라질 세하두 지역

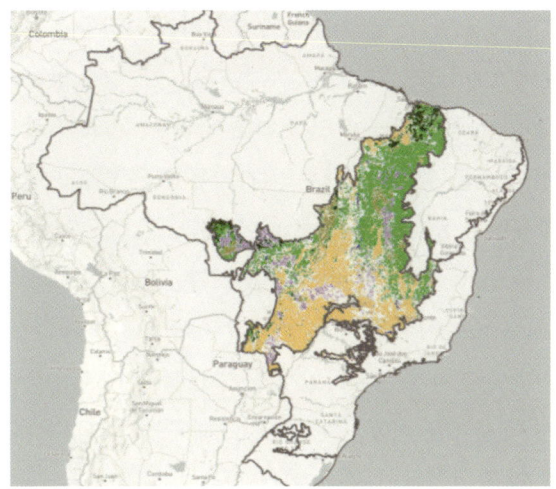

[자료: Ecologia e Ação]

비료, 작물보호제 등에 적용되던 수입 관세도 대폭 낮추어서 농가들이 저렴하게 글로벌 농화학 제품들을 이용할 수 있게 되었다. 여기에 2010년대 이후 미-중 무역 갈등 등 공급망 관련 지각변동이 이루어지면서 브라질 농산업은 세계의 중심으로 올라설 수 있었다.

번성하는 농업 거점 도시들

브라질은 플랜테이션형 단작 농업이 발달했고 농가나 농업 기업들은 대두, 옥수수, 유칼립투스 나무(셀룰로스 제조용), 사탕수수, 오렌지 등을 넓은 지역에 재배한다. 농장 주변에는 어김없이 중소 도시들이 자리 잡고 있다. 예를 들어 큰 커피 농장이 하나 있으면 거기서 일하는 사람들이 모여 사는 마을이 근처에 있다. 남의 농장에서 일하는 사람들은 소득이 크지 않은데 브라질 최저 시급인 약 3,000헤알(약 60~70만 원)을 받는 것이 기본이다. 하지만 농업 자동화 기술이 발전하면서 파종, 비료/작물보호제 살포, 수확 등 작업이 자동화되고 있으며 일자리를 잃은 많은 사람들이 상파울루, 리우데자네이루 등 대도시 근처로 이주한다.

이 때문에 대도시 인근에는 끝없이 펼쳐지는 빈민가(Favela)가 어김없이 있다. 처음에 도시로 이주해 와서 임금 수준이 높은 일자리를 얻을 수 없으니 도시 외곽 빈민가에 거주하면서 아기 돌봄, 식당, 경비, 공장 노동자 등 일을 하면서 생계를 이끌어 나간다. 그래서인지 브라질에 근무하면서 새벽에 일이 있어 나가보면 항상 버스 정류장 앞에 많은 사람들이 서 있다. 도시 외곽에서 일자리가 있는 도심까지 이동하는 데 많은 시간이 걸리기 때문에 일찍 집을 나서야 한다.

하지만 브라질 농산업이 호황을 누리면서 역으로 도시에서 농촌으로 이동하는 사람들도 많아졌다. 상파울루 인근의 농업 중심지는 히베이랑프레투(Ribeirão Preto)라는 도시로 브라질 북서쪽으로 5~6시간 정도 차를 타고 가면 도착할 수 있다. 브라질에서 가장 큰 농업 전시회인 아그리쇼(Agrishow)가 4~5월에 열린다. 이 도시는 주변에 사탕수수 농장들이 끝없이 펼쳐져 있어 설탕, 에탄올 등을 생산하고 판매하면서 성장했다. 『파이낸셜 타임즈』 등 주요 글로벌 언론도 2019년 이후 급성장하는 브라질 농산업을 취재하면서 히베이랑프레투로 몰리는 사람들이나 투자에 대해 주목했다. 농업도 디지털화되면서 단순 노동자들뿐 아니라 소프트웨어 엔지니어, 데이터 분석가 등 고급 인력들도 주요 농촌 도시에 몰리고 있다. 자본이 축적되면서 에탄올 공장, 곡물 가공 시설 등 인프라에 대한 투자도 대폭 늘었다.

히베이랑프레투뿐만 아니라 마투그로수주의 쿠이아바(Cuiabá), 히우그란지두술주의 포르투알레그리(Porto Alegre), 파라나주의 론드리나(Londrina), 상파울루주의 피라시카바(Piracicaba), 고이아스주의 고이아니아(Goiânia) 등도 각주의 거점 농업 도시들이다. 이 도시들을 방문하면 고급 SUV나 픽업트럭들이 자주 눈에 띈다. 도시 중심에는 고급 아파트 건설 현장이 많고 외곽에는 알파빌리(Alphaville) 등 고급 부동산 회사들이 건설하고 있는 타운하우스 현장을 볼 수 있다. 밤에도 거리를 다니다 보면 고급 레스토랑, 바들이 활발하게 영업하고 있다.

브라질 곡물 생산량은 3억 톤을 넘어섰으며 지금처럼 성장세가 지속된다면 농업 거점 도시들은 지속적으로 성장할 것이다. 돈이 돌면서 고속도로, 철도, 공항 등 인프라에 대한 투자도 증가하고 있다. 주정부나 시정부들은 세금으로 걷히는 돈이 늘어나면서 어그테크 인큐베이터(Agtech Incubator) 같은 농업 기술 개발을 위한 시설 건설에도 적극적으로 나서고 있다.

브라질의 주요 농업 회사들

지금까지는 브라질 농산업의 현황과 성장 가능성에 대해 설명하였는데 그렇다면 실제 브라질 농산업을 이끄는 회사들은 어떤 곳들이 있을까? 일단 'ABCD'라고 불리는 글로벌 곡물 트레이딩 회사들을 꼽을 수 있다. Valor1000에서 집계한 2023년 브라질 농업 회사 순위를 보면 카길(Cargill)이 1위, 벙지(Bunge Alimentos)가 2위, 루이드뤼퓌스(Louis Dreyfus Company)가 5위에 올라 있다.

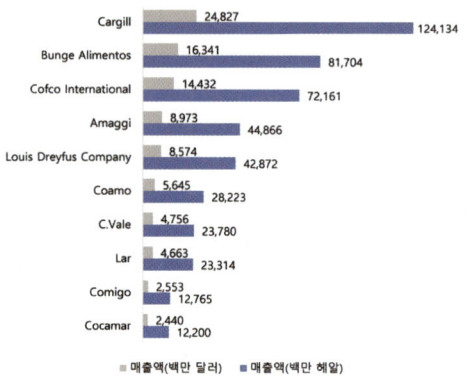

참고로 'ABCD'는 ADM, Bunge, Cargill, (Louis) Drefus Company의 앞 자를 따서 만든 약자로 글로벌 곡물 시장을 장악하고 있는 4대 트레이딩 회사들을 의미한다. 브라질은 이들이 주로 거래하는 대두, 옥수수 등을 소싱하는 핵심 국가로 'ABCD' 기업들은 이미 수십 년 전에 브라질에 진출하여 여러 사업을 진행하고 있다.

과거에는 거대 트레이딩 회사들이 농가들에서 곡물을 구매하여 중국, 인도, 중동, 동아시아 등 주요 소비지에 판매하는 역할을 하였다면 최근에는 곡물사일로, 곡물엘리베이터, 선박, 곡물 가공 시설, 항만 선적 시설 등 자산에도 많은 투자를 하고 있다. 곡물을 매입하는 것부터 유통까지 전 공급망에 걸친 인프라를 구축한다. 기후변화로 인한 농산물 생산 변동성이 커지자, 이들은 농장 모니터링을 위해 인공위성에도 투자를 하고 있다. 산토스(Santos), 파라나구아(Paranaguá) 등 주요 항만에 가보면 이들 회사들 로고가 붙은 곡물사일로 및 선적 시설들이 눈에 띈다. 국립농산물공급공사(Conab)에 따르면 2024년 기준 브라질 곡물사일로의 16%만 농가가 보유하고 있고 나머지 84%는 협동조합, 트레이딩 회사, 항만 소유다. 이 때문에 신규 회사가 브라질 등의 곡물 트레이딩 시장에 진입하는 것은 쉽지 않다. 운반부터 저장, 선적까지 인프라를 대여해야 하는데 이미 자리를 잡은 메이저 회사들이 잘 협조를 해주지 않기 때문이다.

'ABCD' 기업들은 수직계열화를 통해 식품 가공 분야에도 진출했다. 슈퍼마켓에 가보면 카길, ADM 등이 가공·판매하는 식용유를 찾아볼 수 있다. 이들 기업들은 자체 대두 착유 시설을 운영하면서 일부 기름은 바이오디젤로 판매하고 일부는 대두 식용유로 가공하여 유통 회사에 공급한다.

한편, 코프코(COFCO INTERNATIONAL)는 중국 국영 곡물 기업으로 대두, 옥수수 등 트레이딩 규모를 확대하고 있다. 중국은 브라질 대두 등 농산물의 최대 소비지인데 중국 정부 입장에서도 서방 회사들이 해당 비즈니스를 장악하는 것을 지켜볼 수는 없었을 것이다. 코프코는 2016년 네덜란드 곡물 기업인 니데라(Nidera)를 완전히 인수하면서 곡물 트레이딩 관련 자산이나 노하우도 확보했다. 대두 가공 공장, 곡물사일로 등 브라질 내 농업 자산 투자도 활발히 추진하고 있다.

그렇다면 브라질 농업 회사로는 주목할 만한 곳이 어디가 있을까? 마투그로수주 출신의 아마지(Amaggi)와 히우그란지두술주 출신의 SLC아그리콜라(SLC Agrícola)를 꼽을 수 있다. 아마지는 1977년 이탈리아계 이민자인 안드레 마지(André Maggi)가 설립한 회사로 마투그로수주에 대규모로 토지를 매입하여 대두를 재배하면서 회사를 키웠다. 농산물 트레이딩뿐 아니라 종자 개발, 운송, 대두 가공, 수력발전, 금융 등 사업을 하고 있다. 사업장은 브라질, 아르헨티나, 네덜란드, 스위스, 파라과이, 노르웨이 등에 있다.

SLC아그리콜라는 1977년 독일계 이민자에 의해 설립되었으며 대두, 목화, 옥수수, 축산업 등 사업을 영위하고 있다. SLC시멘치스(SLC Sementes)라는 종자 회사도 운영하며 대두, 목화 종자를 생산 및 유통한다. 본사는 히우그란지두술주의 포르투알레그리에 있으며 고이아스주, 마투그로수주, 마라냥주, 마투그로수두술주, 바이아주, 피아우이주, 미나스제라이스주 등에도 농장들을 운영한다. 1980년대는 파젠다 팜플로나(Fazenda Pamplona)라는 회사를 인수하면서 중서부 지역에 진출했으며 현재 SLC아그리콜라의 모든 농장은 세하두 지역에 있다.

두 회사 사례를 보면 모두 1970년대 이후 브라질 세하두 지역이 개발되면서 급격히 성장하였다. 상파울루주, 파라나주 등 기존에 농산업이 발전했던 지역은 이미 대부분의 농지가 소유권이 있어 성장하는 데 한계가 있었을 것이다. 하지만 황무지였던 세하두 지역이 농토로 변모하면서 대량의 토지를 매입할 수 있었고 회사가 성장하는 데 큰 기여를 했다.

브라질 농산업을 이해하기 위해서는 꼭 알아야 할 협동조합

우리나라 농산업도 농협, 축협 등 협동조합이 큰 역할을 한다. 농가들에게 자금을 대여해 주기도 하고 대두박, 옥수수 등 원료를 수입하여 사료를 만들어 공급한다. 농가들이 쌀, 채소 등을 재배하는 데 필요한 기술을 전수해 주기도 한다.

브라질은 우리나라보다 농산업 규모가 월등히 큰 만큼 많은 협동조합이 운영되고 있다. 2022년 기준 브라질에 약 100만여 개의 농가가 있었는데 협동조합 수는 1,173개였다. 농업 협동조합은 지역 혹은 품목을 기준으로 설립하며 가입된 농가들을 여러 방면으로 지원한다.

척박한 토지를 공동으로 개간하는 것부터 해서 비료, 작물보호제, 농기계, 종자 등을 저렴하게 공동구매 하는 업무도 지원한다. 개별 농가가 대규모 시설투자에 부담을 느끼기에 협동조합이 에탄올 플랜트, 사료 공장, 곡물사일로, 가공 시설 등을 건설하고 조합원들이 공동으로 운영하기도 한다. 크레소우(Cresol), 시크레지(Sicredi), 시쿠비(Sicoob) 등 저리 농업자금을 대출해 주는 협동조합 등도 활발하게 운영되고 있다. 드론, 스마트팜 등 선진기술을 도입하고 전파하는 역할도 하고 있다.

농산물 판매 관련해서도 각 농가가 트레이딩 회사나 해외 소비자에게 직접 영업을 하기는 번거롭기도 하고 규모가 작아 협상력도 떨어진다. 협동조합이 가입 농가들의 물량을 모아서 판매하면 물량을 소진하기도 쉽고 협상력도 높아지는 효과가 있다.

실제 사례를 보면 C.Vale는 브라질 남부 및 중서부에 2만 5,000개의 농가를 회원으로 보유한 협동조합으로 농가들을 대표하여 사업 다각화를 추진하고 있다. 단순히 곡물을 유통하는 것에서 부가가치가 많이 창출되지 않아 대두박, 식용유, 사료 등을 생산하는 가공 시설 건설을 검토하고 있다.

고이아스주에 위치한 협동조합인 COMIGO는 기존에는 농가들이 공급하는 곡물로 대두박과 식용유를 생산해서 유통상에 공급했으나 매출 확대를 위해 사료/종자 생산 및 비료 배합 분야로 사업 분야를 넓혀 나가고 있다.

파라나주의 COCAMAR는 파라나주, 상파울루주, 마투그로수두술주 등에 1만 6,000개의 조합원을 보유하고 있는데 이들을 위해 90여 개의 곡물사일로 및 가공 시설을 운영하고 있다. 주요 취급 품목은 대두, 옥수수, 커피, 오렌지다. 이 협동조합도 사료 및 비료 가공, 바이오디젤 생산 분야로 사업을 확대해 나가는 중이다. 농업 디지털화에도 관심이 있어 농장 구석구석에 농업용 통신 안테나를 설치하고 작물보호제 살포용 드론 도입을 추진하고 있다.

브라질의 주요 농업 협동조합

(단위: 십억 헤알)

[자료: Forbes Agro]

    협동조합들은 곡물 트레이딩 회사들과 협력하기도 한다. COAMO는 카길과 닭/돼지용 사료 공장을 파라나주 캄푸모우랑(Campo Mourão)에 건설할 예정이다. 카길은 사료를 생산하는 데 있어 포뮬러를 제공하는 등 생산을 지원하며 생산 후에는 유통 업무도 맡는다. COAMO는 공장에 옥수수, 대두, 밀 기반 사료 원료를 공급할 예정이다.

브라질의 농업 금융

    브라질 농업은 금융과도 밀접한 관계를 지니고 있다. 농가들은 자기 자본으로 비료, 작물보호제, 종자 등을 구매하여 농사를 짓기도 하지만 보통 대출을 받아 구매를 하고 향후 수확 시 상환하는 경우가 많다. 2024년 10월 브라질 기준금리(Selic)는 10.75%로 시중 은행들이 빌려주는 대출 금리는 이를 상회한다. 농가들 입장에서는 부담스러운 수준이다.

브라질 정부는 2003년부터 '플라노 사프라(Plano Safra)'라는 농업 정책자금을 만들어서 저리로 농가들에 대출을 해주고 있다.

농업 정책자금 규모는 해가 갈수록 늘어나고 있는데 브라질 농업 생산량이 매년 기록을 경신하고 있고 농화학 제품, 농기계 등 투입이 늘어나면서 자금 수요가 증가되었기 때문이다. 2003/04년 룰라 정부가 취임했을 때 '플라노 사프라'를 처음 만들었으며 '기업 및 대농용(Grandes Produtores)' 대상으로 870억 헤알, '소농 및 가족농(Pequenos Produtores)' 대상으로 204억 헤알을 책정하였다. 2011/12년 지우마 대통령이 당선되었을 때는 '기업 및 대농용' 대상 2,183억 헤알, '소농 및 가족농' 대상 373억 헤알을 책정하였다. 이후 2016/17년 부패 수사로 지우마 대통령이 탄핵되었고 2019~20년에는 우파인 보우소나루 대통령이 당선되었다.

보우소나루 정권 때는 '플라노 사프라' 금액이 크게 증가하지 않은 것을 확인할 수 있다. 긴축 정책을 펼치면서 정책자금을 확대하는 것에도 부담을 느꼈다. 2023년 룰라가 3번째로 대통령에 당선되면서 농업 정책자금 액수를 크게 증액하였다. 기업 대상 대출액만 해도 2023년 3,642억 헤알에서 2024년 4,006억 헤알로 늘어났다.

대출 금리는 유통·운영자금의 경우 8~12%, 투자의 경우 7~12.5% 수준이다. 금리가 높다고 생각될 수 있지만 브라질은 시중 은행 금리가 높고 농가의 신용도가 높지 않거나 담보가 없으면 대출 자체가 힘든 경우가 많기 때문에 '플라노 사프라' 자금에 대한 수요가 많다.

브라질 정권별 '플라노 사프라(Plano Safra)' 정책자금 규모
(단위: 십억 헤알)

[자료: Poder360]

금리는 대출 대상(대/중/소 농장), 용도, 프로그램 등에 따라 다르게 책정된다.

매년 배정되는 정책자금에 따라 농기계, 비료, 작물보호제 등 농산업 공급망 전반에 있는 제품들 수요도 예측해 볼 수 있다. 예를 들어 '모데르프로타(Moderfrota)'는 '플라노 사프라' 중에서 트랙터 등 농기계를 현대화하는 데 투자하는 농가에게 빌려주는 자금이다. 이 자금의 규모와 금리에 따라 농기계 판매 수요를 예측해 볼 수 있다. '이노바아그로(Inovagro)'는 농업 관련 혁신기술을 개발하는 농가를 대상으로, '헤노바아그로(Renovagro)'는 지속가능한 농·축산업 관련 투자하는 농가에게 주어지는 정책자금이다.

이타우(Itaú), 산탄데르(Santander), 방코두브라질(Banco do Brasil), 브라데스

코(Bradesco) 등 민간 은행들도 농업자금 대출을 관리하는 거대한 팀들을 운영하고 있다. 브라질에서 농업이 가장 큰 산업이고 대출 수요도 많기 때문이다. 브라질의 큰 농업 박람회들에 가보면 핵심 자리에 큰 텐트나 부스를 설치하고 활발하게 상담하는 모습을 볼 수 있다. 존디어, CNH인더스트리얼 등 농기계 회사들도 금융 계열회사들을 가지고 있는데 농기계를 판매하면서 대출 프로그램을 제시한다.

은행들은 상환 가능성, 농가의 수익성 등을 판단하기 위해 각 거점을 지사를 보유하고 일부는 기상 및 수확 상태를 모니터링하기 위해서 인공위성 모니터링 서비스를 구독하기도 한다.

지구온난화 이상기온이 이어지면서 농가들을 위한 보험상품도 인기를 끌고 있다. 브라질은 미국, 중국, 아르헨티나 등 경쟁 국가에 비해 비료, 작물보호제 등 농화학 제품을 많이 투입한다. 철도, 고속도로 등 물류망도 상대적으로 열악하여 해당 원료들을 항만에서 농장으로 운반하는 데 물류비가 많이 든다. 만약 대두, 옥수수, 사탕수수 등을 대규모로 재배하였는데 가뭄이나 홍수가 나서 제대로 수확이나 운반을 하지 못한다면 손실이 막대하다. 이를 방지하기 위해 농산물 보험에 드는 농가들이 늘어나고 있으며 정부도 관련하여 지원 프로그램을 가지고 있다.

2024년에도 브라질의 대표적인 곡창지대인 최남단 히우그란지두술주에 큰 홍수가 나서 쌀, 옥수수, 대두 등을 재배하는 농가들이 큰 피해를 입었다. 지구온난화가 심해지면서 지역에 따라 가뭄이나 홍수도 빈번하게 일어날 것으로 예상된다. 커피 농가들도 냉기가 서리는 등 날씨가 급변하면 수확량에 변동이 크다. 장기적으로 브라질 농업 관련 보험 시장도 대폭 성장할 것이다.

대두,
브라질 농산업의 주력 품목

 브라질 농산업을 이해하기 위해서는 대두(Soy Bean)를 알아야 한다. 세계 생산이나 수출 점유율에서 브라질이 차지하는 비중이나 금액적으로 월등하기 때문이다. 원래 대두 산업을 주도하던 것은 미국이다. 중국과 교류가 활발할 때 중국은 미국으로 공산품을 수출하고 미국은 중국으로 원유, 대두, 옥수수, 천연가스 등 원자재를 많이 수출했다. 하지만 2017년 미국에 트럼프 정권이 들어서면서 중국 제품에 대한 관세를 대폭 높였고 중국은 반사적으로 미국산 대두 수입을 축소했다.

 중국이 필요로 하는 양의 대두를 생산할 수 있는 나라는 미국 외에는 브라질과 아르헨티나가 유일하다. 다른 나라들은 대두 생산량이 적거나 생산해도 내수로 공급해야 한다. 아르헨티나와 비교해서도 브라질의 대두 생산량이 월등하게 많다. 중국 입장에서는 브라질에서 대두를 수입하는 것보다 미국산이나 아르헨티나산이 원가 측면에서 저렴하나 원하는 물량을 안정적으로 받기 위해 브라질에 의존할 수밖에 없다. 현재 브라질 대두 생산량의 약 60%는 중국으로 수출된다(금액 기준 2023년: 57%, 2024년: 60%).

2019년 취임한 보우소나루 대통령은 처음부터 중국에 대한 노골적인 적대감을 표현했다. 하지만 오히려 집권 기간 동안 브라질의 대중 대두 수출량 및 비중은 높아졌다. 브라질도 중국이 아니면 대두 등 농산물을 대량으로 수출할 수 있는 판로가 없기 때문이다.

중국도 대두를 꼭 수입해야 하는 나라다. 대두는 중국인들이 좋아하는 두부, 간장, 식용유 등의 주요 원재료로 사용된다. 대두에서 기름을 짜내고 남은 대두박은 돼지, 소, 닭 등 중국에서 대량으로 기르는 가축들의 주요 사료다. 대두유로 만드는 바이오디젤은 탄소배출 감축 트렌드에 따라 주요 에너지원으로 떠오르고 있다. 대두는 마가린, 과자, 소세지 등 식품의 원재료이기도 하고 타이어, 화장품, 페인트, 제약 제품 등을 만드는 데도 필요하다.

중국의 인구가 증가하고 소득이 늘어나면서 육류 소비가 늘어났기에 대두는 식량안보 및 국민들의 단백질 영양 섭취를 위해서도 꼭 수입해야 하는 품목이다. 대두박은 가축 사료의 주요 원료다. 미국 농무부(USDA) 통계를 보면 중국도 2023/24년 2,084만 톤의 대두를 생산했다. 하지만 대부분 내수에서 소진되기 때문에 브라질로부터 많은 양의 대두를 수입하는 중이다.

브라질 국립농산물공급공사(Conab)의 통계를 보면 브라질 대두 생산량은 2012/13년에 대비해서 2022/23년 거의 2배로 성장했다. 2012/13년 브라질 대두 생산량은 8,150만 톤에 불과했으나 2022/23년 1억 5,574만 톤으로 증가했다.

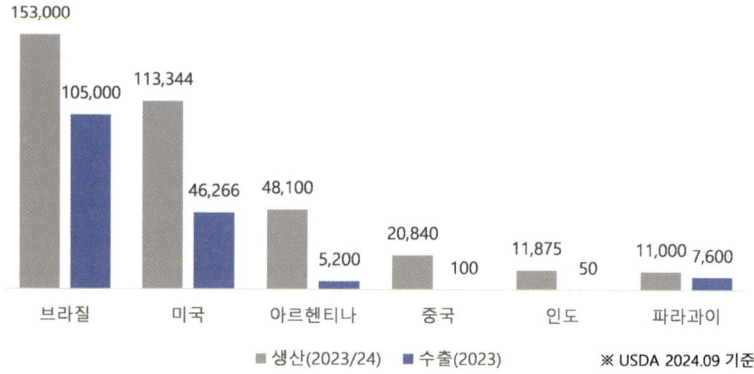

[자료: 미국 농무부(USDA) 2024년 9월 통계]

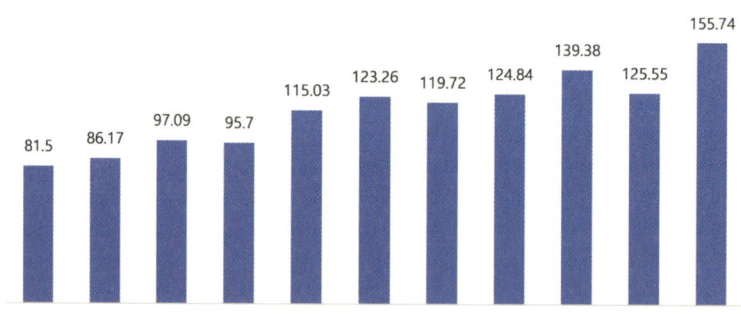

[자료: 브라질 국립농산물공급공사(Conab)]

브라질의 대두 생산량이 증가한 사유를 살펴보면 중국의 수입 증가도 있지만 경작지 면적 확대 및 생산성 향상에도 기인한다. 1900년대 중반까지만 해도 브라질에서 대두는 파라나주, 히우그란지두술주, 상파울루주 등 비옥한 남부, 동남부 지역에서 사료로 사용하려고 소량 생산했다. 하지만 소비가 증가하고 1970년대 이후 개간한 세하두 지역에 적합한 대두 종자가 개발되자 생산량이 획기적으로 늘어나기 시작했다. 앞에서 언급했듯이 아마지(Amaggi), SLC아그리콜라 등 브라질 출신의 농업 회사들은 세하두 지역을 개발하면서 급격히 성장했고 지금도 주력 품목이 대두다.

당시 브라질 연방정부는 농업연구청(Embrapa)을 설립했고 우수한 해외 이민자 및 과학자들을 세하두 개간에 참가시켰다. 특히 마투그로수주가 세하두의 중심에 자리 잡고 있고 지금도 브라질에서 가장 많은 대두를 생산하는 지역이다. 2023/24년 브라질 대두의 26%가 마투그로수주에서 수확되었다. (파라나주, 히우그란지두술주, 고이아스주, 마투그로수두술주가 차순위) 브라질 대두 협회(Aprosoja) 본사도 마투그로수주 주도인 쿠이아바에 있다.

상파울루에서 쿠이아바로 비행기를 타고 가면 어느 순간부터 끝없이 펼쳐져 있는 대두 경작지를 볼 수 있다. 초록색 대두 밭이 지평선 너머로 펼쳐져 있다. 규모가 거대해서 파종, 농화학 제품 살포, 수확 등은 모두 기계로 한다. 작물보호제 살포 등의 업무는 경비행기를 활용한다. 브라질 국립농산물공급공사에 따르면 2024/25년 대두 경작 면적은 4,740만 헥타르까지 늘어날 것으로 예상된다(한반도 면적 약 2,207만 헥타르).

브라질 대두 산업에 대해 이해도를 높이기 위해서는 대두콩 생산부터 수출까지 이어지는 밸류체인을 분석해 볼 필요가 있다. 브라질은 대두콩을 수출하기도 하지만 대두박, 유지 형태로도 수출하고 있다. 대두유 및 바이오디젤에 대한 수요가 많기 때문에 마투그로수주, 파라나주 등 곳곳에 대두기름 착유 및 정제 시설이 있다.

2023년 기준 대두콩 1억 6,030만 톤을 생산했으며 1억 187만 톤을 수출했다. 대두박에서 기름을 짜내고 남은 대두박은 4,229만 톤 생산했으며 2,247만 톤을 수출했다. 우리나라도 브라질의 주요 대두박 수출 대상지 중 하나다. 농협 및 우리나라 사료 회사들은 대두박을 수입하여 배합사료를 만들어 가축 농가들에 공급한다.

브라질 회사들은 2023년 대두유도 1,078만 톤 생산했다. 대두유는 식용유 혹은 바이오디젤로 투입된다. 233만 톤을 수출했으며 나머지 867만 톤은 내수 시장에 공급되었다. 대두콩→대두박→대두유 순서로 생산량 대비 수출 비중이 높다. 2023년 기준 전체 대두 제품의 대중국 수출 비중은 57%였는데 대두콩의 대중국 수출 비중은 73%나 되었다. 중국은 대두박, 대두유 등 제품 형태보다는 곡물 형태로 브라질에서 수입하고 있다.

2023년 기준 63개의 회사들이 129개의 대두 가공 시설, 32개 회사들이 59개의 착유/포장 시설을 운영하고 있다. ADM, 벙지, 카길, LDC 등 글로벌 곡물 트레이딩 회사들이나 브라질 협동조합 및 기업들이 주요 소유주들이다. 중국 COFCO도 대두 가공 공장을 마투그로수주 혼도노폴리스 등에 운영하나 아직은 숫자가 많지 않다. 기타 외국 기업들도 브라질 대두 가공 공장 건설을 검토하는 사례가 있으나 ABCD급의 기업들을 제외하고는 규모의 경제를 갖추기가 어려워 쉽게 투자를 결정하기가 쉽지 않다.

브라질 대두 산업 관련하여 지속가능성이 가장 큰 이슈로 떠오르고 있다. 지속가능성은 두 가지로 나누어 볼 수 있는데 브라질 대두 산업이 경쟁국에 비해 지속적으로 경쟁력을 가지는 것과 기후, 토양 등 환경변화에 적응할 수 있는지 여부다.

먼저 브라질 대두 생산 원가는 미국이나 아르헨티나보다 높다.

브라질 대두 생산·무역 통계

(단위: 천 톤)

구분	2022	2023
1. 대두콩		
1.1. 기초 재고	5,259	3,706
1.2. 생산	129,944	160,300
1.3. 수입	419	181
1.4. 종자비축/기타	2,254	2,291
1.5. 수출	78,730	101,870
1.6. 가공	50,932	54,165
1.7. 기말 재고	3,706	5,861
2. 대두박		
2.1. 기초 재고	2,123	2,322
2.2. 생산	39,210	42,292
2.3. 수입	3	3
2.4. 수출	20,353	22,474
2.5. 내수 판매	18,661	20,511
2.6. 기말 재고	2,322	1,632
3. 대두유		
3.1. 기초 재고	490	520
3.2. 생산	9,945	10,781
3.3. 수입	24	21
3.4. 수출	2,597	2,333
3.5. 내수 판매	7,342	8,677
3.6. 기말 재고	520	312

[자료: ABIOVE]

브라질 주요 은행인 Itaú BBA는 2024년 브라질과 주요 경쟁국의 대두 생산 원가를 계산해 보았다. 브라질에서는 마투그로수주의 한 농가를 기준으로 계산한 '마토그로수주 농업 경제 연구소(IMEA)'의 자료를 참고했다. 미국에서는 일리노이주의 대두 농가를 조사한 일리노이 대학교의 자료를, 아르헨티나에서는 뉴클레오(Zona Nucleo) 지역을 연구한 '마르헤네스 아그로페쿠아리오스(Margenes Agropecuarios)'의 자료를 근거로 조사했다. 결과적으로 헥타르당 대두 생산 원가는 브라질(782달러), 미국(665달러), 아르헨티나(351달러)로 브라질이 가장 높았다.

브라질 기준으로 원가를 산정해 보면 헥타르 당 종자가 129달러, 비료가 335달러, 작물보호제가 235달러, 기계 장비가 36달러, 인건비가 44달러가 소요되었다. 비록 생산성까지 고려하면 브라질의 대두 재배 경쟁력이 조금 올라가지만 장기적으로 경쟁력을 유지하기 위해서는 원가 개선이 필요하다. 브라질 농가들은 농화학 제품을 많이 투입하는 것 외에도 물류 인프라가 좋지 않아 운송에 많은 비용을 소모한다.

두 번째로 지속가능성 관련 고려해야 할 사항은 탄소배출 증대 등 환경적인 요소들이다. 마투그로수주 등 내륙 지역은 여름에 온도가 40~50도까지 올라가는 곳인데 지구온난화가 심해지면서 대두 생산량이 급감하지 않을까 하는 우려가 든다. 현재까지는 비료를 투입하고 바이엘(Bayer), 코르테바(Corteva) 등 글로벌 농화학 회사들이 브라질 기후와 토양에 맞는 종자를 개발하여 생산량이 계속 향상되는 상황이다. 하지만 장기적으로 온도가 계속 상승하면 생산성을 유지할 수 없을 수도 있다. 멜서스의 『인구론』을 보면 인구의 증가는 기하급수적이지만 식량의 증가는 산술급수적이기에 인류는 큰 식량 문제를 직면한다는 내용이 나온다. 다행히 질소, 인산염 등 비료 기술이 발전하면서 오히려 현재까지는 식량이 남아도는 상황이다.

과연 기술이 발전하면서 지구온난화를 극복하고 대두 생산량을 늘일 수 있을지 아니면 애그플레이션을 맞이할지 관심을 가지고 지켜봐야 한다. 유럽, 미국 등 선진국 중심으로 ESG에 대한 관심이 높아지면서 브라질 대두 농가들에게 지속가능한 방식으로 대두를 재배했는지 문의하는 구매자들이 늘어나고 있다. 이 경우 농가들이나 트레이딩 회사들은 불법으로 벌목하거나 화전하지 않은 지역에서 대두를 재배했다는 증거를 제시해야 한다. 농기업들은 이를 대비해서 대두 재배 공급망을 모니터링하고 인증하는 시스템을 구축하고 있다. 카길은 2022년부터 브라질 사업장에 6억 헤알을 투자해 '3S(Soluções para Suprimentos Sustentáveis) 프로그램'을 개발했는데 농가들은 애플리케이션에 접속하여 ESG를 준수하면서 생산성을 향상시킬 수 있는 솔루션을 얻을 수 있다. 3S 프로그램을 통해 대두 재배 이력이나 방식을 인증받을 수도 있다. 중국 국영 곡물회사인 COFCO도 2024년 5월 산림 파괴와 100% 무관한 대두 5만 톤을 처음으로 중국으로 수출했다. 중국 소비자나 정부도 대두 생산과 관련된 ESG에 관심을 가지기 시작했다는 증거다.

벙지도 '지속가능한 파트너십(Parceria Sustentável Bunge)' 프로그램을 통해 직구매하는 대두의 100%, 간접구매 하는 대두의 97% 이상을 모니터링하고 있다. 블록체인 기술을 활용하여 대두 원산지를 추적하는 시스템도 개발하는 중이다.

브라질은 세계적인 대두 생산의 왕좌에 올랐다. 지속적으로 기술이 발전하고 젊은 인구들이 농업에 관심을 가지고 유입되고 있는 것은 좋은 신호다. 사일로, 도로, 철도 등 인프라에 대한 투자도 늘어나면서 점차 대두를 재배하는 것에 대한 원가 경쟁력도 향상될 것으로 예상된다. 브라질은 지금까지 해왔던 것처럼 도전을 극복하고 대두 산업을 발전시켜 세계의 곡물창고 역할을 해낼 것으로 예상된다.

대두 농장 전경

[자료: Pixabay]

세계 2위의
옥수수 수출국

미국 농무부(USDA)에 따르면 브라질의 2023/24년 옥수수 생산량은 미국, 중국 다음인 세계 3위였다. 하지만 수출량으로는 미국 다음인 세계 2위를 기록했다. 옥수수는 식용과 사료용 외에 음료수, 화장품의 첨가제, 에탄올 등의 원료로 사용된다.

주요국의 옥수수 생산 및 수출
(단위: 천 톤)

[자료: 미국 농무부(USDA) 2024년 9월 통계]

브라질에서 생산되는 옥수수의 50~55% 정도는 가축 사료로 사용되고 12~15% 정도는 에탄올을 포함한 산업용 원료로 투입된다. 나머지는 대부분 수출된다. 의외로 사람 식용으로 사용되는 옥수수는 많지 않다. 옥수수의 주요 경작지는 대두와 마찬가지로 마투그로수주, 마투그로수두술주, 고이아스주 등 세하두 지역과 파라나주, 미나스제라이스주 등 동남부 지역이다. 브라질 중부 지방을 여행하다 보면 끝없이 펼쳐져 있는 옥수수 농장을 볼 수 있다. 2021년 생태 관광지로 유명한 보니또(Bonito)에 방문하기 위해 마토그로수두술주 캄포그란지(Campo Grande) 공항에 내렸다. 캄포그란지에서 보니또까지는 버스로 6시간 정도 걸린다. 버스로 이동하는 동안 계속 옥수수밭이 이어졌던 것이 인상적이었다.

대두에 비해 브라질 옥수수 산업은 상대적으로 주목을 받지 못했으나 종자 개량 등 노력에 힘입어 생산 및 수출량이 급증하고 있다. 2022/23년에는 미국을 제치고 세계 수출량 1위에 오르기도 했다. 그 이후에도 미국과 수출량 관련해서는 큰 차이가 나지 않고 경합하고 있다. 참고로 브라질에서 옥수수는 2~3모작이 가능하다.

대두의 경우 수출량의 약 70%가 중국으로 향하나 옥수수의 경우 중국의 자체 생산량이 많기에 대중 수출량이 크지 않았다. 2022년 중순까지 중국은 위생 등 검증이 되지 않았다는 이유로 브라질산 옥수수를 수입하지 않기도 했다. 중국 정부는 농산물을 수입하기 전에 검시관을 현지 농장에 보내 검증하고 수입 허가 여부를 결정한다. 결국 2022년 브라질 옥수수 수입을 허가했고, 그 결과로 2023년 브라질 옥수수의 대중 수출액이 36억 달러로 2022년 대비 10배 정도 증가했다.

2022년 러시아-우크라이나 간 전쟁이 터지면서 두 나라가 수출하던 옥수수 수출에 문제가 생겼다.

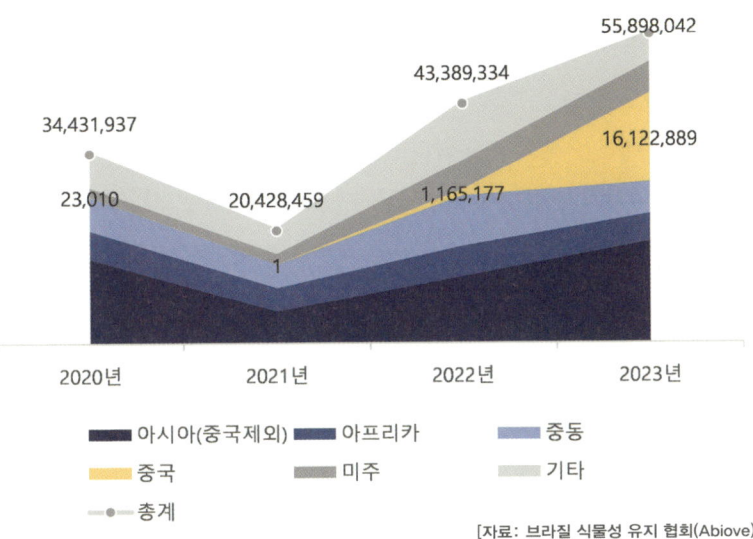

[자료: 브라질 식물성 유지 협회(Abiove)]

　전쟁 초반에는 러시아에서 출항하는 선박에 서구 주요 금융회사가 보험을 들어주지 않아 선적이 어려웠고 이후에도 북미 및 유럽으로 수출이 잘되지 않고 있다. 우크라이나산 옥수수의 경우도 주요 항만이 교전에 휩싸이면서 선적이 쉽지 않다. 상대적으로 브라질이 반사사익을 얻었다. 브라질의 옥수수 수출액은 2020년 58억 달러, 2021년 42억 달러에서 2022년 122억 달러, 2023년 136억 달러로 대폭 늘어났다.

　이 추세가 이어진다면 대두와 마찬가지로 브라질이 옥수수의 1~2위 생산국으로 올라서는 날도 다가올 것이다. 브라질의 장점은 생산량 대비 수출량이 많다는 점이다. 중국이나 미국은 생산량이 많지만 내수 소비량도 많기에 수출 여지가 크지 않다. 하지만 브라질은 자체적으로 소비하는 것보다 월등히 많은 분량을 생산하기 때문에 수출량을 늘리기 용이하다.

최근 옥수수 생산량이 급격히 늘어나고 저장할 곡물사일로도 부족하다 보니 에탄올 생산으로 돌리는 물량도 많다. 그동안 에탄올 하면 미국은 옥수수, 브라질은 사탕수수로 만든다는 공식이 있었다. 하지만 브라질도 옥수수 기반 에탄올 생산량을 늘리면서 옛날얘기가 되었다.

이런 대내외적인 환경변화로 옥수수는 대두를 잇는 브라질의 주요 곡물로 자리 잡을 것이며, 관련 비즈니스 기회들이 끊임없이 창출될 것으로 예상된다.

옥수수 농장

[자료: John Deere 홈페이지]

브라질 축산업의 저력

　브라질은 전통적으로 축산업이 발전했다. 옥수수, 대두 등 곡물 산업이 발전하다 보니 사료를 저렴하고 풍부하게 제공받을 수 있다. 국토가 넓다 보니 소, 닭, 돼지 모두 키울만한 공간도 충분하다.
　브라질에는 육류 문화가 발달했는데 상파울루주, 리우데자네이루주 등 대도시뿐 아니라 소도시나 시골에도 슈하스카리아(Churrascaria)라는 무한리필 소고기 식당이 많이 있다. 한국에도 강남, 반포, 이태원 등 주요 거점을 기반으로 브라질식 소고기 스테이크 음식점을 찾아볼 수 있다.
　이들 식당은 고속도로를 주변으로 휴게소 등에서 트럭 운전사나 장거리 여행자를 대상으로 영업을 하다가 브라질 전역으로 퍼져나갔다. NB스테이크(NB Steak), 포고지숑(Fogo de Chão) 등 메이저 브랜드들은 미국 등 해외에도 많은 매장을 운영하고 있다. 히우그란지두술주 등 남부 지역 중심으로 카우보이 문화도 발전했으며 이들은 과거 가축 몰이를 하다가 허기가 지면 바닥에 불을 피우고 고기를 굽는 문화가 있었다. 포고지숑(Fogo de Cho)

도 포르투갈어로 '바다의 불'이라는 뜻을 가지고 있다. 히우그란지두술주 캄바라두술(Cambará do Sul) 지역을 여행하다 한 호텔에서 예전 방식으로 바닥에 불을 피워 고기를 구워주어 인상 깊었던 기억이 있다.

아래 미국 농무부(USDA)의 통계를 보면 브라질 축산업의 저력을 볼 수 있다. 2023년 기준 소고기의 기준 세계 수출량이 1,207만 톤이었는데 브라질 수출량은 301만 톤이었다. 닭고기의 경우 세계 수출량이 1,373만 톤인데 브라질 수출량이 475만 톤, 돼지고기는 세계 수출량이 1,058만 톤인데 브라질 수출량이 139만 톤이었다.

특히 중국, 동남아시아 등 지역의 고기 섭취량이 늘어나고 인구도 늘어나면서 브라질에서 많은 육류를 수입한다. 한국도 식당에 가보면 닭고기 원산지가 브라질산인 것을 흔하게 볼 수 있다.

아직 소고기나 닭고기에 비해 돼지고기의 수출량은 크지 않다. 브라질에서 돼지고기가 많이 생산되는 지역은 파라나주, 산타카타리나주 등 남부 지역인데 이들 지역 주정부나 기업들은 한국 돼지고기 시장을 공략하기 위해 식품 전시회에 참가하거나 식약청 인증 절차를 알아보는 등 많은 노력을 기울이고 있다.

브라질에는 세계적인 규모의 육가공 회사들이 여럿 있다. 메이저 기업들로는 JBS, 말프리그(Marfrig), BRF, 미네르바 푸즈(Minerva Foods), 아우로라(Aurora) 등이 있다. 특히 JBS의 매출액은 2023년 3,638억 헤알(약 727억 달러)로 압도적이다.

JBS는 세계에서 가장 큰 육가공 회사로 소고기, 닭고기, 연어, 돼지고기 등을 가공하는 공장들을 운영한다. 2023년 JBS가 운영하는 공장이나 영업 지점은 브라질, 아르헨티나, 미국, 호주 등 24개국에 500개 정도 되었다.

세계 육류 수출 추이

(단위: 백만 톤)

종류		2020	2021	2022	2023
소고기	세계	11.23	11.45	12.04	12.07
	브라질	2.54	2.32	2.90	3.01
	기타 국가	8.70	9.13	9.14	9.06
닭고기	세계	13.12	13.29	13.54	13.73
	브라질	3.88	4.23	4.45	4.75
	기타 국가	9.24	9.07	9.09	8.98
돼지고기	세계	12.56	12.22	10.95	10.58
	브라질	1.18	1.32	1.32	1.39
	기타 국가	11.38	10.90	9.63	9.19

[자료: 미국 농무부(USDA)]

본사는 상파울루에 있으며 1953년 고이아스주(Goiás) 아나폴리스(Anápolis)에 설립되었다. 고이아스주 인근에 브라질리아(Brasília)가 수도가 되면서 시장이 커져 급격히 성장할 수 있었다.

1980년대 이후 JBS는 브라질 및 글로벌 육가공 회사들을 인수하면서 글로벌 회사로 성장했다. JBS가 인수한 회사들로는 미국 스위프트앤드컴퍼니(Swift&Company), 미국 스미스필드 푸즈(Smithfield Foods) 소고기 사업부, 미국 필그림스 프라이드(Pilgrim's Pride), 브라질 그루포 베르칭(Grupo Bertin), 카길 미국 돼지고기 사업부 등이 있다.

다른 육가공 회사들도 글로벌 시장 공략을 적극적으로 추진하고 있다. BRF는 2023년 사우디아라비아 국부펀드 산하 HPDC(Halal Products Development Company)와 합작법인을 만들어 할랄식으로 가공한 닭고기를 사우디아라비아 시장에 제공할 예정이다. BRF는 안정적으로 중동 시장을 공략할 수 있고 사우디아라비아는 필수 식품인 닭고기를 안정적으로 공급받을 수 있게 된다. BRF는 아랍에미리트, 튀르키예에도 공장을 운영하고 있으며 2024년 11월에는 중국 내수 시장 공략을 위해 허난성 저우커우시(周口)의 육가공 공장(Henan Best Foods) 인수 계약을 체결했다. 브라질 육가공 회사가 중국 생산 시설에 투자한 첫 사례다.

    브라질은 세계 육류 공급망에 많은 기여를 한다. 소고기, 닭고기, 돼지고기뿐 아니라 가축의 사료인 대두박, 옥수수, 옥수수 주정박(DDG)도 전 세계로 수출한다. 앞으로 세계 인구는 100억 명에 육박할 것으로 예상되며 중국, 동남아시아 등에서 중산층 인구가 늘어나면서 인당 육류 소비량도 증가할 것이다. JBS, BRF, 말프리그 등 브라질 육가공 회사들은 사업 능력이 뛰어나며 앞으로도 성장 가능성이 크다. 이런 점을 고려할 때 투자, 공급망 측면에서 브라질 육가공 산업에 관심을 가져볼 필요가 있다.

커피 산업은
현대 브라질의 초석

브라질은 세계 커피 공급망의 중심지다. 2023년 브라질, 베트남, 인도네시아, 콜롬비아, 에티오피아 순으로 많은 커피를 생산했다. 수출량 기준으로도 브라질은 압도적인 1위를 점유하고 있다. 세계 커피 공급망에서 차지하는 브라질의 비중이 압도적이다 보니 가뭄, 냉해, 폭우 등으로 브라질 커피 생산에 지장이 가지 않을지 많은 사람들이 걱정을 한다. 브라질 커피 공급이 줄어들면 가격이 급등하기 때문이다.

커피는 근현대 브라질을 형성하는 데 가장 큰 공을 세웠다. 커피가 대량으로 생산되는 19세기 이전까지만 해도 브라질 역사에서 상파울루주가 주목받았던 적은 없었다. 처음 브라질이 발견되고 식민지화되었을 때는 헤시피(Recife), 사우바도르(Salvador) 등 북동부 해안가 지역이 경제의 중심지였다. 사탕수수를 키우기 적합했고 생산한 설탕은 바로 배에 태워 유럽, 아시아 등으로 수출하기 용이했기 때문이다. 내륙으로 들어가는 길은 험준한 산맥 때문에 막혀 있었다.

이후는 미나스제라이스주(Minas Gerais), 바이아주(Bahia) 등 해안가에서 몇 시간 들어가면 있는 내륙 광산 지대가 부의 중심으로 떠올랐다. 다이아몬드, 금 등이 대량으로 발굴되었고 유럽에서도 많은 노동자가 몰려들었다. 유명한 관광지인 미나스제라이스주의 오루프레투(Ouro Preto), 바이아주의 샤파다지아만치나(Chapada Diamantina) 등에 가보면 과거 사람들이 팠던 광산이나 개울가에서 금, 다이아몬드 조각 등을 뜨던 뜰채 등이 전시되어 있다. 당시 금이 하도 많이 생산되어 성당의 내·외관 벽을 금으로 도금할 정도였다.

당시 아프리카에서 온 흑인 노예들도 금을 캐내는 노역에 동원되었다. 치라덴치스(Tiradentes)라는 도시에 가면 이들이 광산에서 몰래 훔쳐 온 금 조각으로 도금한 노예들을 위한 성당도 있다.

브라질의 커피 역사는 18세기 중반에 시작되었는데 1727년 브라질 장교 프란시스코 멜루는(Francisco de Melo Palheta) 파견되어 있던 프랑스령 기아나에서 돌아오는 길에 커피 씨앗을 가져와 브라질 북부 파라주에 심었다. 우리나라로 치면 문익점이 청나라에서 돌아오는 길에 목화 씨앗을 가져온 것과 비슷한 이야기다. 당시 프란시스코 멜루와 사랑에 빠진 프랑스 총독의 아내가 몰래 커피 씨앗을 전해주었다고 한다.

커피는 북부 지역에 처음 심었으나 고온 다습한 기후에 적합하지 않아 점차 경작지가 남하하였다. 결국 당시 수도였던 리우데자네이루주 발리두파라이바(Vale do Paraíba) 지역에 대량으로 재배되었고 기후가 알맞아 크게 성공을 거두었다. 점차 파라이바 골짜기를 따라 상파울루주로 경작지가 확대되었다. 상파울루는 700~800m 고산지대에 있어 커피를 재배하기 세계에서 가장 좋은 환경을 가지고 있다.

당시 유럽, 미국 등 지역에서도 커피에 대한 인기가 많아졌으며 브라질에서의 커피 생산량이 급증한다. 현재 2, 3위의 커피 생산국인 베트남, 인도네시아 등에서는 커피를 재배하지 않을 때다. 상파울루시에서 가장 가까운 산토스항은 커피를 수출하기 위해 쉴 새 없이 선박이 들락날락했다. 지금도 산토스항은 브라질에서 가장 큰 항만이다.

혹자는 그렇다면 왜 산토스가 아닌 상파울루가 브라질에서 가장 큰 도시로 성장했는지 궁금해할 것이다. 상파울루에서 조금만 해안가 쪽으로 내려가면 산토스가 있고 우리나라 서울과 인천의 관계처럼 거리가 가깝기 때문이다. 그 이유는 상파울루가 각지에서 오는 철도가 모이는 물류 중심지였기 때문이다. 상파울루와 산토스 사이에는 험준한 산맥이 가로막고 있기 때문에 각 지역에서 바로 산토스로 철도를 놓기에는 비효율적이다. 철도를 한 지점에서 합류시키고 산을 내려가는 강색철도(Cable Railway)를 통해 항만으로 운송하는 것이 효율적이다. 상파울루시로 모여든 철도는 한인들이 한때 많이 거주하던 브라스(Bras)를 지나서 남쪽으로 향한다.

철도는 점점 나무가 우거진 곳으로 들어서고 파라나피아카바(Paranapiacaba)라는 지역에 모여 산을 타고 내려간다. 경사가 가팔라서 철도는 케이블로 연결해서 천천히 내려간다. 당시 브라질은 기술이 부족해서 영국인 기술자들이 와서 철도를 건설했는데 파라나피아카바에는 영국 노동자들이 묶던 숙소도 보존되어 있다. 산토스에는 브라질에서 두 번째로 건설된 골프장인 '산토스 상비센치 골프클럽(Santos São Vicente Golf Club)'이 있는데 이 역시 영국 사람들이 여가를 즐기던 곳이다. 초기 브라질 인프라 건설에는 영국인들의 기여도가 크다.

노예 해방 이후 커피를 재배하는 노동력이 부족하자 브라질 정부는 이탈리아, 독일, 우크라이나 등 유럽에서 많은 이민자를 받았다. 이들은 처음에 농장에서 일을 했으나 많은 이들은 일이 고되 도시로 몰려들었다. 이들이 가져온 자본과 노동력, 기술을 바탕으로 상파울루는 건물을 올리고 방직, 기계, 철강 등 산업을 발전시킬 수 있었다. 커피 수출로 벌어들인 돈은 브라질이 금융, 제조업 등을 육성하는 데 기반이 되었다.

1900년대 중후반까지 대두, 옥수수, 사탕수수 등 작물들은 아직 본격적으로 재배되지 않았으므로 커피를 재배하던 남동부 지역 위주로 브라질 경제가 발전한다. 자연스럽게 자동차, 농기계, 철강, 정유화학, 에탄올 등 제조업도 남동부 지역에 자리 잡았다. 지금도 상파울루, 리우데자네이루, 쿠리치바(Curitiba) 등 도시가 있는 남동부 지역과 내륙, 북부, 북동부 지역 간 경제력 차이는 매우 크다. 같은 나라라고 볼 수 없을 정도로 격차가 벌어져 있다.

만약 브라질에 커피가 전파되지 않았다면 현재 상파울루가 아닌 다른 지역이 브라질 경제의 중심지로 성장했을 수도 있었을 것이다.

브라질 커피 생산량을 살펴보면 아라비카종 생산량이 많다. 브라질 최대 커피 생산지인 미나스제라이스주 위주로 많은 아라비카 커피를 재배하고 있다. 1900년대 초반 상파울루주와 미나스제라이스주는 커피 재배 경쟁을 벌였으며 당시 획기적인 세제 혜택을 주고 커피 재배에 적합한 기후 및 토지를 가진 미나스제라이스주가 커피 산업의 중심지로 떠올랐다. 브라질에서 가장 큰 커피 협동조합인 Cooxupé도 미나스제라이스주 구아수페(Guaxupé)라는 도시에 있다. Cooxupé에 속한 커피 농가는 1만 9,000개 정도 된다.

미나스제라이스는 브라질에서도 상당히 큰 주인데 특히 술지미나스(Sul de Minas)라고 불리는 남부 지역에 커피 농장이 몰려 있다. 상파울루에서 차를 타고 3~4시간이면 미나스제라이스주 남부에 다다를 수 있는데 끝없이 펼쳐져 있는 커피 농장이 정말 멋지다. 미나스제라이스주 남부는 특유의 고즈넉한 느낌으로 다른 주에 거주하는 사람들도 많이 여행하는 지역이다. 일부 커피 농장들은 투어 프로그램도 운영한다. 나도 브라질에 근무하는 동안 5번 정도 커피 농장 투어에 참가했다.

미나스제라이스주 다음으로 커피를 많이 재배하는 이스피리투산투주(Esprito Santo)는 미나스제라이스주와 리우데자네이루주 사이에 있는데 로부스타 커피를 많이 생산한다.

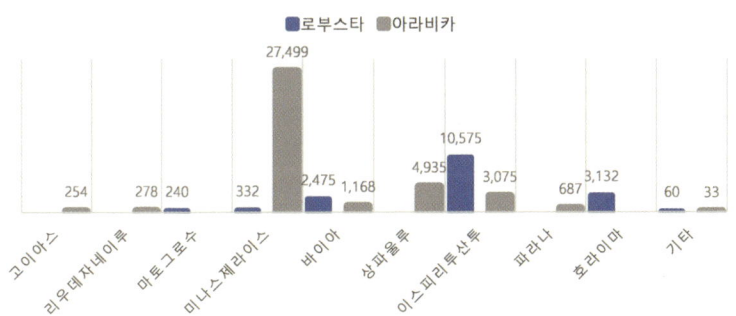

브라질 커피 수출을 살펴보면 생두(Green Bean) 비중이 압도적이다. 글로벌 커피 밸류체인을 보면 유럽이나 미국의 커피 회사들이 브라질 등지에서 생두를 수입하여 로스팅하고 자체 브랜드를 입혀 수출한다. 전체 부가가치 중 상당 부분을 생두 농가들이 아닌 서구권의 유통/가공 회사들이 가져가는 구조다. 원두, 인스턴트(Café Solúvel) 등으로 가공하여 판매하는 브라질 회사들도 있지만 아직 비중이 크지 않다. 이 분야가 성장하기 위해서는 브라질에도 브랜드 네임을 가진 커피 회사들이 생겨나야 한다.

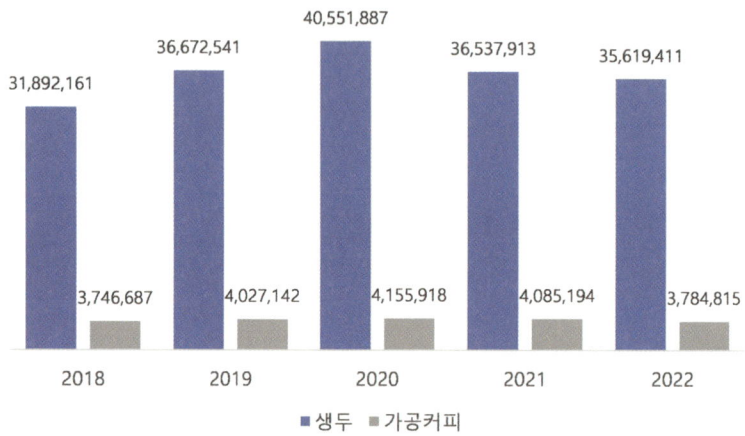

[자료: 브라질 커피 협회(ABIC)]

 한편 평범한 커피 생두를 수출해서는 수익이 크지 않으니 스페셜티 커피를 생산하려는 농가들이 늘어나고 있다. 스페셜티 커피의 단가는 일반 커피에 비해 10~30% 정도 높다.

 스페셜티 커피란 미국 스페셜티 커피 협회(SCAA)에서 규정한 평가표에 따라 100점 만점으로 80점 이상의 점수를 받은 커피를 의미한다. 스페셜티 커피가 되려면 농장의 자연환경이 깨끗하게 잘 갖추어져 있어야 한다. 생산지 농장의 품종이 단일하고 명확해야 하며 커피 재배부터 수확과 가공 과정까지 기록이 보관되어 있어야 한다. 마지막으로 가장 중요한 포인트인데 해당 농장에서 생산된 커피가 개성 있는 맛과 향을 내고 풍미가 우수해야 한다.

 재배자가 커피를 재배하기 위한 특별한 기술을 갖추고 관리 능력도 뛰어날수록 좋으며 수많은 커피 농장에서 생산되는 커피 중 어필을 하기 위해서는 마케팅 능력도 필요하다.

'브라질 커피 협회(ABIC)'나 브라질 '스페셜티 커피연합(BSCA)' 등 기관에서도 스페셜티 커피 인증을 해준다. 최근에는 거의 모든 커피 협동조합들이 스페셜티 커피를 관리하고 육성하려는 부서를 운영하고 있다. Cooxupé도 2016년 스페셜티 커피를 인증해 주는 프로그램을 개시했다.

커피를 판매하는 데 있어 ESG도 중요한 요소로 자리 잡고 있다. 일리카페(Illy Café)는 브라질에서 처음으로 세하두 미네이루(Cerrado Mineiro) 커피로 재생 유기농 인증(Regenerative Organic Certified)을 받았다.

한편 대두, 옥수수, 사탕수수 등 다른 작물과 유사하게 커피 산업에서도 협동조합이 발전했다. 브라질 전역에 약 100개의 커피 협동조합이 있으며 그중 가장 유명한 곳은 위에서 설명했듯이 미나스제라이스 구아수페(Guaxupé)에 있는 Cooxupé라는 곳이다. 공동으로 종자, 비료, 작물보호제 등을 구매하고 유통도 지원한다. 상파울루주 북부, 미나스제라이스주 남부 등에 방문해 보면 이들이 운영하는 커피콩을 보관하는 사일로들이 많이 보인다.

브라질 경제에서 커피가 차지하는 비중은 예전만 하지 않다. 대두, 옥수수, 사탕수수 등에 비해서는 생산이나 수출 규모가 작고 성장도 정체 상태에 있다. 생두만 수출해서는 생산량을 늘려도 부가가치를 키우는 데 한계가 있다. 기후변화로 생산량도 들쭉날쭉하고 베트남, 인도네시아, 온두라스 등 경쟁국에서도 생산량을 늘리고 있다. 과연 브라질 회사들이 이러한 도전을 물리치고 브라질 농업의 중심으로 재도약할 수 있을지 주목된다.

상파울루는 사탕수수 천국

 브라질은 세계에서 사탕수수를 가장 많이 재배하는 나라다. 한국에는 사탕수수 재배지가 없어 우리나라 사람들은 생소한 경우가 많다. 나도 브라질에 가서 처음으로 사탕수수를 보았다. 우리나라는 설탕과 에탄올을 전량 수입하고 있기에 두 원자재 동향을 파악하기 위해서라도 브라질 사탕수수 산업에 관심을 가질 필요가 있다. 포르투갈 사람들이 브라질을 처음 식민지로 개척하면서 헤시피, 사우바도르 등 북동부 지역에 사탕수수를 재배하고 설탕으로 가공하면서 경제활동을 이어갔다. 당시에는 브라질 내륙이 개발되지 않아서 할 수 있는 것이라곤 해안가에서 사탕수수를 재배하는 것이었다. 사탕수수는 브라질 사람들이 즐겨 마시는 술인 카샤샤(Cachaça)의 원료기도 하다.
 파라치(Paraty), 살리나스(Salinas) 등 역사가 깊은 브라질 도시에 가면 어김없이 카샤샤 양조장(Engenho)이 있다. 사탕수수를 으깨서 증류한 다음 오

크 통에 담고 오래 두면 금색 빛이 도는 카샤샤가 된다. 오크 통에 두지 않으면 투명한 흰색의 카샤샤가 되는데 다른 음료수와 섞어 마시기 좋다. 수제 카샤샤 양조장에 가면 조그마한 방에 증류를 위한 금속 장비 및 오크 통들이 놓여 있다. 하지만 '씽쿠엔타이웅(51)' 등 대규모 카샤샤 공장은 흡사 석유화학 플랜트를 연상케 하는 큰 장비들을 보유하고 있다.

사탕수수 재배지는 북동부에서 점차 상파울루 인근으로 내려왔다. 다음 지도를 보면 빨간색이 있는 지역이 사탕수수를 주로 재배하는 곳인데 상파울루 인근에 많이 몰려 있다. 상파울루시를 벗어나서 서쪽이나 북서쪽으로 조금만 달려도 사탕수수 농장이 끝없이 펼쳐진다. 우리나라 현대자동차 및 부품회사 공장들이 몰려 있는 피라시카바(Piracicaba)시도 사탕수수가 많이 자라는 곳이다.

브라질 사탕수수 중심지는 히베이랑프레투(Ribeirão Preto), 세르타오징유(Sertãozinho) 등이 있는 상파울루 북서쪽 지역이다. 히베이랑프레투는 사탕수수 농장뿐 아니라 가공 공장, 은행, 상업시설 등이 몰려 있는 거점 도시다. 브라질에서 가장 큰 농업 박람회인 아그리쇼(Agrishow)는 히베라웅프레투에서 사탕수수 산업 전시회인 페나수크로&아그로카나(Fenasucro&Agrocana)는 세르타오징유에서 매년 개최된다. 이 전시회에 가면 사탕수수 재배용 농기계부터 에탄올/설탕 가공 플랜트에 사용되는 펌프, 밸브, 모터 등 사탕수수에 관련한 모든 기계 및 설비를 볼 수 있다.

사탕수수산업연합(UNICA)에 따르면 2021/22년 사탕수수 수확량은 상파울루(50.12%), 고이아스(11.58%), 미나스제라이스(10.18%), 마투그로수두술(7.8%), 파라나(6.29%), 알라고아스(3.7%), 마투그로수(2.35%) 순으로 많았다. 브라질에는 약 300개의 사탕수수 가공 공장이 있는데 그중 180여 개가 상파울루주에 위치하고 있다.

1. 세계의 식량 생산기지

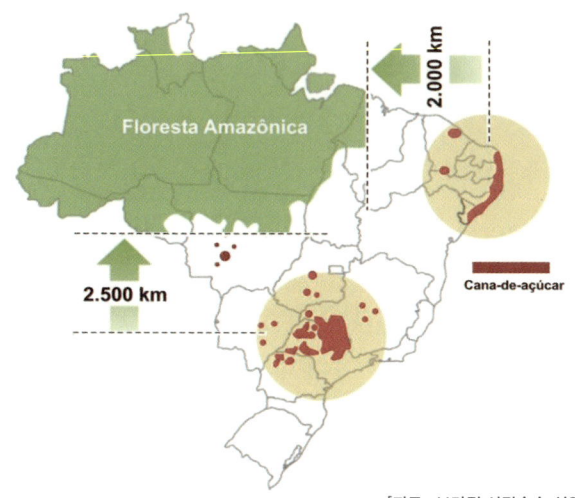

[자료: 브라질 사탕수수 산업 연합(UNICA)]

그럼 사탕수수로 생산하는 제품은 무엇일까? 직관적으로 생각해 보면 설탕과 술이 생각난다. 브라질은 세계에서 설탕을 가장 많이 생산하는 나라 중 하나다. 브라질 말고는 인도, 태국, 중국, 미국, 러시아, 멕시코 등이 주요 설탕 생산국이다. 사탕수수로는 설탕 말고 에탄올도 생산할 수 있다. 에탄올 생산량은 미국이 1위, 브라질이 2위인데 미국은 주로 옥수수로, 브라질은 사탕수수로 에탄올을 생산한다. 물론 현재 세하두 지역에서 옥수수 기반 에탄올 공장이 많이 건설되고 있지만 한참 동안은 사탕수수 기반 에탄올 생산량이 월등히 많을 것이다.

보통 사탕수수를 가공하는 플랜트들은 설탕과 에탄올을 모두 생산할 수 있는 설비를 갖추고 있다. 설탕과 에탄올 시황을 보다가 더 이윤을 많이 남길 수 있는 제품을 많이 생산한다. 국립농산물공급공사(Conab)에 따르면

2023/24년 브라질은 6억 3,700만 톤의 사탕수수를 가공하고, 330억 리터의 에탄올을 생산했다.

사탕수수를 가공하는 과정에서 찌꺼기(Bagaço de Cana)가 나오는데 이는 바이오매스발전소에 투입한다. 그래서 사탕수수 가공 공장은 보통 옆에 자체 바이오매스발전소를 보유하고 있다. 여기서 생산되는 전력으로 공장을 가동하고 남은 전력은 중앙 전력망을 통해 외부에 판매하여 수익을 얻는다. 최근에는 '2세대 에탄올 가공 기술'이 개발되어 한 번 에탄올이나 설탕을 생산하고 남은 사탕수수 잔여물을 다시 한번 공정에 투입하여 에탄올을 추가로 생산한다.

브라질의 에탄올 산업은 1970년대 급속히 발전했는데 당시 석유 파동이 발생하면서 인플레이션도 심해졌고 부족한 외화로 원유를 수입하는 것이 부담스러웠다. 브라질은 지금은 국영 석유 회사인 페트로브라스(Petrobras)를 필두로 라틴아메리카에서 가장 석유를 많이 생산하는 국가로 자리매김했지만 2000년도 초반까지만 해도 석유 순 수입국이었다. 아마존 인근의 소규모 육상유전을 제외하고는 석유가 나오는 곳이 많이 없었다.

브라질 정부는 에너지난을 타개하기 위해 에탄올 산업에 눈을 돌렸다. 세제 혜택을 주어 상파울루 인근에 대규모 사탕수수 농장이 건설되게 지원했으며 에탄올로 가동되는 자동차 모터, 에탄올 가공 기술 등을 집중적으로 연구했다. 지금 브라질에서 생산되는 대부분의 자동차는 가솔린과 에탄올을 모두 연료로 사용할 수 있다. 이후 브라질 자동차 산업이 커지면서 동반 성장하여 지금은 미국과 함께 가장 발전한 에탄올 산업 기반을 가지고 있다. 우리나라도 에탄올의 상당 비율을 브라질에서 수입하고 있다. 이 사례를 보면 현재 에너지를 많이 생산하는 국가들도 한 번쯤은 에너지 안보를 걱정할 만큼 시련이 있었고 극복하면서 국력을 키웠다는 것을 생각하게 된다.

만약 브라질에 석유가 대량으로 발견되지 않았다면 브라질 정부는 아직 북동부 및 세하두 지역의 사바나 지역을 사탕수수 농장으로 개간하기 위해 많은 노력을 기울이고 있지 않았을까 싶다.

반면 사탕수수를 많이 생산하는 인도의 경우 아직 대부분의 사탕수수를 설탕을 제조하는 데 투입한다. 종종 인도 정부는 브라질에 정부 관료, 기술자, 기업 등으로 구성된 사절단을 파견하여 브라질 에탄올 산업 기술을 배우려고 한다. 점점 온실가스 배출량을 감축하는 것이 트렌드가 되고 있으며 인도 같은 나라도 바로 순수 전기차로 넘어갈 수 있는 환경이 조성되지 않았다. 충전소도 많이 없고 순수 전기차를 제조할 기술력도 아직 미숙하다. 바이오연료 산업을 육성하여 순수 전기차 시대로 넘어가기 전 시간을 벌고자 한다.

세계에서 가장 큰 사탕수수 공장은 상파울루주 프라두폴리스(Pradópolis)에 위치한 상마르치뉴(São Martinho)사가 운영하는 곳이다. 연간 무료 1,000만 톤의 사탕수수를 분쇄할 수 있다.

코페르수카르(Copersucar)는 사탕수수 협동조합으로 농가들을 대표하여 에탄올/설탕 가공 플랜트들을 운영하고 있다. 브라질에 있는 사탕수수 관련 기업/기관 중 압도적인 매출액을 자랑한다(약 108억 달러). 코페르수카르는 워낙 설탕 취급량이 많다 보니 자체 물류 인프라들도 보유하고 있다. 산토스항에는 설탕을 보관하고 선적하는 터미널과 사일로를 보유하고 있는데 철도와 연결되어 있다. 히베이랑프레투(Ribeirão Preto), 상조세두히우프레투(São José do Rio Preto) 등 상파울루주 내륙에는 트럭으로 설탕을 싣고 와서 화물기차에 환적할 수 있는 자체 터미널들을 운영한다. 이런 점을 보면 사탕수수 가공이나 설탕 산업도 진입장벽이 높다. 인프라에 사전 투자를 하지 않으면 트레이딩 등 사업에 뛰어들기 쉽지 않다.

테레오스(Tereos), BP벙지바이오에네르지아(BP Bunge Bioenergia) 등 외국 자본이 투자한 기업들도 많이 있다. BP벙지바이오에네르지아는 세계 굴지의 석유 회사인 브리티시페트롤리움(BP)과 곡물 트레이딩 회사 벙지(Bunge)의 합작법인이다. 이처럼 브라질에는 화석연료와 곡물 기업의 경계가 없다. 모두 바이오연료 및 신재생에너지 산업에서 만나게 된다. 바이오연료에 대해서는 2장에서 자세히 설명하도록 하겠다.

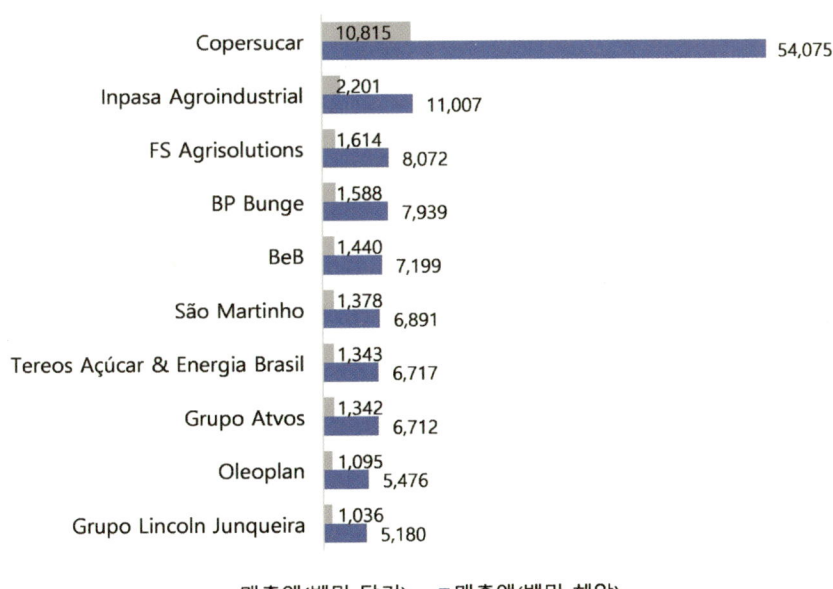

브라질의 사탕수수 가공 기업 매출 순위(2023년)

[자료: Valor1000]

세계 최대
셀룰로스(펄프) 수출 국가

펄프(Pulp)는 종이 등을 만들기 위해 나무 등 섬유 식물에서 뽑아낸 재료이다. 목재에는 셀룰로스, 리그닌, 펜토산 등이 함유되어 있으며 목재에서 셀룰로스 이외의 성분을 화학 처리로 녹여 제거하고 셀룰로스만 남게 한 것을 펄프라고 한다. 펄프는 화장지, 복사용지, 포장지, 티슈, 흡착제, 화학 제품 첨가제, 건축자재 등 수많은 품목의 원료로 사용된다.

우리가 브라질 원자재에 대해 생각할 때 철광석, 대두, 옥수수, 원유 등은 떠올리나 펄프, 셀룰로스에 대해서는 생소하다. 하지만 브라질은 세계에서 셀룰로스를 두 번째로 많이 생산하고 첫 번째로 많이 수출하는 나라이다. 만약 브라질 셀룰로스 생산에 문제가 생기면 세계 제지, 박스, 기저귀, 화학 제품 등 공급망에는 큰 문제가 생길 것이다.

셀룰로스를 생산하기 위해서는 우선 국가에 나무를 대량으로 재배할 수 있는 위한 환경이 조성되어야 한다. 브라질은 국토가 넓고 수자원이 풍부하여 나무를 생산하기 좋은 환경을 보유하고 있다. 브라질에서 셀룰로스 생산을 위해 주로 심는 나무는 유칼립투스 및 소나무다. 유칼립투스는 단섬유 셀룰로스로 티슈, 화장지 등 부드러운 종이를 생산하는 데 사용되고 소나무는 장섬유 셀룰로스로 강성이 좋아 포장지, 필터, 섬유 시멘트 등 원료로 들어간다. 브라질 최대의 셀룰로스 생산 회사인 수자누(Suzano)가 1960년 세계 최초로 유칼립투스 기반 셀룰로스를 도입했다.

박스 등을 만드는 장섬유보다는 종이나 티슈를 만들 수 있는 단섬유 수요가 많다. 2022년 기준 브라질은 760만 헥타르에 유칼립투스 나무를, 190만 헥타르에 소나무를 심었다.

기업들은 야생에 있는 나무를 베어서 공장에 투입하는 것이 아니고 인공조림지를 조성해야 한다. 아마존 등 우림 지역에 나무가 많다고 생각할 수 있지만 야생에 있는 나무를 함부로 베어 산업용으로 활용하는 것은 불법이다. 대부분의 셀룰로스 회사들은 플랜트 인근에 대규모 인공조림지를 확보한다. 셀룰로스를 제조하는 플랜트는 석유화학, 에탄올, 정유공장과 비슷하게 규모가 매우 크다. 기업들은 우선 대규모로 토지를 매입하여 인공으로 나무를 심고 그 가운데 셀룰로스를 가공할 수 있는 플랜트를 만든다. 자체 인공조림지에서 생산하는 나무가 충분하지 않으면 목재를 외부에서 구매하기도 한다. 일부 기업들은 생산한 펄프로 종이, 박스 등을 만드는 다운스트림 공장을 추가로 건설한다.

사탕수수, 옥수수와 마찬가지로 나무에서도 셀룰로스를 추출하고 나면 찌꺼기가 남는데 이걸로 바이오매스발전소를 돌릴 수 있다. 그래서 대부분의 셀룰로스 플랜트는 인근에 발전소를 같이 운영한다. 공장 운영에 필요한 전력은 대부분 자체적으로 공급하고 남는 전력은 중앙 전력망을 통해 판매한다.

2021년 기준으로 브라질은 2,500만 톤의 셀룰로스를 생산했으며 2,190만 톤은 단섬유, 250만 톤은 장섬유였다. 브라질 셀룰로스 산업은 수출 위주인데 2022년 기준 1,910만 톤은 수출, 580만 톤은 내수 시장으로 향했다.

세계에서 셀룰로스를 가장 많이 생산하는 나라는 미국으로 2021년에 무려 4,970만 톤을 생산했다. 하지만 미국은 내수 시장이 워낙 커서 대부분을 종이, 제지 등으로 가공하여 자체적으로 소비한다. 중국도 세계 4위의 셀룰로스 생산국이지만 대부분을 자국에 있는 제지공장에 공급한다. 반면 브라질과 캐나다는 생산한 셀룰로스 대비 수출 비중이 월등하다. 이 때문에 브라질은 세계 셀룰로스 수출 시장을 장악하고 좌지우지한다.

주요국의 셀룰로스 생산량(2021년)

(단위: 백만 톤)

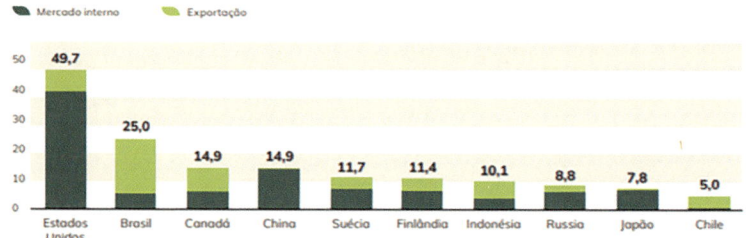

[자료: Ibá, FAO]

반면 제지 생산량 순위를 보면 중국, 미국, 일본, 독일, 인도, 이탈리아, 인도네시아, 대한민국 순으로 제조업이 발달하고 인구가 많은 곳에 위치해 있다. 우리나라도 제지용 목재를 거의 생산하지 않지만 무림 P&P, 한솔제지, 한국제지, 유한킴벌리, 모나리자 등 수많은 제지 회사들이 있다. 석유화학, 철강, 정유 등과 마찬가지로 원료(셀룰로스)를 수입하여 가공하고 생산한 제품 중 일부는 수출한다. 물류 관점에서 볼때도 제지보다 펄프를 수출하는 것이 포장이나 운반 관점에서 용이하다. 셀룰로스(펄프)는 대량으로 벌크선에 실으면 되지만 제지는 모양에 따라 각각 포장해야 하고 부피가 커서 물류비도 많이 든다.

브라질 셀룰로스의 주요 수출 대상 지역을 살펴보면 중국이 2023년 기준 33억 달러, 북미가 11억 달러, 유럽이 24억 달러, 북미가 11억 달러였다. 브라질 인근 남미 국가들은 제지를 생산하는 제조 시설이 많지 않아 브라질에서 제지를 가공하여 수출한다. 이런 점을 볼 때도 중남미 내에서는 브라질이 가장 우수한 제조 인프라를 갖추고 있는 것을 알 수 있다.

브라질의 주요 셀룰로스 회사들로는 수자누(Suzano), 클라빈(Klabin), CMPC, 엘도라도(Eldorado) 등이 있다. 석유의 페트로브라스(Petrobras), 석유화학의 브라스켐(Braskem), 광물의 발리(Vale)처럼 브라질 셀룰로스 산업을 대표하는 회사는 수자누로 매출이 2023년 397억 헤알(약 79억 달러)에 달했다. 세계 셀룰로스 유통의 핵심 플레이어다. 수자누 대표가 중국에 셀룰로스를 판매할 때 위안화도 수출 대금으로 받겠다고 언급해 파장이 일기도 했다. 다른 원자재와 마찬가지로 브라질 셀룰로스 수출량 중 상당 비율은 중국으로 향한다. 참고로 수자누는 1924년 우크라이나계 이민자인 레온 페퍼(Leon Feffer)가 브라질에 세운 조그마한 종이 가게가 기원이며 브라질에서 가장 큰 셀룰로스 회사로 성장했다.

제지에 대한 수요가 늘어나면서 셀룰로스 회사들은 많은 투자를 계획하고 있다.

브라질의 유칼립투스 나무 재배 지역

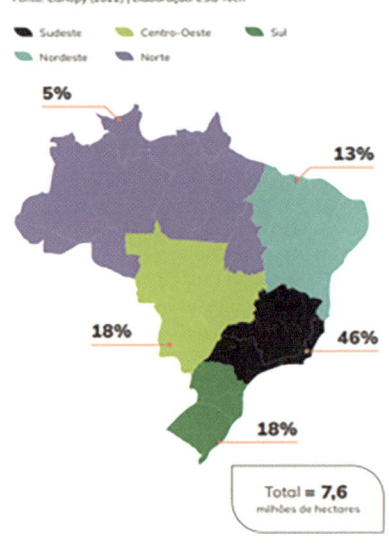

[자료: ESG Tech]

　세계적으로 증가하는 인구에 대응하기 위해 화장지, 종이타월, 포장지, 카드종이 등을 제조하는 회사들이 늘어나고 있으며 자연스럽게 셀룰로스에 대한 수요가 늘어난다. 환경 보호를 위해 일회용컵, 빨대, 포장백 등을 생산할 때 원료를 플라스틱에서 셀룰로스로 바꾸는 제조사들도 늘어나고 있다. 기저귀, 생리대, 애완동물 배변패드, 화장품 용기, 접착제, 특수고무 등을 제조할 때도 셀룰로스의 투입 비중이 높아지는 추세다. 섬유나 건설 소재를 생산하는 데 사용되는 미세섬유 셀룰로스(MFC) 수요도 증가하고 있다

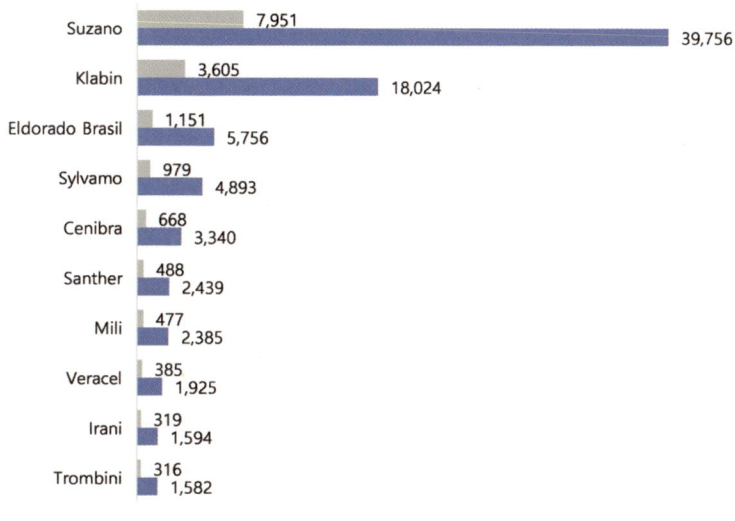

[자료: Valor1000]

　수자누, 아라우코(Arauco), 클라빈 등 기업들이 발표한 투자액은 2023~28년 약 620억 헤알(약 120억 달러)에 달했고 계속 늘어나고 있다. 수자누는 세계에서 가장 큰 셀룰로스 플랜트를 2024년 마토그로수두술주 '히바스 두 히우파르두'(Ribas do Rio Pardo)'에 건설했는데 연간 생산능력은 255만 톤이다. 프로젝트 이름은 프로젝트 세하두(Projeto Cerrado)다. 여기서 생산하는 셀룰로스를 운반하기 위해 물류 회사들과 산토스 등 주요 항만과 연결되는 철도 사업을 적극적으로 추진하고 있다.

　셀룰로스 관련 투자가 늘어나면서 기업들은 유칼립투스, 소나무 등을 심을 수 있는 부지를 경쟁적으로 확보하려고 한다. 주변에 철도나 고속도로가 있고 상파울루, 리우데자네이루 등 대형 소비지와 가까운 지역의 인공조림지는 가격이 폭등하고 있어 점차 마투그로수두술주 등 내륙 지역으로 인공조림지가 확대되고 있다.

특히 마투그로수두술주의 트레스라고아스(Três Lagoas)라는 지역이 나무를 심기 좋아 셀룰로스 생산의 메카로 떠오르는 중이다.

유칼립투스는 심고 나서 베어 상업화하는 데 7년 정도가 소요된다. 만약 제때 토지를 확보하여 나무를 심지 않는다면, 공장이 완공되어도 투입할 원료가 없어 문제가 된다.

대기업들은 나무 재배 관련 생산성 향상에도 많은 노력을 기울이고 있다. 코르테바 등 농화학 회사들과 협력하여 고온, 건조 지역에서 잘 자라는 나무 종자를 개발할 뿐 아니라, 원격 모니터링 시스템 구축, 농약살포용 드론 도입, 바이오 기술 개발 등을 통해 생산성을 높이고 있다. AI기술을 활용하여 새로 개발한 종자를 심기에 적합한 부지도 탐색한다.

브라질 셀룰로스 회사들은 사업을 확장하기 위해 국내외 제지공장 투자에도 많은 관심을 보인다. 시장 조사기관인 포리(Pöyry)에 따르면 2020년 브라질 인당 연간 종이 소비량은 5.5kg으로 미국 22kg, 서유럽 17kg보다 아직 많이 낮은 수준이다. 인구가 늘고 소득이 늘면서 브라질 내 종이 소비량도 점차 늘어나고 있다. 특히 코로나19 동안에 배달 음식 수요가 늘어나면서 일회용기용 종이에 대한 수요가 대폭 늘었다. 브라질은 남미의 주요 제지 생산국으로 메르코수르(MERCOSUR), 페루, 칠레 등 주위 국가의 제지 수요가 증가하면 발맞추어 수출을 확대할 수 있다. CMPC, 클라빈, 수자누 등은 티슈, 냅킨, 기저귀, 생리대, 크래프트지 등 회사를 인수하거나 신규 공장을 건설하고 있다.

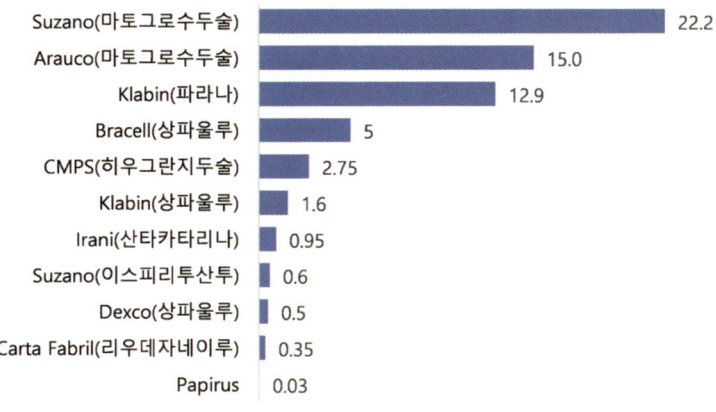

원유, 광물 등과 비교해서 셀룰로스(펄프)는 아직 필수 원자재로 인식되지는 않고 있다. 종이를 사용하지 않으면 불편은 하지만 생존과 직결되지는 않기 때문이다. 하지만 휴지, 기저귀, A4용지, 포장지 등이 없는 세상을 생각하기는 힘들다. 점점 세계 인구가 늘어나고 지구온난화로 나무를 심기 힘들어지면 장차 셀룰로스 가격도 상승하고 원료를 확보하기 힘들어질 수 있다. 그런 측면에서 브라질의 셀룰로스/제지 산업 동향에도 관심을 가지고 현지 기업들과의 협력 방안을 생각해 볼 필요가 있다.

비료와 작물보호제는
브라질 농업의 약한 밸류체인

비료

브라질은 세계적인 농업 대국이지만 비료, 작물보호제 등 농화학 제품 공급망으로 고민이 많다.

먼저 비료를 살펴보면 한때 세계 인구가 늘어나면서 인류가 극심한 식량난에 빠질 것이라는 전망이 팽배했다. 하지만 NPK(질소/인산/칼륨)를 기반으로 하는 농화학 비료가 개발되고 상용화되면서 오히려 일부 지역에서는 농산물이 과잉으로 생산되고 있다. 심지어 사탕수수, 옥수수, 대두 등은 남는 물량을 소진하기 위해 바이오연료를 생산한다.

앞에서 설명했듯이 브라질의 주요 농업 지역인 세하두(Cerrado)는 과거 작물을 심기 어려운 지역이었으나 개간하고 수로를 만들고 비료를 대량으로 살포하여 대두, 옥수수 등 작물을 심을 수 있게 만들었다. 즉 매년 작물을 심기 위해서는 대량의 비료를 살포해야 한다. 세하두 지역 말고도 브라질 전역에 있는 커피, 목화, 오렌지, 대두, 옥수수 등 농장에 투입되는 비료의 양은 상상을 초월한다. 브라질은 중국, 인도, 미국에 이은 세계 4위의 비료 수입국이다. 심지어 브라질의 많은 곡물들은 2~3모작이 가능하니 생산량은 많지만 그만큼 많은 비료를 투입한다는 의미로 해석할 수도 있다.

브라질 농축산부에 따르면 브라질의 비료 사용량은 연 4,600만 톤이며 2050년까지 7,800만 톤까지 증가할 것으로 전망된다. 질소, 인산, 칼륨 비료가 대략적으로 1/3씩 차지한다. 브라질 농축산업연맹(CNA)에 따르면 2021년 농산물 생산 원가에서 비료가 차지하는 비중은 무려 30%에 달했다.

안타깝게도 브라질은 비료 자급률이 높지 않다. 현재 비료 소비의 약 80~90%를 수입에 의존하고 있다. 3대 화학 비료인 질소, 인산, 칼륨을 살펴보면 질소 비료는 천연가스에서 추출하기 때문에 가스 생산 단가가 낮은 러시아, 미국 등에서 많이 생산된다. 브라질도 천연가스가 해상 유전에서 채굴되나 생산량이 주요국과 비교해 상대적으로 적고 가스관, 가스 처리/정제 시설 등 인프라가 부족해 원가가 높다. 인산 및 칼륨은 광산에서 채굴하나 브라질에는 생산성이 좋은 광산이 부족하고 잠재적인 매장지도 아마존 등 보호지역 아래 있어 개발이 어렵다.

PODER360이 2021년 정리한 자료에 따르면 질소 비료의 95%, 인산 비료의 75%, 칼륨 비료의 95%가 수입산이었다. 1990년대까지만 해도 브라질의 비료 자급률은 100%에 가까웠으며 발리(Vale) 등 자국 광산 기업들이 인산염, 칼륨 등 비료 광물을 충분히 생산했다. 하지만 대두, 옥수수 등 곡물 생산량이 급증하면서 공급을 맞추어 확대하는 데 실패했다. 낮은 원가 경쟁력도 문제였다.

브라질 비료 종류별 수입 의존도 (2021년)

비료 종류	수입 의존도	주요 수입 대상국
질소	95%	러시아, 중국, 중동
인	75%	중국, 모로코, 러시아
칼륨	95%	벨라루스, 캐나다, 러시아

수입 의존도 85%

국가 비료계획을 통해 달성하고자 하는 자급률 50 a 60%

[자료: PODER360]

 심지어 정부는 1997년 이후 인플레이션을 방지하기 위해 수입되는 비료에 관세 및 유통세 관련 혜택을 주어 수입 비료가 저렴하게 유입되었다.
 우리나라 요소수 사태와 유사하다고 볼 수 있다. 요소도 비료와 마찬가지로 원료만 저렴하고 안정적으로 확보된다면 제조는 전혀 어렵지 않다. 하지만 중국 등 경쟁국과 비교하여 생산 원가가 높으니 수입량이 늘어나고 우리나라에 있는 공장은 채산성이 악화되어 문을 닫게 된다. 자국에 있는 공장이 문을 닫으면 수입산 제품 가격이 높아져도 어쩔 수 없이 받아들여야 한다.
 브라질 정부가 비료 산업에서 발을 뺀 것도 지금처럼 브라질 비료 공급망 사태가 악화된 원인이 되었다. 과거에 브라질 국영 석유 회사인 페트로브라스는 자체적으로 생산하는 천연가스를 원료로 하는 질소 기반 비료공장을 바이아주(Bahia), 세르지피주(Sergipe), 파라나주(Paraná)에 운영했다. 하지만 앞에서 설명했다시피 천연가스 원가가 높아 수입산 질소 비료에 비해 원가 경쟁력이 낮은 문제가 있었다. 지우마 대통령이 탄핵되고 나서 대통령을 승계받은 테메르 대통령도 당시 '라바자투(Lava Jato)' 비리에 연루된 페트로브라스를 대상으로 강도 높은 조사 및 구조조정을 실시했고 당시 수익성이 낮았던 비료공장들도 매각했다.

결과적으로 현재 브라질 비료 시장을 장악하고 있는 기업들을 보면 미국 모자이크(Mosaic), 노르웨이 야라(Yara), 일본 아지노모토(Ajinomoto), 캐나다 누트리엔(Nutrien) 등 글로벌 기업들이 대부분이다. 이 회사들은 해외에서 비료 원재료를 수입하여 브라질 내에 있는 가공 공장에서 부가가치를 높인 이후 농가에 판매한다. 거점마다 비료 보관시설도 운영한다. 브라질 농산업이 호황을 맞자 돈도 많이 벌어 브라질 비료 및 물류 인프라 회사들을 인수하면서 규모를 키워나가고 있다. 모로코 OCP(인산염), 벨라루스 BCP(칼륨) 등 주요 비료광석을 생산하는 국가의 국영 회사들도 브라질 내 영향력을 키워나가고 있다. 스위스에 본사를 둔 유로켐(Eurochem)은 브라질 '토칸칭스 비료', '에링저(Heringer)' 등을 인수했다. 이스라엘 ICL도 브라질에 비료 생산 공장을 운영한다.

브라질의 약한 비료 공급망은 2022년 위기를 겪었는데 러시아-우크라이나 전쟁이 발발하면서 러시아 및 벨라루스산 비료를 수입하는 데 어려움을 겪었다. 당시 서방 국가들은 러시아를 제재하기 위해 선박들이 러시아나 벨라루스에서 선적하는 것을 규제하였다. 이들 국가에서 제품을 선적하는 배들은 선박보험을 들 수가 없었다. 브라질은 전체 비료 수입량 중 러시아에 약 20%를 의지하는데 수입을 할 수가 없으니 비료 가격은 폭등했고 농가들은 불안함에 떨 수밖에 없었다. 브라질 농가들은 아르헨티나, 미국 등과 비교하여 비료를 많이 사용하며 비료 가격이 오르면 이윤이 많이 축소될 수밖에 없다.

당시 농림부 장관 등 각료들은 대체공급선을 찾기 위해 사우디아라비아, 모로코, 이란, 캐나다 등 정부나 기업을 방문해 비료 수출량을 늘려 줄 것을 요청했다. 보우소나루 대통령은 중장기적인 비료 문제를 해결하기 위해 범정부 기관을 만들었고 국가비료계획(Plano Nacional de Fertilizantes)을 제정했다. 2050년까지 브라질 비료 자급률을 50%까지 높이는 것이 골자다. 2050년까지 해외 의존도를 질소(51%), 인산염(5%)으로 낮추고 칼륨 비료는 순 수출국으로 전환하는 목표를 가지고 있다. 2023년 취임한 룰라 대통령도 비료 문제의 심각성을 인지하고 있기 때문에 '국가비료계획'을 계승해서 비료공장 건설에 많은 지원을 하고 있다. '국립 비료 및 작물 영양 협의회(Confert)'는 생산 시설, 인프라, 물류, 공급망 혁신 관련 50여 개의 프로젝트들을 검토하고 있다.

비료 관련 광산 개발을 추진하는 기업들도 있다. 하지만 칼륨, 인산의 경우 매장지가 보호지역 내에 위치하고 있는 것이 걸림돌이 된다. 브라질에서 광산을 탐사부터 개발하는 데는 적어도 10~20년은 걸린다. 환경, 인허가 등 규제가 많고 행정절차에 소요되는 기간도 길기 때문이다.

그래도 국가비료계획이 발표된 이후 조금씩 진전은 보이고 있다. 2024년 유로켐은 10억 달러를 투자해 미나스제라이스주에 인산 기반 비료공장을 준공했다. 정부의 지원이 이어지면서 앞으로도 연이어 비료공장 건설 및 광물 개발 프로젝트가 진행될 것이다. 국영 석유 기업 페트로브라스도 룰라 정권이 들어서면서 예전에 포기했던 질소 비료 사업을 재개할 것으로 예상된다. 2020년 가동이 중단되었던 파라나주의 ANSA(Araucria Nitrogenados S.A.) 암모니아/질소 비료공장을 2025년 재가동하고 2014년 가동이 중단된 미나스제라이스주의 UFN 3(Unidade de Fertilizantes Nitrogenados 3)

암모니아공장의 재가동도 검토 중이다.

CMOC은 고이아스주 카탈라웅(Catalão)에서 인산염 광산 탐사권을 획득했고, '포타시우두 브라질(Potássio do Brasil)'도 아마존 비료광석 탐사 라이선스를 획득하고자 한다. '아구이아 페르틸리잔치(Aguia Fertilizante)'는 히우그란지두술주에서 인산염 프로젝트를 진행하기 위해 사전 라이선스를 받고 있다.

브라질 화학 회사 우니겔(Unigel)은 2019년 페트로브라스로부터 암모니아 92만 톤, 요소 115만 톤을 생산하는 Fafens 비료공장 운영권을 인수하여 가동하다 2023년 수익성 저하로 중단하였다. 페트로브라스는 운영권을 되찾아와서 직접 공장을 경영하는 방안도 검토하고 있다.

비료 자급도가 낮은 브라질은 고민이 많다. 안 그래도 내륙 지역은 비옥함이 떨어져 비료를 필요로 하는 곳이 많고 기후변화로 황폐화되는 지역이 많아지면서 비료 수요가 증가할 것으로 예상된다. 늘어나는 곡물 생산량을 지탱하기 위해서도 안정적인 비료 공급망이 필수적이다. 브라질 정부가 어떤 방식으로 이 문제를 해결할지 궁금하다. 브라질이 비료 공급망 문제를 풀어 나가는 방식을 보고 우리나라 주요 공급망 품목을 안정화하는 데에도 참고할 수 있을 것이다.

작물보호제

작물보호제는 곡물, 과일, 채소 등 농산물을 곰팡이, 해충, 곤충, 잡초 등으로부터 보호하는 화학 제품이다. 병충해 창궐에 의한 농산물 대규모 손실을 막아준다. 브라질은 많은 경작지가 열대 지역에 있어 작물보호제 살포가 필수적이다. 특히 지구온난화가 가속화되면서 기존에 예측하지 못했던 병충해가 점점 더 많이 나타나고 있다.

농가 입장에서는 농산물들이 병해충 피해를 입어 대규모로 죽는 것이 최악의 상황이다. 그동안 투입한 인건비, 비료, 농기계에 들어가는 연료 등 비용이 그대로 사장되기 때문이다. 많은 농가들이 한해 농사를 짓기 위해 대출을 통해 운영자금을 충당하는데 작물들이 죽어버리면 빚더미에 앉을 수도 있다. 이런 상황을 방지하기 위해 작물보호제를 사용할 수밖에 없다. 금융회사들도 농가들이 작물보호제를 사용하지 않으면 농업보험에 들어주지 않는 경우도 많이 있다.

브라질은 세계에서 가장 많은 양의 작물보호제를 사용하는 나라다. 농지의 면적이 워낙 넓고 1년에 2~3모작이 일반적인 나라이기 때문에 그만큼 투입량도 많을 수밖에 없다. 브라질 농약제품생산조합(Sindiveg)에 따르면 2020년 기준 브라질에 105만 톤의 작물보호제가 사용되었다. 품종별로는 대두, 옥수수, 사탕수수, 목화, 채소/과일, 커피 순으로 사용량이 많았다. 시장 조사 업체인 키네텍(Kynetec)에 따르면 브라질의 작물보호제 매출액은 2023/24년 197억 달러였다. 품종별 매출액 비중을 보면 대두가 51%, 옥수수가 14%, 사탕수수가 10%, 목화가 7%를 차지했다.

시장 규모가 크다 보니 신젠타(Syngenta), 코르테바(Corteva), 바스프(Basf), 바이엘(Bayer), 몬산토(Monsanto), 이하라(IHARA) 등 유명한 농화학 회사들은 모두 브라질 시장에 공을 들이고 매년 새로운 작물보호제 제품을 출시한다. 우리나라 LG화학 계열사인 팜한농도 브라질 시장에 테라도(Terrado)라는 작물보호제를 출시했다.

작물보호제는 기본적으로 해충을 죽이는 것이 목적이기 때문에 독성을 가지고 있다. 그렇기에 인증이나 유통 절차가 복잡하다. 일단 농축산부

(Mapa), 국가위생감시국(ANVISA), 연방환경청(IBAMA) 등 중앙 정부 기관이나 산하 기관의 허가를 받아야 하고 유통을 위해서는 각 주정부 인허가도 획득해야 한다. 기존에 작물보호제 하나를 등록하는 데 약 7~8년이 소모되었다.

워낙 등록이 까다롭다 보니 업력이 길거나 브라질에 대규모의 인원을 유지하고 있는 글로벌 및 로컬 기업들을 제외하고는 현지 시장을 공략하는 것을 꿈도 꾸지 못했다. 이런 절차를 대행해 주는 업체들도 많이 있다. 브라질은 모든 산업에서 인허가나 등록 절차가 복잡하기 때문에 에이전트 문화가 발달했다. 일정 비용을 지출하고 제도 파악, 네트워크 구축, 인허가 절차 진행 등을 해야 해서 신규 시장 진입이 어려운 편이다.

농축산부는 작물보호제의 효과성, 국가위생감시국은 작물보호제가 인체에 미치는 영향, 연방환경청은 하천, 토양 등 환경에 미치는 영향을 분석한다. 세 기관의 심사를 통과하고 연방정부에 등록되어도 기업은 유통할 각 주정부에 제품을 등록해야 했다. 한 기관에서만 승인이 반려되어도 앞으로 나아갈 수 없다.

2023년 12월 신규 법안이 통과되었는데 새로운 작물보호제 등록에 소요되는 시간은 30일에서 2년 사이로 한정되었다. 만약 해당 기간 안에 정부가 인허가 결과를 통보하지 않으면 기업은 임시 허가증을 받아서 현지화를 위한 연구 및 시험하는 데 사용할 수 있다.

공급망 측면에서 보면 지금까지 신규 작물보호제 등록에 워낙 많은 시간과 절차가 소요되니 새로운 제품이 출시되는 것이 지연되었다. 일부 농가들은 파라과이, 아르헨티나 등 국경을 맞이한 지역에서 유입되는 미인증 밀수품을 사용하기도 했다. 등록되지 않은 작물보호제를 투입하는 것이 인체, 자연에 부정적인 영향을 미칠 수 있지만 제때 공급되지 않는 것도 문제가 될 수 있다.

한편 브라질은 정권에 따라 신규 작물보호제 도입에 대한 수용도가 다른데 룰라, 지우마 정부 때는 보수적으로 심사를 해서 상대적으로 적은 양의 작물보호제가 도입되었고, 테메르, 보우소나루 등 우파 성향의 대통령이 집권했을 때는 제품들이 대량으로 등록되었다.

보우소나루 대통령은 농가의 강력한 지지를 기반으로 당선되었고 임기 중에도 지주, 농업 기업 등의 지지를 입었기 때문에 이들이 원하는 정책을 펼치고 행정을 할 수밖에 없었을 것이다.

작물보호제는 비료와 다르게 브라질 내 생산 비중이 꽤 높은 편이다. 2021년 IBAMA의 자료를 보면 72만 톤이 유통되었고 그중 브라질 생산량이 53만 톤이나 되었다. 하지만 문제는 작물보호제의 원료는 60~70% 정도 수입에 의존하고 있다는 것이다. 코로나19 당시 작물보호제 관련 원료 수급이 어려워져 생산에 차질을 겪기도 하였다. 작물보호제 원료는 특히 중국에서 많이 생산하기에 전력난 등의 이유로 중국의 생산이 줄어들거나, 수요가 증가하여 자국 시장에 우선적으로 유통하면 브라질로의 반입에 차질이 생길 수 있다.

작물보호제를 사용한 농산물에 대한 부정적인 여론도 커지고 있다. 특히 EU 국가들은 브라질 농가들이 자국에서 유통을 금지한 작물보호제를 사용하여 작물을 재배한다며 부정적인 시선으로 바라보고 있다. 농산물을 수입할 때 농가들이 그간 사용한 농화학 제품 이력을 요구하기도 한다. 브라질 정부는 브라질의 전체적인 작물보호제 사용량은 세계에서 가장 많은 것이 맞지만 토지 단위당 살포량은 네덜란드, 벨기에, 이탈리아 등 유럽 국가들이 더 많다고 반박하기도 하였다.

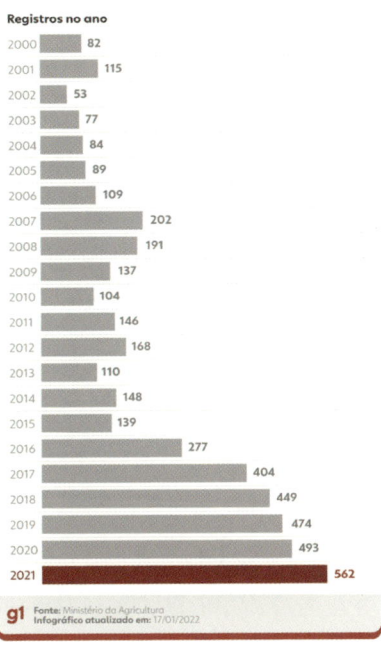

브라질의 연도별 작물보호제 등록 건수

[자료: 농축산부(Mapa)]

한편 미생물, 자연 추출물 등으로 제조하는 바이오 작물보호제에 대한 연구가 늘어나고 있다. 2023/24년 기준 바이오 작물보호제 점유율은 브라질 시장의 5% 내외에 불과하지만 코르테바, 바스프, 신젠타 등 많은 기업들이 신사업으로 정하고 R&D 및 인수합병에 많은 투자를 하는 중이라 점차 비중이 높아질 것으로 예상된다. 농업연구청(Embrapa)에 따르면 2023년 기준 바이오 작물보호제를 생산하는 회사는 130여 개에 달하며 695개의 바이오 작물보호제가 누적으로 등록되어 있었다. 크롭라이프(Crop Life)에 따르면 2023/24년 브라질 바이오 작물보호제 매출은 37억 헤알에 달했다.

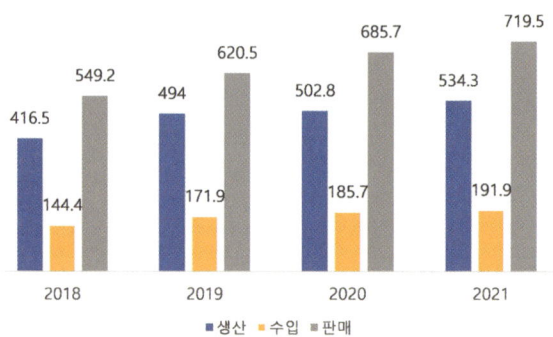

브라질의 작물보호제 생산/수입/판매 통계
(단위: 천 톤)

[자료: 브라질 연방환경청(IBAMA)]

작물보호제의 공급망도 자세히 살펴보면 여러 나라들이 엮여 있다. 원재료는 중국, 인도 등 기초 화학제품을 많이 만드는 나라에서 제공하고 미국, 유럽, 일본 등 정밀 화학공업이 발달한 나라의 회사들이 작물보호제를 생산한다. 작물보호제 유통/판매는 브라질, 아르헨티나, 미국 등 농산업 규모가 큰 나라가 주가 되고 농산물은 아시아, 유럽, 북미, 중동 등 전 세계로 유통된다. 전체 밸류체인에서 한 가지 요소만 문제가 생겨도 전 세계 식량 공급에 문제가 생길 수 있다.

조금 생소한 분야긴 하지만 작물보호제는 브라질 농업 공급망을 구성하는 주요 요소이다. 관련 기업이나 산업 동향 등을 유심히 모니터링한다면 브라질 농업을 이해하고 사업 기회를 찾는 데 큰 도움이 될 것이다.

작물보호제 살포기

[자료: Pixabay]

2

에너지:
심해유전에서
그린수소까지

석유 순 수입국에서
중남미 최대의 생산 국가로

2010년대 초반 브라질이 브릭스(BRICS)의 한 축으로 떠오르는 데 큰 기여를 한 것은 석유가스 산업이다. 브라질의 이미지는 현재로 보면 석유를 주축으로 한 에너지 강국이지만 그렇게 된 기간은 생각보다 길지 않다. 과거 브라질의 석유는 아마조나스주(Amazonas) 등 내륙 지역을 중심으로 소량 생산이 되었다. 당연히 1970~80년대 석유 파동이 일어나자 큰 타격을 받았다. 당시 브라질은 인플레이션으로 큰 고통을 받던 시기인데 에너지 가격까지 올라가자, 국가 근간이 흔들릴 정도였다. 뒤의 챕터에서 설명하겠지만 브라질 정부는 자구책으로 사탕수수를 대량으로 재배하여 에탄올을 생산하고 연료로 활용하기 시작했다. 현재 상파울루를 중심으로 많은 사탕수수 농장 및 에탄올 공장이 있으며, 최근에는 세하두 지역에서 과잉 생산되는 옥수수를 처리하기 위해 옥수수 기반 에탄올 공장도 많이 건설되고 있다.

하지만 에탄올로는 근본적으로 에너지 문제를 해결하는 데 한계가 있다. 에너지 효율이 가솔린만큼 나오지 않고 사탕수수나 옥수수는 식량으로도 사용해야 하기 때문에 생산량이 줄거나 식량 수요가 늘어나면 에탄올 원료로 전용하는 것이 어렵기 때문이다.

우리나라가 지금 포항 영일만 앞바다에서 석유·가스를 발견하기 위해 노력하고 있는 것처럼 브라질도 1900년 후반이나 2000년대 초반 비슷한 기대감이 있었을 것이다. 브라질은 상파울루 및 리우데자네이루 앞바다에 있는 해상 유전을 발견했고 중남미 최대의 석유가스 생산국으로 떠올랐다.

중남미의 주요 산유국은 브라질과 베네수엘라다. 매장량은 베네수엘라가 3,040억 배럴로 세계 1위다. 하지만 베네수엘라는 서방의 제재로 신규 유전을 발굴하거나 개발 및 유지보수를 못 하고 있고 유전이 개발 비용이 많이 드는 구조라 생산량은 일일 77만 배럴로 많지 않다.

반면에 브라질의 석유 매장량은 130억 배럴로 세계 15위에 불과하고 베네수엘라에 비해서는 4.35% 정도밖에 되지 않는다. 하지만 석유 채굴에 대한 의지가 강하고 자국에 페트로브라스(Petrobras)라는 실력이 좋은 국영 석유 회사가 있어 생산량이 일일 358만 배럴이나 된다. 브라질 유전은 대부분 해상에 있지만 오래전부터 해상 유전 탐사기술을 개발하여 효과적으로 생산하고 있다. 국내외 기업들의 투자도 많다. 브라질 석유가스 연구소(IBP)에 따르면 브라질은 2031년까지 석유 개발/생산에 1,800억 달러의 투자를 받을 것으로 예상된다.

쉘(Shell), 에퀴노르(Equinor), CNOOC, 랩솔(Repsol), 토탈에너지스(TotalEnergies) 등 글로벌 에너지 회사들도 브라질에 진출하여 석유 광구들을 운영하고 있다.

세계 석유 매장 및 생산량 (2023년)

[자료: EIA]

한 예로 메루(Mero) 광구에서는 페트로브라스, 쉘, 토탈에너지스, CNPC, CNOOC가 지분을 가지고 사업을 진행하고 있다. 브라질 석유 사업에 참가하기 위해서는 법률, 조세, 환경 등에 대한 방대한 지식이 필요하기 때문에 페트로브라스를 비롯해 기진출한 메이저 회사들이 과점하고 있다. 소형 석유 개발 회사들도 참가하지만 브라질 전체 석유 개발에서 차지하는 비중은 미미하다.

브라질 지역별로 살펴보면 2023년 12월 기준 산토스(Santos) 분지에서 74%, 캄푸스(Campos) 분지에서 23%의 석유가 생산되었다. 분지 내에 여러 광구가 위치하고 있다. 해상광구별로는 투피(25.04%), 부지오스(18.73%), 메루(6.05%)별로 많은 석유를 생산했다. 모두 브라질 에너지 관련 뉴스를 보면 자주 등장하는 이름들이다. 주별로 보면 리우데자네이루주에서 85.59%, 상파울루주에서 7.35%의 석유가 생산되었다.

브라질 국영 석유 회사인 페트로브라스의 본사는 리우데자네이루 도심 한가운데 있다. 커피, 사탕수수, 제조업 등 많은 산업이 상파울루로 넘어갔지만 리우데자네이루가 현재의 위상을 지키는 이유는 브라질에서 가장 많은 석유·가스를 생산하고 있기 때문이다. 에너지 회사들은 석유가스를 개발하고 생산하면 일정 비율의 로열티를 정부에 납부하는데, 주정부가 가져가는 비중이 가장 높다.

브라질 해상 유전 위치

[자료: Petrobras]

브라질은 운이 참 좋은 나라다. 농산물, 광물 등 다른 원자재도 풍부한데 갑자기 2000년대 들어 해상 유전이 발견되어 국가 발전에 큰 기여를 하였다. 지금은 자국에서 생산하는 석유를 기반으로 석유 제품 및 석유화학 제품도 만들어 산업 발전에 이바지를 하고 있다. 브라질의 정유, 석유화학 산업 기반은 라틴아메리카에서 최고 수준이다. 원유의 경우 2023년 약 400억 달러를 수출했으며 농산물과 마찬가지로 생산량 중 상당 비율은 중국으로 향했다.

리우데자네이루 앞바다에 있는 암염하층(Pré-sal)의 석유 생산량은 지금까지 계속 증가했다. 암염하층은 대륙붕에 있는 지질층으로서, 그 위에는 소금층이 두텁게 자리하고 있어 접근이 어려웠다. 석유 회사들은 특수장비로 시추하여 소금층 아래 있는 석유와 천연가스를 추출한다.

하지만 언제까지 석유 생산의 증가 추세가 지속될지는 모른다. 브라질에너지 연구소(EPE)는 신규 유전이 발굴되지 않으면 브라질의 석유 생산량이 2030년경 정점을 찍고 하향 곡선을 그릴 수 있다고 전망한다. 브라질 입장에서는 생산량을 유지하고 확대하기 위해서 새로운 광구를 찾아야 한다. 다행히 가이아나와 접해 있는 '적도 마진(Margem Equatorial)' 지역 해상에 심해유전이 매장되어 있을 가능성이 커서 페트로브라스(Petrobras), 쉘(Shell) 등 다양한 회사들이 탐사를 추진하고 있다. '포즈 두 아마조나스(Foz do Amazonas)' 분지, 포티구아르(Potiguar) 분지 등이 주요 탐사 대상 지역이다.

파라주(Pará), 마라냥주(Maranhão), 피아우이주(Piauí), 세아라주(Ceará), 히우그란지두노르치주(Rio Grande do Norte)가 위치한 적도 마진 지역은 남부, 동남부 지역보다 소득도 낮고 인프라도 열악한 가난한 지역이다. 만약 경제성 있는 유전이 발견된다면 주변에 정유공장, 석유화학 공장이 건설될 가능성도 높고 발전의 기회가 될 것이다.

적도 마진은 최근 해상 유전이 발견되어 주목받고 있는 수리남이나 프랑스령 가이아나와도 가깝고 지질 특성이 유사해 신규 유전이 발견될 가능성이 높을 것으로 예상된다. 북동부 지역은 태양광, 풍력발전 등 신재생에너지발전소가 대량으로 건설되고 있고 이를 기반으로 그린수소를 만들 수 있는 수전해 시설을 설치할 수 있는 유력한 지역으로 검토되고 있다. 석유까지 많이 생산된다면 브라질의 새로운 에너지 거점으로 성장할 수도 있을 것이다.

브라질 적도 마진 위치

[자료: CNN Brasil]

　페트로브라스는 남부 히우그란지두술주의 펠로타스 분지(Bacias de Pelotas) 도 탐사할 계획이다. 펠로타스는 우루과이와 접경 지역에 있는 브라질 최남단 지역이며 이 지역 역시 연안에서 석유·가스 매장지를 탐사하고 있다. 브라질 정부는 기존에 개발이 성공한 유전에서 벌어들인 자금으로 적극적으로 신규 광구 발굴에 투자하는 모습이다. 향후 탈탄소 움직임이 강해지기 전에 미리 자국에 매장된 석유 자원을 채굴하려는 목적도 있다.

브라질의 주요 석유·가스 회사들

브라질의 주요 석유·가스 회사들로는 어떤 곳들이 있을까? 먼저 국영 석유 회사인 페트로브라스가 있다. 2023년 매출이 5,119억 헤알(약 1,023억 달러)로 금융을 제외하고 브라질에서 가장 매출액이 큰 회사다. 석유 개발, 정유를 주력으로 하고 있으며 과거에는 질소 비료, 가스관 운영, 석유화학 등 석유·가스와 관련된 모든 사업을 영위했다. 하지만 2018년 집권한 보우소나루 대통령이 민영화 정책을 내세워 석유가스 개발, 정유 등을 제외한 대부분의 사업 분야는 정리하기로 하였다.

페트로브라스의 사업전략을 살펴보기 위해서는 이 회사가 계획하는 분야별 투자액을 살펴보면 된다. 페트로브라스는 2025~29년 동안 1,110억 달러를 투자한다고 발표했는데 석유 탐사/개발에 770억 달러, 정유/운송/판매에 200억 달러, 천연가스 개발 및 탄소중립 등에 110억 달러를 배정했다. 석유·가스 개발에 투자되는 자금이 전체 투자 계획의 70%가 넘는다. 이 분야에 집중하는 이유는 수익성이 좋으며 페트로브라스가 강점이 있기 때문이다.

베네수엘라, 프랑스령 가이아나 등 다른 나라들을 살펴보면 자국의 석유 개발 능력이 부족하기 때문에 서구권의 에너지 기업들에 의존한다. 이 경우 개발 주체가 외국 회사가 되면서 자국에 남는 부가가치가 크지 않다.

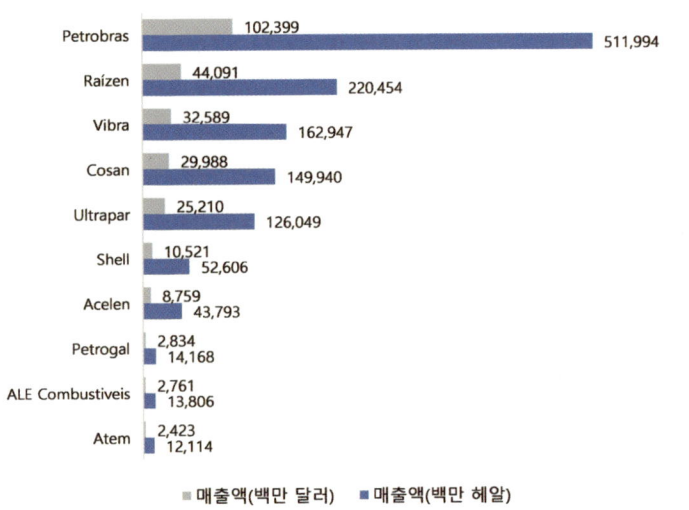

브라질의 석유 관련 회사 리스트(2023년)

[자료: Valor1000]

베네수엘라의 경우 외국 회사들이 대부분의 돈을 벌어가는 것이 부당하다고 생각하여 국유화 조치를 단행했지만 오히려 해외 투자가 끊기고 최신식 기술 유입이 없어지면서 석유 생산량이 대폭 줄어들었다. 지금은 브라질 생산량의 1/4에 불과하다.

페트로브라스 다음으로는 하이젠(Raízen)과 코산(Cosan)을 알아볼 필요가 있다. 코산(Cosan)은 전통적인 사탕수수 재배/가공 회사로 에탄올을 생산한다. 하이젠은 코산과 글로벌 석유 회사 쉘(Shell)의 합작법인으로 에탄올을 생산하고 '쉘(Shell)' 브랜드의 주유소를 브라질 전역에 운영한다. 브라질 어느 지역을 가든 쉘 주유소를 흔히 볼 수 있다. 한편 쉘은 리우데자네이루 앞바다에서 석유 개발에도 참여하고 있다. 페트로브라스 다음으로 많은 석유를 생산한다. 석유 생산량이 늘어나고 단가도 상승하면서 2023년 매출액이 526억 헤알(약 105억 달러)에 달했다. 쉘은 1913년에 브라질에 법인을 세웠고 2003년부터 비주피라(Bijupirá) 및 살레마(Salema) 광구에서 석유를 생산하기 시작했다. 외국 법인으로는 처음으로 브라질에서 석유를 생산한 것이다.

비브라(Vibra)는 페트로브라스의 석유 유통 사업부가 2021년에 분리되면서 설립된 회사며 브라질 전역에 8,000개가 넘는 주유소를 운영하고 있다. 브라질 및 라틴아메리카에서 가장 큰 석유 제품 유통 회사다. 울트라파르(Ultrapar)도 석유 제품 유통 회사로 이피랑가(Ipiranga)라는 브랜드의 주유소들을 운영하고 있다. 브라질의 석유 제품 유통은 비브라, 하이젠, 울트라파르가 과점하고 있다고 볼 수 있다. 이외에 ALE 콩부스치베이스(ALE Combustíveis) 등 몇 개의 독립 회사들이 있지만 비중은 크지 않다.

아셀렌(Acelen)은 아랍에미리트 무바달라 캐피탈(Mubadala Capital)이 인수한 페트로브라스의 바이아주 정유공장이다. 보우소나루 정부는 페트로브라스의 석유 자산들을 민영화시키면서 정유공장도 5개만 남기고 모두 민간 회사에 매각하려고 했다. 물론 룰라 정부가 들어서면서 이 계획은 무산되었다.

페트로갈(Petrogal)은 포르투갈의 에너지 회사로 브라질에서 석유·가스 개발 및 광구 운영 사업에 참가하고 있다. 코파 에네르지아(Copa Energia)는 코파가즈(Copagaz)라는 LPG 유통 회사를 보유하고 있는데 2021년 리퀴가스(Liquigás)를 인수하면서 사업 규모를 키웠다. 브라질에서 가장 큰 LPG 유통 회사로 보면 된다.

브라질 석유가스 회사들은 신사업으로 바이오연료 정유, 그린수소, 신재생에너지 발전, 탄소포집(CCUS) 등에도 관심을 가지고 있다. 페트로브라스는 2025~29년 에너지 전환에 163억 달러를 투자할 계획이다(온실가스감축: 53억 달러, 신재생에너지 발전 43억 달러, CCUS/해상풍력발전: 9억 달러, 바이오에너지 43억 달러 등). 브라질은 석유가스 생산량은 많지만 베네수엘라, 캐나다, 미국 등 경쟁국에 비해 매장량이 많지 않아 언젠가 고갈될 것이기 때문이다. 석유자원이 단기간에 고갈되지 않더라도 탄소중립 정책이 강화되면서 자연스럽게 그린에너지 분야로 넘어가야 하는 환경이 조성될 것이다. 다행히 브라질의 석유가스 회사들은 원유 판매로 벌어들이는 돈이 충분하기 때문에 신규 사업에 투자할 여력이 충분하다.

페트로브라스의 해상플랜트

[자료: PETROBRAS 홈페이지]

브라질산 해양플랜트 생산의 꿈

브라질은 대부분의 석유·가스를 심해에서 추출하기 때문에 드릴쉽, 부유식 생산 저장 하역 설비(FPSO) 등 해양플랜트의 큰 시장이다. 페트로브라스, 쉘 등 국내외 기업들은 브라질 연방정부의 석유 광구 입찰에 참가해 낙찰받으면 해양플랜트를 조달해야 한다. 국내외 조선소에서 자체적으로 구매하기도 하고 미쓰이해양개발(MODEC) 등 전문 기업들과 장기 용선 계약을 체결하기도 한다.

브라질 정부는 고민이 많다. 한 기에 수억~수천억 달러에 이르는 해양플랜트나 유조선 등을 국내가 아닌 해외에서 구매하는 것이 아깝기 때문이다. 많은 외화가 소진될 뿐만 아니라 정치적으로도 비탄받을 수 있는 소지가 있다. 브라질에도 많은 조선소들이 있으면 수만 명의 노동자가 근무하고 있다. 다만 한국, 싱가포르, 중국, 일본 등 조선 강국보다 경쟁력이 낮아 납기를 제때 못 지키거나 품질이 낮아 석유가스를 추출하는 임무를 제대로 수행하지 못할 가능성이 있다.

  대규모 해상광구가 발견된 2000년대 초부터 룰라 정부는 자국 조선 산업을 육성하기 위해 많은 노력을 기울였다. 브라질 내에 조선 관련 직업 교육 기관을 적극 육성하였고 로컬 콘텐츠(Conteúdo Local) 규정을 만들어 브라질 석유 광구 개발 입찰에 참가하기 위해서는 투입되는 해양플랜트를 생산하는 데 소요되는 부가가치의 일부를 브라질 내에서 수행하게 했다. 해외 조선사는 부품이나 서비스를 브라질 기업으로부터 조달해야 한다. 그 비율 계산이 복잡해서 이를 대행해 주는 에이전시들도 있다. 싱가포르 등 외국 회사들은 브라질 조선소를 인수하기도 하고, 컨소시엄을 구축해서 한국이나 싱가포르에서 일부 파트를 생산하고 브라질에서 조립 및 마무리 작업을 하는 경우도 많다.

  한때는 우리나라 조선 3사가 현지 조선소 지분인수를 통해 브라질에 진출하기도 했다. 하지만 부품 조달과 숙련된 노동자를 구하는 것이 어려워 철수를 결정한 것으로 들었다.

  2010년대 중반 라바자투(Lava Jato)라고 불리는 대규모 부패 수사 작전이 개시되었고 페트로브라스(Petrobras), 브라스켐(Braskem), 오데브레시(Odebrecht) 등 수많은 기업들이 연루되어 엄청난 금액의 벌금을 내거나 파산을 하였다. 엔지니어링 및 조선 회사들도 상당수 연루되어 경영이 어려워졌다.

  이후 지우마 대통령이 탄핵되고 들어선 테메르 정부는 2017년 로컬 콘텐츠 비중을 기존의 절반 이하로 대폭 낮추었다. 외국 자본과 기술을 유치하여 석유 개발과 수출을 가속화시키는 것이 목적이었다. 브라질은 심해(4,000~5,000m), 초심해(6,000~11,000m)에서 석유를 생산하기 때문에 해양플랜트의 성능이 우수해야 하며 석유·가스 기업들은 경험이 많은 글로벌 메이저 조선업체들의 해양플랜트를 사용하는 것을 선호한다.

브라질산 부품이나 서비스 비중을 높이는 것은 좋지만 그럴수록 첨단기술을 적용하지 못해 실제로 석유 광구에 투입했을 때 수율이 잘 나오지 않을 수 있다. 로컬 콘텐츠 비율을 낮추어 달라는 브라질 석유 기업들의 요청도 있었다.

하지만 2023년 룰라 정부가 다시 들어서면서 로컬 콘텐츠 기준을 높이려고 한다. 브라질 정부는 해양플랜트에서 더 나아가 유조선이나 가스 운반선을 제조할 때도 로컬 콘텐츠 규정을 적용하고자 검토 중이다. 페트로브라스의 자회사인 트란스페트로(Transpetro)는 가스선 및 유조선을 운용하며 곧 대규모 신규 발주를 낼 예정인데 자국 조선사에 유리한 입찰 조건을 적용할지 주목이 된다.

그동안 침체되었던 브라질 조선 산업이 다시 활기를 띠고 현지에서 생산되는 기자재에 대한 수요도 늘어날 수 있을 것으로 예상된다. 현재 브라질에 있는 조선소의 30% 정도는 일감이 없어 멈춰 있다고 한다. 브라질 석유 협회(IBP)에서 2024년 시행한 설문조사에 따르면 48개의 조선소 중 6개는 폐업을 했고 9개는 일감이 없어 가동을 중단하였다. 브라질에서 가장 큰 조선소들에 포함되는 엔세아다(Enseada), 아틀란티코술(Atlântico Sul)도 일감이 없는 상태다. 일부 조선소들은 야드를 해상풍력발전 설비 제조설비나 항만으로 전용하여 사용하려고 한다.

브라질 정부는 2029년까지 원유 생산량을 2023년 340만 배럴에서 2029년 540만 배럴로 확대하려고 하고 있기 때문에 해양플랜트 발주가 대폭 늘어날 것으로 전망된다. HD한국조선해양, 싱가포르 케펠, 중국 CIMC 등 조선업체가 각각 수주한 2025~27년 해양플랜트 인도분 5기는 생산 중이며, P-84, P-85 등은 업체 선정 중에 있다.

브라질의 심해 석유 개발의 역사가 길어지면서 노후화된 해양플랜트나 설비들도 늘어나고 있다. 일부는 해체하여 고철로 판매하고 일부는 개조/현대화하여 다시 사용하는 움직임도 나타나고 있다.

과연 브라질 조선 회사들이 어려움을 극복해 내고 경쟁력을 높여 자국산 해양플랜트와 유조선을 생산해 낼 수 있을지 계속 외국 기업들의 의존도가 높아질지 귀추가 주목된다.

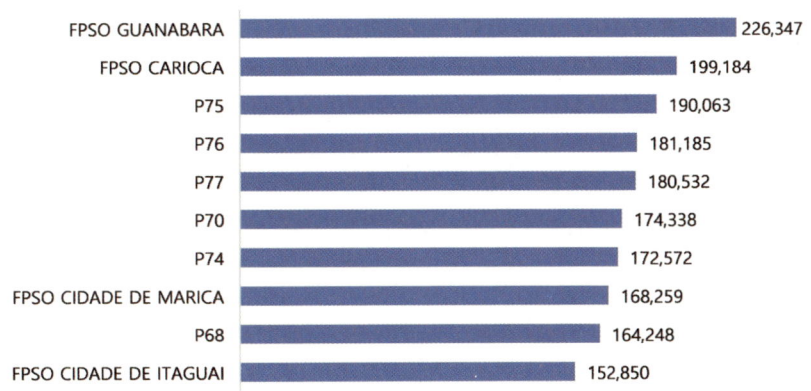

2023년 브라질 FPSO별 원유/천연가스 생산량
(단위: BOE/d)

FPSO	생산량
FPSO GUANABARA	226,347
FPSO CARIOCA	199,184
P75	190,063
P76	181,185
P77	180,532
P70	174,338
P74	172,572
FPSO CIDADE DE MARICA	168,259
P68	164,248
FPSO CIDADE DE ITAGUAI	152,850

[자료: ANP]

천연가스 단가 인하와
산업 경쟁력 제고

　브라질의 천연가스 탐사 및 생산은 1940년대부터 이루어졌다. 당시 바이아주(Bahia), 세르지피주(Sergipe), 알라고아스주(Alagoas) 등 북동부 지역에서 천연가스 유전이 발견되어 연료 및 산업용으로 활용하였다. 1970년대에는 리우데자네이루 앞바다의 캄푸스 분지가 발견되어 해상에서 천연가스를 채굴하기 시작했고 1980~90년대에는 국영 석유 기업인 페트로브라스가 아마조나스주 지역에서 육상 가스전을 발굴하여 천연가스를 북부 지역에 있는 화력발전소에 공급하였다. 지금도 브라질 북동부에는 에네바(Eneva) 등이 운영하는 여러 가스화력발전소가 위치하고 있다.

　브라질의 천연가스 생산량은 석유와 마찬가지로 2006년 리우데자네이루 앞바다 암염하층에서 대규모 유전이 발견되면서 획기적으로 늘어났다. 2021년 브라질은 브라질 488억 m³의 천연가스를 생산했는데 암염하층 비중은 67.5%나 되었다. 다만 가스관, 천연가스 처리 시설 등 인프라의 부족으로 무려 40~50% 정도는 다시 유전에 주입한다. 자국에서 생산되는 천연가스 물량 중 절반 정도밖에 활용하지 못하니 모자란 물량은 수입할 수밖에 없다.

2021년 브라질의 가스 소비량은 413억 m³이었는데, 이 중 170억 m³는 수입산이었다. 수입량 중 96억 m³는 LNG 형태로, 나머지는 볼리비아에서 가스관을 통해 수입되었다. 브라질은 LNG의 대부분을 미국과 카타르에서 가져온다.

브라질은 1999년부터 볼리비아와 가스관을 연결해 천연가스를 수입했다. 볼리비아와 브라질을 연결하는 가스관 이름은 가스볼(Gasbol)로 볼리비아에 557km, 브라질에 2,593km 설치되어 있다. 브라질은 1990년대만 해도 전력 생산의 80% 정도를 수력에 의존했는데 가뭄이 심해지자 대체 발전원을 찾느라 가스 기반 화력발전소를 대거 건설하게 되었다. 당시 브라질의 천연가스 생산량이 적었기에 이웃 나라에서 수입할 수밖에 없었다.

하지만 볼리비아의 정치적 불안정성이 지속되면서 천연가스 공급에 위협이 생겼고 브라질 정부는 공급 위험을 해결하기 위해 LNG 도입 설비를 대서양 해안가를 따라 건설했다. 브라질에는 7개의 천연가스 재기화 터미널이 있다(리우데자네이루, 세아라, 세르지피 등). 고정식 터미널은 아니지만 가스 재기화 기능을 할 수 있는 특수선박인 FSRU도 2014년 이후 산토스, 세르지피, 아수 항만 등에 배치하였다.

2022년 기준 브라질에는 180여 개의 화력발전소가 운영되고 있으며 전체 천연가스 수요의 36%를 흡수한다. 천연가스의 50% 정도는 산업용으로 사용된다. 석유화학, 유리, 비료 등 공장들이 천연가스를 원료로 사용한다.

브라질에서 가장 대표적인 가스화력발전소는 리우데자네이루 아수항

(Porto do Açu) 부근에 지멘스에너지(Siemens Energy), 프루모(Prumo), BP, SPIC 등이 출자해서 건설한 GNA(Gás Natural Açu)다. 전력 설치용량은 3GW에 달한다.

브라질 정부는 천연가스 공급망 관련 고민이 많은데 일단 브라질 내에서의 생산량이 적다. 석유의 경우 생산량이 세계 10위권 안에 들지만 천연가스는 30위밖에 되지 않는다. 심지어 생산되는 물량의 절반 정도는 광구에 재주입하니 가용 물량이 더 줄어든다.

브라질에서 생산하고 처리하는 천연가스 가격이 수입산보다 비싼 것도 문제다. 시점에 따라 다르지만 브라질산 천연가스 가격은 미국에 비해 3~6배 정도 비싸다. 천연가스는 질소 비료 및 석유화학 제품 등의 원료로 사용되는데 브라질에서 생산할 때 원가가 높다 보니 완성품을 해외에서 수입하는 것이 더 저렴하다. 이에 비료, 석유화학 등 산업은 계속 경쟁력이 하락하고 있다. 과거 페트로브라스가 질소 비료공장을 여럿 투자하였지만 실패한 것도 높은 원가가 이유다.

가스관, 가스 처리 시설 등 인프라도 부족하다. 남동부 해상 유전에서 생산된 천연가스는 'Rota 1', 'Rota 2'라는 가스관을 통해 육상으로 운송되며 'Rota 3'은 2024년에 준공될 예정이다. 브라질에 있는 수많은 해상 유전들과 매칭하였을 때 현재 운영되고 있는 가스관은 턱없이 모자라다. 이런 점에 착안해서 코산(Cosan)의 자회사인 엣지(Edge)는 LNG를 가스관과 연결되지 않은 고객들에게 운반해 주는 사업을 한다. 화물 회사들은 배기가스를 줄이기 위해 천연가스를 연료로 쓰는 화물차를 대량으로 구매하고 거점에 충전소들을 설치한다. 충전소 상당수는 가스관과 연결되지 않아 트럭을 통한 별도 충전 서비스가 필요하다.

브라질의 산업 경쟁력을 향상시키기 위해서는 천연가스 관련 인프라에 투자하고 제도 개선을 통해 원가를 낮출 필요가 있다. 보우소나루 정부 때는 신규 가스법(Nova Lei do Gás)을 통과시켜 가스관 운영회사 등 과거 페트로브라스가 소유하고 있던 천연가스 관련 자산 및 기업을 대거 민영화하고 민간 기업들과의 경쟁을 유도하였다. 추가로 특정 기업이 보유 및 운영하던 가스관, 가스 정제공장 등을 타 에너지 회사들도 빌려 사용할 수 있는 제도적 기반을 만들었다. 대형 가스 소비자들은 공급업체들을 직접 선택하고, 계약조건과 공급 기간을 조정할 수 있게 허용되었다. 과거에는 사업장이 소재한 지역에 배관 인프라를 보유한 기업에게 가스를 구매해야 했다.

룰라 정부는 PPSA라는 에너지 관련 공기업을 통해 직접 천연가스를 시장에 공급하는 방안도 검토하고 있다. 예전에는 연방정부 소유의 천연가스를 해상 플랫폼에서 민간 기업에 판매하였는데, 이제 직접 민간 기업들이 보유한 가스관, 가스 처리 시설(UGPN) 등 자산을 빌려 가공을 하고 소비자에게 공급까지 하려고 한다. 마진을 낮추어 판매하면 시중 가스 가격이 내려갈 수 있다. 가스 처리 시설에서는 천연가스가 프로판, 부탄, 에탄, 메탄 등으로 분리되어 용도별로 판매될 수 있다.

추가로 아르헨티나 네우켄(Neuquén), 리오 네그라(Rio Negra)에서 생산되기 시작한 저렴한 셰일가스를 가스관 및 LNG로 도입하여 가스 공급선을 다변화하고 가스 유통가격도 낮추려고 한다. 아르헨티나 남부 지역에서는 **토탈에너지스**(TotalEnergies), **팬아메리칸**(Pan American), **플러스페트롤**(Plus Petrol) 등이 셰일가스 개발에 참가하고 있다.

낮은 천연가스 산업 경쟁력은 오랜 기간 브라질 산업 발전의 발목을 잡고 있으며, 특히 2021년 질소 등 비료의 공급망 교란 사태가 발생하고 난 이후 천연가스 공급망은 브라질 산업계의 뜨거운 감자로 떠올랐다. 브라질 정부가 위의 노력들을 통해 천연가스 공급망을 안정적으로 확보하고 산업 경쟁력을 제고할 수 있을지 지켜볼 필요가 있다.

석유 대국 브라질은
왜 석유 제품을 수입할까?

브라질에는 2022년 기준 18개의 정유공장이 운영되고 있는데 10개는 페트로브라스, 8개는 민간 기업들이 소유하고 있다. 2022년 브라질 정유공장들은 1억 2,350만 ㎥의 연료 및 부산물을 생산했다. 그중 87%인 1억 740만 ㎥는 디젤, 가솔린 등 연료였다. 연료 생산량 중 디젤 비율은 42.4%, 가솔린 비율은 26.6%였다. 브라질 정유산업은 일찍부터 발전하여 18개의 정유공장 중 13개는 1980년 이전에 건설되었다. 하지만 가솔린 및 디젤 수요가 급속히 증가하고 기존에 건설한 정유공장들이 노후화되면서 자국 생산량으로 수요를 충족하기에 모자란 상황이다.

2022년 기준 브라질은 디젤 수요의 25.5%, 가솔린 수요의 12.6%를 수입하였다. 특히 디젤 생산량이 자국 수요에 비해 턱없이 부족하다. 오래전이긴 하지만 우리나라의 정유사업을 하는 S사가 한창 텔레비전 광고로 브라질까지도 석유 제품을 수출하고 있다는 광고가 나오기도 했다. 가정용

가스 및 석유화학 연료 등으로 사용되는 LPG도 생산이 부족하다. 페트로브라스는 디젤 등 석유 제품 공장 증설에 많은 금액을 투자할 예정이다.

브라질 석유 제품 수입 비중

BRASIL IMPORTA MAIS DE 25% DA DEMANDA DE DIESEL
dependência externa por combustível (em %)

연도	2017	2018	2019	2020	2021	2022	2023*
diesel	25,0	33,1	27,0	26,6	29,9	26,3	25,5%
GLP	24,5	21,6	25,6	23,0	26,6	27,9	18,5%
gasolina	12,5	5,6	6,2	6,1	2,2	12,0	12,6%

(Temer / Bolsonaro / Lula)

*dados até março
fonte: ANP (Agência Nacional do Petróleo, Gás Natural e Biocombustíveis)
PODER 360

[자료: PODER360]

그렇다면 한 가지 의문점이 든다. 브라질은 원유 생산량이 남미 최대이고 2023년 기준 400억 달러를 수출할 정도였는데 석유 제품은 왜 수입할까?

일단 석유·가스 관련 투자금이 광구 개발에 많이 쓰인다. 페트로브라스의 2025~29년 투자 금액 1,110억 달러 중 773억 달러는 석유 탐사개발에 사용될 예정이다. 정유/유통 투자에 배정된 금액은 200억 달러에 불과했다. 아무래도 석유 개발의 수익률이 더 좋기 때문에 많은 금액이 배정될 수밖에 없는 구조다. 브라질은 미국, 중동 등 세계적인 규모의 정유공장들이 위치한 국가들과도 가깝기 때문에 이들 지역에서 많은 석유 제품이 수입되기도 한다.

통계를 보면 브라질은 원유도 소폭 수입하는데 정유공장을 건설한 시점과 유전을 개발한 시점이 다르기 때문이다. 북동부 등 고립된 지역에 위치한 정유공장의 경우 브라질 내부에서 원유를 공급받는 것보다 미국, 중동 등지에서 수입하는 것이 더 저렴할 때도 있다.

브라질에 대규모로 정유공장이 건설된 1970~80년대에는 브라질에서 석유가 거의 생산되지 않아 중동에서 경질유를 수입했다. 1979년 캄푸스 해상광구가 개발되면서 중질유가 나오자 정유공장들은 중질유를 정제할 수 있게 개조되었다. 하지만 2006년 이후 암염하층(Pré-sal)에서 나오는 석유들은 경질유가 많다. 그래서 중질유를 정제할 수 있게 설계된 정유공장을 가동하기 위해 중질유를 수입하고 있다.

민간 기업들도 정유공장을 건설하기에 앞서 페트로브라스의 눈치를 많이 볼 수밖에 없다. 페트로브라스의 정유공장 점유율은 약 70~80%에 달하기 때문에 석유 제품에 대한 가격 결정권이 있다. 민간 기업이 정유공장을 건설하고 영업하려고 할 시점에 페트로브라스가 석유 제품 단가를 낮추면 울며 겨자 먹기로 저렴하게 제품을 판매하고 투자 수익률은 감소할 수밖에 없다. 이에 신규로 브라질 정유사업에 진입하는 회사들은 거의 없다.

한편 보우소나루 정부는 시장에서 경쟁체제를 확보하기 위해 페트로브라스가 보유하고 있는 석유 관련 자산을 매각하려고 했다. 당시 바이아주의 아셀렌(Acelen) 등 여러 정유공장이 매각되거나 매각 상태에 있었다. 하지만 룰라 대통령이 2023년 당선되면서 정유공장 매각은 중단되는 분위기이다. REPAR, REFAP, RNEST, REGAP, LUBNOR 정유공장은 매각

과정에 있었으나 페트로브라스의 요청으로 매각은 무산될 것으로 보인다.

룰라 정부는 정유공장 민영화에 반하는 정책을 펼치면서 페트로브라스의 정유공장 증설 프로젝트를 적극 지원하고 있다. 2028년까지 정유공장 생산능력을 약 22.5만 배럴 확대할 계획이다. 모자란 디젤 생산량을 보충하기 위해 순수 바이오디젤(Diesel R100)을 생산하는 정유공장의 생산능력을 확충할 계획도 가지고 있다. 쿠바타옹(Cubatão) 정유공장에서는 재생 가능한 디젤인 '수소 처리 식물성 기름(HVO)'도 생산할 예정이다. 디젤이나 가솔린 가격은 민심과도 연결되기 때문에 정부에서 신경을 쓸 수밖에 없다. 브라질에 지내다 보면 종종 트럭 기사들이 디젤 가격이 올랐다고 고속도로를 막고 파업하는 것을 볼 수 있다.

브라질의 사례를 보면 석유 등 원자재를 자국에서 생산하는 것도 중요하지만 원자재를 바탕으로 중간재나 최종재를 저렴하게 좋은 품질로 생산하는 것도 못지않게 중요하다. 만약 가공 능력이 부족하다면 원자재를 많이 보유하고 있어도 제품을 수입할 수밖에 없는 상황이 벌어질 수 있다.

브라질 화학 산업의 어려움과 떠오르는 바이오화학

화학은 브라질의 주요 산업으로 2022년 매출이 1,870억 달러에 달했다. 산업용 화학 제품(883억 달러), 비료(350억 달러), 작물보호제(200억 달러), 제약(197억 달러) 순으로 규모가 컸다. 석유화학, 정밀화학 등은 산업용 화학 제품에 포함된다. 브라질의 산업이 전반적으로 발전하면서 화학 산업 규모가 점차 커지고 있다. 브라질은 원유, 천연가스, 에탄올 등 원료가 많이 생산되어 어찌 보면 화학 산업을 추진하기 좋은 환경을 가지고 있다. 석유화학의 주원료인 나프타나 천연가스도 자국에서 조달할 수 있다.

브라질의 간판 화학 기업은 브라스켐(Braskem)으로 라틴아메리카 화학 회사 중 규모가 가장 크고 포트폴리오도 잘 갖추어져 있다. 주요 생산 품목은 에틸렌, 프로필렌, 폴리에틸렌, 폴리프로필렌, 폴리염화비닐, 바이오 폴리머 등으로 우리나라의 LG화학이나 롯데케미칼 등 종합 석유화학 회사들과 포트폴리오가 비슷하다.

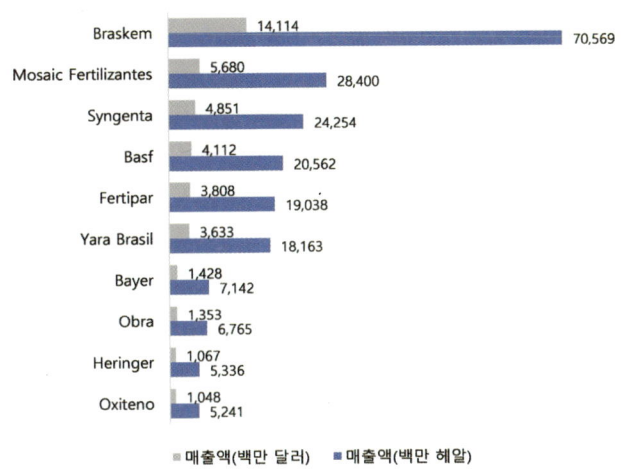

브라스켐은 브라질에 존재하는 수많은 석유화학 회사들이 인수합병으로 합쳐지면서 탄생했다. 매출액은 2023년 기준 705억 헤알(약 141억 달러)이었다. 과거 독일, 미국에 있는 폴리프로필렌 공장들을 인수하여 브라질 시장뿐 아니라 유럽, 북미 시장까지 진출하였다.

브라질 주요 화학 회사 중에는 농화학 기업들도 많이 포진하고 있다. 코로나19, 러-우 전쟁 등 공급망 사태가 터지면서 글로벌 농산물 가격이 올랐다. 그 덕에 모자이크(Mosaic), 야라(Yara), 신젠타(Syngenta), 페르티파르(Fertipar), 바스프(BASF) 등 종자, 비료, 작물보호제 등 농업 관련 화학 제품을 생산하는 기업들의 매출이 대폭 늘어났다. 모자이크는 미국, 야라는 노르웨이의 비료 회사로 브라질에 비료 저장고, 가공 공장 등을 보유하고 각 지역에 영업소도 운영한다. 브라질은 미국, 중국, 인도, 캐나다 등과

2. 에너지: 심해유전에서 그린수소까지 **109**

함께 세계에서 가장 큰 농업 시장 중 하나로 모든 글로벌 농화학 회사들이 진출해 있다.

안타까운 것은 브라질의 화학 제품 생산 원가가 높다 보니 소비자나 회사들은 자국산 제품을 구매하기보다 수입산을 선호한다는 것이다. 브라질은 위에서 언급했다시피 나프타, 천연가스, 에탄올 등 수많은 1차 원료를 생산하지만 '브라질 코스트'라 불리는 높은 제조원가로 유명한 나라다. 원료는 저렴할지 몰라도 가공 과정을 거치면 가격이 대폭 올라간다. 그래서 석유화학 제품, 농화학 제품 등 수입산이 대거 유입되는 상황이다. 브라질 정부 입장에서는 필수 중간재에 대해 관세를 높이기도 쉽지 않다. 물가가 오르고 구매자들의 불만이 높아질 수 있다. 브라질은 과거 하이퍼 인플레이션의 고된 시기를 거쳤기 때문에 정부가 가장 무서워하는 것도 물가 상승이다.

결과적으로 2022년 브라질의 화학 제품 수입액은 826억 달러, 수출액은 177억 달러로 648억 달러의 무역적자를 기록했다. 화학 제품 무역수지 적자 폭은 해가 갈수록 늘어나고 있다. 농산물을 수출해 외화를 벌어들이지만 상당 비율은 비료, 작물보호제, 종자 등을 구매하는 데 사용된다. 자국에 공장을 건설해 이익을 내기 쉽지 않자 브라질의 화학 산업 관련 투자액도 점차 줄어들고 있다. 2020년대 들어서는 현재 브라질에서 운영되고 있는 화학공장들 유지보수만 하기에도 부족한 금액들이 투자되고 있다.

브라스켐 등 브라질 화학 회사들도 오히려 원료가 저렴하고 가공비가 낮은 해외 투자에 많은 관심을 보인다. 2010년대 초에는 브라스켐이 멕시코 이데사(IDESA)와 멕시코 베라크루스(Veracruz)에 에탄크래커(ECC)를 건설하여 폴리에틸렌 제품을 생산하고 있다. 나프타보다 훨씬 저렴한 북미산 에탄 가스를 원료로 사용할 수 있고 북미 등 대형 소비지가 인접해 있기 때문이다.

브라질의 화학제품 무역수지

(단위: 십억 달러)

[자료: 브라질 화학협회(Abiquim)]

무엇보다 멕시코가 브라질보다 사업하기가 쉽고 가공 과정에서 드는 비용도 저렴하다.

최근 한국, 일본 등 동아시아 국가들이나 유럽에 있는 석유화학 공장들의 경쟁력이 줄어들고 있다. 저렴한 천연가스로 제품을 생산하는 북미나 중동보다 원가가 높은 나프타를 원재료로 사용하기 때문이다. 중동에서는 원유를 바로 석유화학 원료로 변환하는 최신 플랜트들도 나타나고 있으며 원가 경쟁력이 나프타 분해공정(NCC) 대비 압도적으로 좋다.

브라질도 동아시아나 유럽과 마찬가지로 페트로브라스 등 자국 기업들이 공급되는 나프타 위주로 석유화학 제품을 만들기 때문에 원가 경쟁력이 높지 않다. 거기다 가공비까지 높으니 투자가 제대로 이루어질 수 없다.

대표적인 석유화학 제품인 고밀도 폴리에틸렌(HDPE)의 수입통계를 보면 수입량이 2019년 28만 톤에서 2023년 44만 톤으로 늘어났다. 그중 수입량 1위를 차지하는 미국산 수입량은 2019년 14만 톤에서 2023년 26만 톤으로 증가했다. 미국에서 에탄으로 생산되는 저렴한 범용 석유화학 제품이 가까운 브라질로 대거 유입되는 것이다.

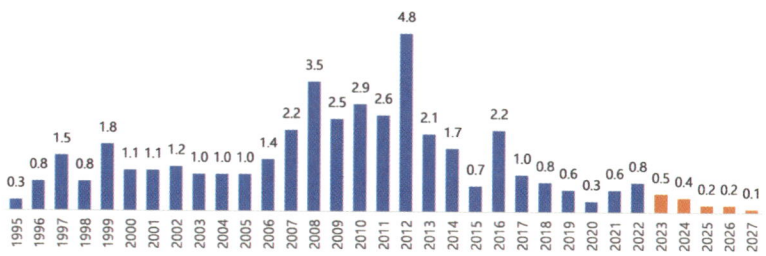

[자료: 브라질 화학협회(Abiquim)]

　브라질 화학협회(Abiquim)에서 발간한 자료를 보면 2021년 기준 브라질 산 나프타는 유럽보다 14%, 천연가스는 미국보다 313%, 에너지비용은 미국보다 429% 높았다. 브라질 화학 기업들이 납부하는 세금은 미국보다 2배나 높다고 한다.

　비료 등 농화학 제품도 사정이 비슷하다. 위에 언급한 것과 같이 천연가스 가격이 높다 보니 질소 비료를 브라질에서 생산해서는 경제성이 나오지 않는다. 과거 페트로브라스가 질소 비료공장을 다수 운영했는데 매각하거나 가동을 중단한 것도 이런 이유가 있기 때문이다. 페트로브라스에서 질소 비료공장 사업권을 매입한 우니젤(Unigel)도 수익이 나지 않아 운영에 난항을 겪고 있다.

　남미의 최대 석유화학 회사인 브라스켐은 자주 매각설이 나온다. 2019년에는 네덜란드 화학 회사인 라이온델바젤(LyondellBasell Industries)이 매입에 관심이 있다는 뉴스가 나왔고, 최근에는 UAE 무바달라 펀드 등이 브라스켐 인수를 고려한다는 소식이 종종 뉴스에 올라온다.

원유→정유→석유화학으로 이어지는 공급망을 볼 때 브라질은 확실히 업스트림 분야에 강점이 있다. 페트로브라스는 남미 최대의 에너지 회사고 매출액이나 이익도 상당하다. 하지만 정유로 넘어오면 산업 규모도 작아지고 오히려 디젤, 가솔린, LPG 상당량은 수입에 의존한다. 화학까지 내려오면 산업 경쟁력은 더욱 약해진다. 어쩌면 수익성이 높은 업스트림에 집중하면서 제조업에 대한 투자나 연구개발이 미흡한 것이 이유일 수도 있고 전반적으로 비효율적이고 원가가 높은 '브라질 코스트'가 성장을 억누르는 것일 수도 있다. 브라질 화학 산업이 성장하고 시장을 되찾기 위해서는 산업 전반적인 혁신이나 체질 개선이 필요하다.

다행히 브라질은 바이오화학이 유망 산업으로 떠오를 수 있다. 브라질은 세계 2위의 에탄올 생산 국가로 앞으로도 바이오연료 강국 자리를 유지할 것이다. 브라스켐은 히우그란지두술주 '두끼 지 까시아스(Duque de Caxias)' 산업단지에 26만 톤 규모의 폴리에틸렌 공장을 운영하고 있다. 원료는 사탕수수로 생산하는 에탄올이다. 친환경 바이오 레진을 만들어 레고, 코카콜라 등 이미지를 중요시하는 소비재 회사로 판매한다. 물성이 석유화학 제품보다 떨어지고 가격이 높아도 ESG 이미지 제고를 위해 그린플라스틱을 구매하려는 회사들이 많이 있다. 프리스미안(Prysmian)은 전선을 생산하는 전형적인 B2B 회사인데 사탕수수 기반 원료로 생산한 저밀도 폴리에틸렌(LDPE)을 사용하여 전선을 생산할 계획이다.

브라스켐은 2022년 일본 소지쯔 상사(Sojitz Corporation)와도 합작법인을 만들어 바이오 모노에틸렌글리콜(Bio-MEG)을 생산할 계획이다. 2025~26년 가동을 목표로 3개의 공장 건설을 추진하고 있다.

한편 페트로브라스는 2023년 대두유를 정유공장에서 분해하여 LPG, BTX(벤젠/톨루엔/자일렌), 친환경 연료(바이오 케로신 등)를 생산하는 데 성공했다.

바이오화학 제품을 만들기 위해서는 우선 국토가 넓어 사탕수수, 옥수수 등 곡물을 대량으로 생산하고 자국에서 식량으로 소비하고도 남아야 한다. 그런 조건을 충족시킬 수 있는 나라는 브라질, 미국 등을 제외하고 많지 않다. 인도, 중국의 경우 농산물 생산량이 많지만 인구도 많아 대부분을 식량으로 소진한다. 이런 점을 고려할 때 앞으로 브라질 바이오화학 산업의 전망이 밝고, 경제의 새로운 성장동력이 될 것으로 생각된다.

바이오 폴리에틸렌 공장

[자료: BRASKEM 홈페이지]

세계 2위의
바이오연료 생산국

　브라질 에너지 공급망에 대해 다루면 바이오연료를 빼놓을 수 없다. 브라질은 사탕수수, 대두, 옥수수 등으로 바이오연료를 세계적으로 많이 생산하는 국가다. 전 세계에서 미국 다음으로 많은 양을 생산한다. 바이오연료인 에탄올이나 바이오디젤은 최근 세계적으로 친환경 연료로 각광받고 있는데 화석연료에 비해 탄소배출량이 적다. 사탕수수, 옥수수, 대두 등을 재배하면서 대기 중에 있는 이산화탄소를 흡수하는 장점도 있다. 앞으로도 브라질은 세계 바이오연료 시장을 주도할 것으로 전망된다.

　먼저 에탄올을 살펴보면 자동차 연료, 화학 제품 원료 등으로 활용되는데 연료로 사용될 경우 가솔린보다 효율은 20~30% 정도 떨어지나 가격이 저렴해 많이 이용되고 있다. 브라질에서 대부분의 차량은 'FLEX 모터'를 장착하고 있어 에탄올과 가솔린 둘 다 연료로 사용할 수 있다. 에탄올을 생산하고 남은 사탕수수 찌꺼기는 바이오매스발전소에서 원료로 활용될 수 있기 때문에 원가 절감에도 기여한다.

브라질은 사탕수수 및 옥수수를 대량으로 재배할 수 있게 넓은 영토를 가지고 있고 1900년대 초반부터 에탄올을 차량 연료로 사용할 수 있게 기술을 개발해 왔기 때문에 에탄올 산업에서 세계적인 강점을 가지고 있다. 처음 상업화된 에탄올연료 차량은 1925년에 개발된 '닷지 1800(Dodge 1800)'이었다. 한편 1927년 알라고아스주(Alagoas)에 있는 세하그란지(Serra Grande) 공장에서 본격적으로 에탄올연료를 생산했다. 제툴리우 바르가스(Getúlio Vargas) 대통령은 1900년대 초중반 세계 1~2차 대전 때 연료 가격이 오르자 가솔린에 에탄올 5% 혼유를 강제화하기도 했다.

1976년 석유 파동으로 수입하는 원유의 가격이 가파르게 상승하자 브라질 정부는 에탄올을 연료로 쓸 수 있는 차량 개발을 가속화했다. 정부는 '프로 알쿠올(Pró-álcool)'이라는 프로그램을 발표하여 기업들이 사탕수수를 기반으로 에탄올을 만들 수 있는 인프라를 구축하게 하였다. 더불어 에탄올을 원료로 사용할 수 있는 자동차 개발에 많은 자금을 투자했다.

2003년에는 가솔린과 에탄올을 모두 연료로 사용할 수 있는 FLEX 차량이 개발되었다. 가솔린 100%, 에탄올 100%부터 가솔린과 에탄올을 섞은 연료 모두를 투입할 수 있다. 2023년 FLEX 차량 누적 생산량은 무려 4,000만 대에 달했다. 폭스바겐의 'Gol 1.6 Total Flex'가 브라질의 첫 FLEX 차량이었다 이후 GM이 'Chevrolet Corsa Flex Power'를 출시했다. 곧 브라질에서 자동차를 생산하는 거의 모든 회사들은 FLEX 차량을 출시한다.

브라질에서는 바이오연료 관련 다양한 시도가 이루어지고 있다. 2014년에는 알라고아스주 상미겔두스캄푸스(São Miguel dos Campos)라는 도시에서 셀룰로스를 원료로 에탄올을 생산하는 기업이 나타났다. 2020년대에 들어서는 에탄올 및 부산물(Vinhoto)로 그린수소를 생산하는 기술도 개발되었다.

밀, 대두, 해바라기, 동물 지방을 기반으로 에탄올을 생산하는 기술을 개발하는 기업들도 있다. CB바이오에너르지아(CB Bioenergia), Be8, FZ바이오에너르지아(FZ Bioenergia) 등은 브라질 남부 지방에서 풍부하게 생산되는 밀을 원료로 활용하여 에탄올과 사료(DDG)를 생산하려고 한다.

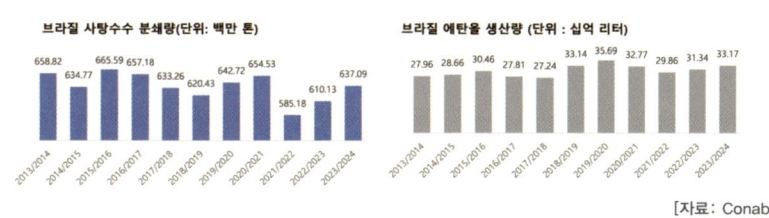

브라질의 사탕수수 분쇄 및 에탄올 생산 추이

[자료: Conab]

브라질 사탕수수 가공 기업들은 설탕과 에탄올을 모두 생산하기에 어떻게 보면 두 가지 원자재 가격을 안정적으로 유지할 수 있는 기반을 갖추고 있다. 더군다나 브라질 정부는 가솔린에 일정 비율의 에탄올을 함유하게 강제하는 중이다. 2024년 기준 가솔린에 18~27.5%의 에탄올을 강제적으로 혼유해야 한다. 이 덕분에 가솔린 판매량이 늘어나면 에탄올 판매량도 더불어 증가한다. 혼유 비율은 2030년까지 35%까지 늘어날 것으로 예상된다.

한편 에탄올과 설탕을 추출하고 난 사탕수수 찌꺼기에서 한 번 더 에탄올을 추출하는 '2세대 에탄올 공법(Etanol de segunda geração)'도 하이젠 등 기업들에 의해 개발 및 보급되고 있다. 유럽연합에서는 식용으로 사용될 수 있는 농산물로 바이오연료를 생산하는 것을 규제하고 있다. 브라질 농가들이 사탕수수에서 설탕 대신 에탄올을 생산하면 유럽 국가들로 수출할 때 제재를 받을 수 있다.

브라질 사탕수수 가공 기업들은 그동안 사탕수수 찌꺼기로 바이오매스 발전소를 가동했으나, 발전원을 태양광이나 풍력으로 교체하고 사탕수수 찌꺼기에서 에탄올을 추가로 생산할 예정이다. 이 공정에서 생산된 에탄올은 제재 없이 유럽으로 수출할 수 있다. 사탕수수 찌꺼기는 식용으로 분류되지 않는다. 하이젠은 2세대 공법을 활용한 9개의 에탄올 공장을 건설하고 있다.

브라질 내륙 지방에서 옥수수 생산량이 급증하면서 옥수수를 기반으로 에탄올을 생산하는 회사들도 급증하고 있다. 현재 22개의 옥수수 에탄올 공장 신증설 투자가 진행되고 있다. 2023년 기준 브라질의 사탕수수 에탄올 생산량은 330억 리터였고 옥수수 기반 에탄올 생산량은 62억 리터였으며 전체 에탄올 생산량에서 옥수수가 차지하는 비중은 15% 정도 되었다.

참고로 옥수수 에탄올 플랜트는 옥수수만 원료로 사용하는 '우지나 풀(Usina Full)', 사탕수수와 옥수수를 선택적으로 투입할 수 있는 '우지나 플렉스(Usina Flex)', 옥수수와 사탕수수를 동 시기에 병렬로 투입할 수 있는 '우지나 플렉스 풀(Usina Flex Full)'로 나뉜다.

옥수수 에탄올을 생산하면 농가들도 저장 부담을 줄일 수 있어 유리하다. 브라질은 급격히 곡물 생산량이 증가하다 보니 곡물사일로가 부족해 노천에 쌓아두거나 농가들이 수확 직후 불리한 가격에 트레이딩 회사들에게 판매하는 사례가 많았다. 유엔식량농업기구(FAO)에 따르면 곡물을 생산하는 국가들은 생산량의 120%에 맞추어 곡물 저장 능력을 보유해야 하지만 브라질은 동 비율이 60%대에 불과하다. 전문가들은 브라질의 곡물 저장 능력이 약 1억 톤 이상 늘어나야 한다고 언급한다.

추가로 옥수수 기반 에탄올 공장은 부산물로 옥수수 주정박(DDG), 옥수수기름을 얻을 수 있고 찌꺼기로 바이오매스발전소도 가동할 수 있어 수익성이 좋다.

에탄올 외에도 브라질은 바이오디젤을 많이 생산한다. 2024년에는 2023년보다 22% 증가한 89억 리터를 생산할 것으로 전망된다. 가솔린과 마찬가지로 디젤도 바이오디젤 의무 혼유 비율이 있는데 2023년 12%에서 2024년 14%로 늘어났다. 혼유 비율은 2035년까지 25%까지 늘어날 것으로 전망되며 많은 곡물 회사들은 바이오디젤 공장 건설을 추진하고 있다. 브라질 식물성 유지 협회(Abiove)에 따르면 2035년까지 디젤의 바이오디젤 혼합 비율을 25%까지 높이려면 12%였을 때인 480만 톤보다 296% 더 많은 양의 대두유가 필요하다. 이를 위해서는 신규 대두 분쇄공장 투자 등에 525억 헤알(약 100억 달러)의 투자가 이루어져야 한다.

브라질에서 바이오디젤의 약 70%는 대두유, 10% 정도는 동물성 기름을 원료로 생산하고 있다. 대두를 생산하거나 유통하는 회사들은 수익성 제고 차원에서 바이오디젤 공장의 건설을 추진한다. 벙지, ADM, 카길, 아마지(Amaggi), 카루무루(Caramuru Alimentos) 등 글로벌 곡물회사들은 브라질에 100개가 넘는 유지류 처리 시설을 운영하고 있다. 아셀렌은 팜나무의 일종인 마카우바(Macaúba)나무 농장을 만들고 바이오디젤 등 바이오연료를 생산하는 방안도 검토하고 있다. 페트로브라스는 선박용 벙커유에 바이오디젤 24%를 혼합하는 기술도 연구하고 있다. 이 경우 바이오디젤 수요는 더욱 늘어날 것이다. 중국 해운사 코스코해운(COSCO Shipping)도 브라질 파라주(Pará)에 선박유 생산을 위한 팜유 기반 바이오디젤 공장 건설을 추진하고 있다.

한편, 브라질 바이오연료 회사들은 지속가능항공유(SAF)를 개발하기 위해 많은 연구를 진행하고 있고 투자를 추진할 계획이다. 브라질 항공사들은 2027년부터 항공유에 SAF를 1% 섞어야 하며 이 비율은 2037년까지 10%로 높아질 예정이다. 아직 브라질에 가동되는 SAF 공장은 없지만 페트로브라스, 아셀렌, 브라질바이오퓨어스(Brasil BioFuels)가 SAF 11억 리터를 생산하는 투자 계획을 발표했다. 페트로브라스는 2029년부터 상파울루주 쿠바타웅(Cubatão) 정유공장에 SAF 생산설비를 추가할 것이며 원료로 대두유와 동물성 기름을 활용할 예정이다. 아셀렌은 2026년부터 바이아주 마테리피(Materipe) 정유공장에서 대두유, 옥수수유를 기반으로, 장기적으로는 마카우바나무에서 추출한 유지를 원료로 SAF와 그린디젤을 생산할 것이라 발표했다. 브라질 바이오퓨어스는 2026년부터 마나우스에서 팜유, 대두유, 옥수수유를 기반으로 SAF를 생산할 계획이다.

브라질의 막대한 에탄올 생산량을 고려할 때 기술 개발만 순조롭게 진행된다면 SAF 생산의 중심지로 도약할 수도 있을 것으로 생각된다. SAF의 원료로는 에탄올, 유지류(대두, 옥수수, 카놀라, 팜유), 바이오메탄 등이 활용될 수 있는데 모두 브라질에서 풍부하게 생산될 수 있다.

한편 사탕수수, 옥수수 등 농산물 찌꺼기로 바이오메탄도 생산할 수 있다. 바이오메탄 가스는 트랙터, 트럭 등의 연료나 산업/가정용 가스로 활용되어 천연가스나 디젤을 대체할 수 있다. '브라질 바이오메탄 가스협회(Abiogás)'에 따르면 브라질 바이오메탄 플랜트는 2024년 6개에서 2029년 93개까지 늘어날 것으로 예상된다. 바이오메탄 생산량은 47만 m^3/일에서 2029년 660만 m^3/일까지 증가할 것이다.

브라질의 SAF 프로젝트 현황

기업명	프로젝트
PETROBRAS	상파울루 RPBC정유공장에 대두유, 가축 유지류 기반 SAF 공장 건설(15,000배럴) * 향후 동일 기술을 적용하여 리우데자네이루 Itaborai에 2번째 SAF 공장 건설(19,000배럴)
	상파울루 파울리니아 Replan 공장에 에탄올 기반 SAF 공장 건설 추진(10,000배럴)
Acelen	미나스제라이스주와 바이아주에 마카우바 농장(18만 헥타르)을 조성하고 SAF 원료로 활용
Refinaria Riograndense	히우그란지두술주에 대두유, 가축 유지류 기반 SAF공장 건설 (연 80만 톤) * 2024년 11월 덴마크 TOPSOE와 바이오 리파이너리 건설 기술계약 체결
Raízen	에탄올 기반 SAF 상용화 연구
Brasil BioFuels (BBF)	팜유 기반 SAF 상용화 연구
Be8	대두유 등 식물성 유지 기반 SAF 상용화 연구
Copersucar	Geo BioGas&Carbon과 사탕수수에서 추출한 바이오메탄을 기반으로 SAF를 제조하는 연구 진행 중

바이오메탄을 생산하려면 유기 폐기물을 발효하여 바이오가스를 만들고 바이오가스를 고순도화하는 처리 시설이 필요하다. 설탕/에탄올 생산 기업인 상마르치뉴는 상파울루주 '아메리코 브라질렌시(Américo Brasiliense)'에 사탕수수 기반 바이오메탄 공장을 건설하였는데, 바이오메탄을 원료로 SAF를 생산할 계획이다. 코페르수카르는 38개의 사탕수수 가공 시설에 바이오메탄 추출 설비를 설치하여 자체 트럭 연료로 활용하고 남는 양은 판매할 예정이다.

한편, 노르웨이 비료회사 야라(Yara)는 바이오메탄으로 연 6~7천 톤의 비료용 암모니아를 생산할 것이라 밝혔다. 하이젠은 피라시카바 소재 공장의 사탕수수 폐기물에서 생산한 바이오메탄을 야라에 판매하고 야라는 상파울루주 쿠바타웅 공장에서 암모니아로 가공할 계획이다.

마지막으로 브라질에서는 바이오매스발전도 활발하게 추진되고 있다. 2024년 바이오매스발전 용량은 18.54GW까지 늘어날 것으로 전망된다. 2024년에만 24개의 바이오매스발전소가 건설되어 1.155GW의 설치용량을 브라질 전력망에 추가할 것이다. 바이오매스발전에는 셀룰로스, 옥수수, 사탕수수 등 찌꺼기가 모두 원료로 활용될 수 있다. 에탄올, 셀룰로스 등 플랜트는 사용하는 전력의 대부분을 자체 바이오매스발전소에서 조달하고 남는 전력은 판매하여 기타 수익을 얻을 수 있다.

이처럼 브라질은 에탄올, 바이오디젤, 셀룰로스, 바이오메탄 등 수많은 농산물 부산물이 바이오연료로 사용될 수 있다. 친환경 비즈니스가 주목받으면서 바이오 관련 산업이 급속도로 성장할 것으로 예상된다. 우리 기업들도 SAF, 바이오디젤 등의 사업 기회 발굴을 위해 적극적으로 관련 동향을 모니터링할 필요가 있다.

대부분의 전력을 친환경 에너지원으로 생산하는 축복받은 나라

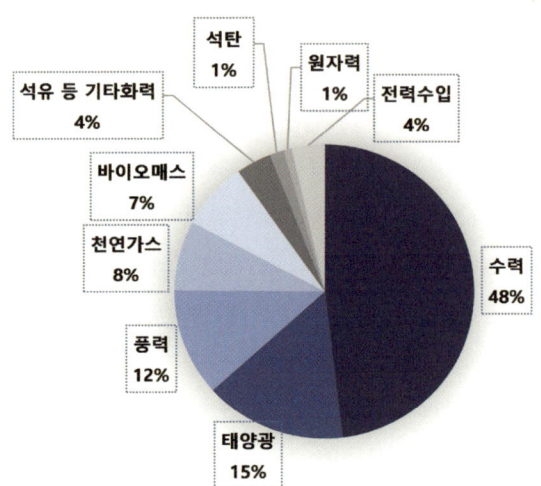

브라질의 에너지원별 발전량 (2023년)

- 석탄 1%
- 원자력 1%
- 전력수입 4%
- 석유 등 기타화력 4%
- 바이오매스 7%
- 천연가스 8%
- 풍력 12%
- 태양광 15%
- 수력 48%

[자료: ANEEL]

2. 에너지: 심해유전에서 그린수소까지

브라질의 태양광발전 설치용량

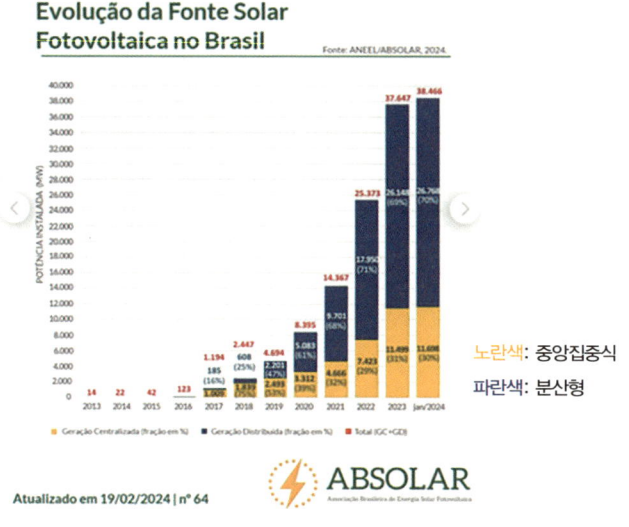

[자료: ABSOLAR]

　브라질은 신재생에너지 천국이다. 2023년 브라질의 발전원은 수력(48%), 태양광(15%), 풍력(12%), 천연가스(8%), 바이오매스(7%) 등으로 구성되어 있었다. 참고로 브라질 전력 설치용량은 약 225GW로 신재생에너지발전소 신증설에 힘입어 꾸준히 증가하고 있다. 발전원 중 신재생에너지가 차지하는 비중이 무려 80%를 넘는다. 우리나라, 일본, 인도 등 많은 국가들은 화석연료, 원자력 등으로 전력을 생산하기 때문에 원자재 가격이 전력비에 미치는 영향이 크고 에너지 안보도 불안하다. 하지만 브라질은 천연가스, 원유, 바이오매스, 우라늄 등 발전용 천연자원도 풍부하게 가지고 있을 뿐만 아니라 대부분의 전력을 신재생에너지로 생산할 수 있기에 전력 공급망이 매우 안정적이다. 최근 이슈가 되고 있는 탄소배출 감축에 대한 부담도 덜

하고 오히려 탄소배출권 거래 등에서 수익을 얻을 수도 있다.

브라질 전력 매트릭스에서 수력이 차지하는 비중은 1990년대만 해도 93%나 되었다. 파나마, 노르웨이, 룩셈부르크 등도 수력발전 비중이 80%대에 달하지만 브라질처럼 국토가 크고 인구가 많은 나라 중에 수력으로 전력의 50% 이상을 생산하는 국가는 많지 않다. 브라질에는 아마존강(Rio Amazonas), 파라나강(Rio Paraná), 싱구강(Rio Xingu), 타파조스강(Rio Tapajós), 상프란시스코강(Rio São Francisco) 등 수량이 풍부한 강이 많이 있다.

브라질에서 가장 큰 수력발전소는 이타이푸댐(Usina Hidrelétrica de Itaipu)인데 관광지로 유명한 이과수 폭포에서 38km 거리에 있다. 이타이푸댐은 파라나강을 막아서 만들었는데 강 양쪽으로 브라질과 파라과이 국경이 있으며 댐도 양국이 공동으로 투자해서 건설했다. 이타이푸댐의 설치용량은 14GW나 되며 브라질과 파라과이에 전력을 공급한다. 이 댐은 전 세계 수력발전소 중 중국 샨사댐(22.5GW) 다음으로 전력 설치용량이 크다.

이타이푸댐 외에도 벨로몬치(Belo Monte), 상루이스두타파조스(São Luiz do Tapajós), 투쿠루이(Tucuruí) 등 거대한 수력발전소들이 운영되고 있다. 2000년대 초 이후에 들어서면서 가뭄이 잦아지고 댐 수위가 낮을 때는 수력 발전소를 운영할 수가 없었기 때문에 전력 공급 불안정성이 커졌다. 벨로몬치댐은 2016년 건설되었는데, 이후 거대 수력발전소 건설 프로젝트는 추진되지 않고 있다. 환경에 미치는 영향도 크고 위에 언급한 것과 같이 가뭄 때는 운영에 어려움이 있기 때문이다. 대신 소형(CGH), 중형(PCH) 수력발전소들이 곳곳에 건설되는 중이다.

기후변화를 극복하기 위해 브라질 정부나 기업들은 풍력발전, 태양광발전, 바이오매스, 화력 등 발전소를 많이 건설하고 있다. 브라질 가스화력발전소의 상당수는 가뭄이 심해진 2001년 이후 건설되었다. 풍력발전소는 풍량이 강한 브라질 북동부 지역에 많이 건설되고 있고 태양광발전소는 미나스제라이스주, 바이아주, 피아우이주, 세아라주, 히우그란지두노르치주 등 브라질 내륙이나 북동부 지역에 많이 건설되는 중이다. 미나스제라이스주 등 내륙 지역을 여행하다 보면 햇살이 너무 강해 낮에는 외부에서 걸어 다니기 힘들 때가 많다. 북동부 해안가 지역을 여행하다 보면 정말 강한 풍량을 느낄 수 있다. 컨설팅 회사 맥킨지는 태양광과 풍력발전이 2040년까지 브라질 전체 전력 생산의 47%에 달할 것으로 예상했다.

블룸버그NEF에 따르면 브라질은 2023년 세계에서 3번째로 많은 신재생에너지발전소 투자를 기록했다(약 250억 달러). 1, 2위는 중국과 미국이었다.

브라질도 우리나라와 마찬가지로 인구와 산업이 일부 지역에 집중되어 있다. 상파울루주, 미나스제라이스주, 파라나주, 히우그란지두술주 등 중서부, 중부, 남부에 인구와 산업이 밀집되어 있어 전력을 많이 사용한다. 태양광, 풍력 등 발전소가 폭발적으로 증가하고 있지만 송전 용량은 증가하지 않아 친환경 발전소에서 생산되는 전력 일부는 활용되지 못하고 있다. 이런 점을 고려할 때 많은 지방정부나 기업들은 ESS에 대한 투자도 진지하게 고려하고 있다. 브라질에서 ESS 관련 기자재를 생산하거나 투자를 검토하고 있는 회사로는 WEG, 바테리아스 모우라(Baterias Moura), 지멘스 등이 있다. 송전 전문 회사인 ISA CTEEP는 브라질 최초로 대형 ESS 설비 건설을 추진하고 있다.

브라질 남부나 남동부로 전력을 공급하는 송전선들은 대부분 1960~80년대에 건설되어 노후화되었고 효율성이 떨어진 상태다. 이에 신규 송전망 건설이나 유지보수를 위한 사업들이 많이 추진되고 있다.

전력 관련 규정 변화도 신재생에너지발전을 이끌고 있다.

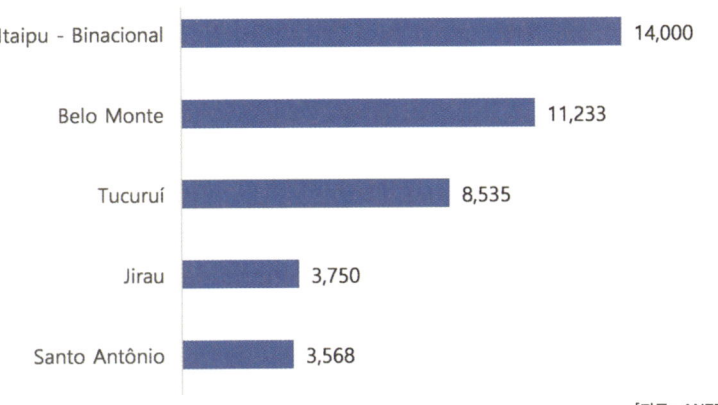

과거 브라질 전력시장은 중앙집권식으로 상파울루주, 리우데자네이루주, 미나스제라이스주 등 각 지역에 배전 사업권을 취득한 회사가 있고, 이들 배전 회사들은 브라질 에너지 규제 당국(Aneel)이 실시하는 경매에 참가하여 전력을 구매했으며 소비자들이 전력원을 선택할 수는 없었다. 전력원으로는 태양광, 풍력, 원자력, 화력 등이 섞여 있어 평균 단가가 저렴한 전력원에서 단일 구매하는 것보다 높은 편이었다.

제철소, 자동차 공장 등과 같이 막대한 전력을 사용하는 기업들만 자유거래시장(ACL)에서 직접 발전소로부터 전력을 구매할 수 있었다. 자유거래시장을 이용하면 사용자가 발전 회사를 직접 선택하여 전력을 구매할 수 있는 장점이 있다.

연방정부는 법률을 개정하여 2024년부터는 전력 소비량이 2.3kV 이상인 기업들도 자유롭게 발전원을 선택할 수 있고, 2030년부터는 모든 고객들이 전력원을 자유롭게 구매할 수 있게 할 것이라고 밝혔다. 슈퍼마켓, 병원, 백화점, 통신사 등이 자유거래시장으로 넘어가고 있다. 자유거래시장에서 전력을 판매하기 위해 많은 태양광, 풍력발전소 투자가 진행되고 있다. 브라질은 신재생 발전 단가가 저렴하여 경쟁력이 있기 때문이다. 기업 이미지 제고를 위해 자유거래시장에서 신재생 발전소에서 생산된 전력을 구매하고자 하는 기업들 수요도 많다.

　제련소, 광산, 정유공장 등 전력을 많이 사용하는 회사들은 직접 발전소를 운영하거나 전력 회사와 PPA 계약을 맺기도 한다. 탄소배출량 감축의무 때문에 태양광, 풍력, 수력 등 신재생 발전소와 계약하는 기업들도 늘어나고 있다. 과거에는 PPA 계약을 체결할 때 브라질 헤알화로 전기료를 받아야 했기 때문에 애로가 있었다. 최근 5년간 헤알화 가치의 변동성이 컸기 때문이다. 하지만 이제 일정 조건만 충족하면 발전 회사와 소비 회사가 달러로 PPA 계약을 체결하거나 발전사가 전력 프로젝트 관련 채권을 달러화로 발행할 수 있어 외국 기업의 투자가 더욱 늘어나고 있다. 마이크로스프트(Microsoft) 등 IT회사들은 브라질에 데이터센터 투자를 적극적으로 추진하고 있다. 2024년 기준 브라질에는 153개의 데이터센터가 운영되고 있다. 데이터센터는 막대한 전력을 소비하는데 IT회사들은 기업 이미지 제고를 위해 브라질같이 신재생에너지원 전력을 저렴하게 구매할 수 있는 지역에 건설하는 것을 선호한다.

　브라질의 주요 전력 회사로는 이탈리아 에넬(Enel Brasil), 스페인 네오에네르지아(Neoenergia), 중국 CPFL에네르지아 (CPFL Energia), 프랑스 EDP 등 외국계가 많다. 1990년 브라질 정부가 공기업을 민영화하면서 대다수의 전력자산이 매각되었고 당시 외국 기업들은 저평가되어 있던 브라질 전력 회사 및 자산들을 인수했다.

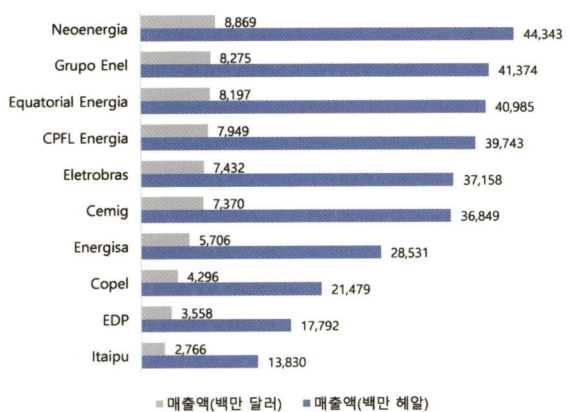

　1990년 브라질 정부가 공기업을 민영화하면서 대다수의 전력자산이 매각되었고 당시 외국 기업들은 저평가되어 있던 브라질 전력 회사 및 자산들을 인수했다. 지금도 매년 전력 부문 투자의 상당 비율은 외국계 회사들이 차지한다.

　특히, 2010년대 들어서는 중국 전력 기업들의 진출이 활발한데 '브라질-중국 비즈니스 협회' 자료에 따르면 2007~22년 중국 기업들은 브라질에 716억 달러를 투자했으며 이중 전력 부문의 비중은 45.5%에 달했다. 특히 국영 기업인 스테이트그리드(State Grid)와 CTG가 투자를 이끌고 있다. 2023년에도 중국 기업들의 에너지 관련 투자액은 650억 헤알(약 130억 달러)에 달했다. 스테이트그리드는 중국 송전 자산의 10%를 보유하고 있다.

　CPFL 에네르지아는 중국의 전력 회사인 스테이트그리드가 2017년 인수했으며 발전/송전/배전 모든 전력 분야에서 두각을 나타내고 있다. 배전 부문의 영향력 확대를 위해 CEE-T라는 배전 회사를 인수하기도 했다. CTC는 중국에서 산샤댐을 건설하고 운영하는 에너지 회사로 브라질의 발전소, 배전 시설, 송전망 등 자산을 적극적으로 매입하고 있다. 파워차이나(PowerChina), 골드윈드(Goldwind), 국가전력투자집단(SPIC) 등 중국 전력 회사들도 바이아주, 세아라주, 피아우이주, 페르남부쿠주 등 북동부 지역에 활발하게 풍력, 태양광발전소를 건설하는 중이다.

과거에는 중국 기업들이 브라질 시장을 파악하기 위해 M&A를 통해 전력 부문에 투자했다면 이제는 자신감이 쌓여서 발전, 송전, 배전, 그린수소 등 신규 프로젝트에 그린필드 형식으로 진출하는 사례가 늘어나고 있다. 전력자산 투자를 넘어서서 BYD는 2025년까지 브라질 내 태양광 패널 제조 시설 등에 100억 헤알(약 20억 달러)을 투자할 예정이다.

한편 브라질 발전산업의 미래는 해상풍력발전이 이끌 것으로 보인다. 2018년 정부가 해상풍력발전 사업 개발권을 부여할 수 있는 임시법안이 통과되었고 상세 규정을 포함한 정식 법안 및 규정이 준비 중에 있다. 해상풍력발전은 육지에 비해 환경 규정 등이 자유롭고 주변에 방해물이 없어 터빈을 육지보다 훨씬 더 크게 만들 수 있다. 당연히 전력 생산량도 많다.

브라질 풍력발전 협회(ABEEólica)에 따르면 브라질 육상/해상풍력발전 프로젝트의 잠재력은 1,500GW에 달한다. 브라질 에너지 연구소(EPE)에 따르면 현실적으로 해상풍력발전소를 설치할 수 있는 수심 50m 이하의 지역만 고려해도 발전 잠재력은 700GW에 이른다.

세계은행에 따르면 브라질에서 해상풍력발전을 추진할 경우 MWh당 생산 원가는 350헤알에 이를 것으로 예상되는데 2050년까지 215헤알까지 내려갈 수 있을 것으로 예상된다. 현재 브라질의 육상 풍력발전 원가는

MWh당 180~200헤알로 모든 발전원 가운데 가장 저렴하다. 시간이 지날수록 해상풍력발전의 경쟁력도 높아질 수 있다는 의미다.

  브라질은 해안선이 8,000km로 넓고 풍량이 많아 많은 에너지, 발전 기업들이 해상풍력발전 프로젝트 관련 투자를 검토하고 있다. 2022년 기준 해상풍력발전소 건설을 위한 환경영향평가 신청서가 78건이나 접수되었고 검토 중인 해상풍력발전소 총 설치용량을 합치면 189GW나 된다. 페트로브라스, 에퀴노르, 쉘, 토탈에너지스 등 기업들은 이미 부지를 물색하고 환경 라이선스 절차를 신청하는 등 차근차근 사업을 추진하고 있다. 페트로브라스는 7개의 해상풍력발전 프로젝트를 발표했다. 만약 모두 현실화된다면 설치용량은 30GW에 달할 것이다(리우데자네이루주, 이스피리투산투주, 피아우이주, 세아라주 등).

  법적으로 해상풍력발전소를 건설하기 위한 준비가 마치면 본격적으로 입찰이 시작될 것이다. 브라질 풍력발전협회에 따르면 브라질 첫 해상풍력발전소는 2030년경 가동될 것으로 예상된다. 리우데자네이루주, 이스피리투산투주, 피아우이주, 세아라주 등 대서양 해안과 인접하고 있는 주정부들도 해상풍력발전소를 유치하기 위해 글로벌 기업들과 활발하게 접촉하고 있다.

  한편 브라질에도 친환경 발전 관련 기자재를 만드는 설비들이 여럿 있다. 브라질 회사인 WEG는 터빈, 모터, 인버터 등을 생산한다. 노르덱스(Nordex, 풍력발전 타워), 지멘스가메사(Siemens Gamesa, 터빈), GE리뉴어블에너지(GE Renewable Energy, 터빈), 프리스미안(Prysmian, 전력케이블) 등 외국계 회사들도 브라질에 공장을 운영하고 있다. 하지만 브라질에서 생산하는 제품의 제조원가가 높고 중국 등 외국산 제품이 대량으로 수입되면서 사업성이 낮아지고 있다. 브라질은 친환경 발전 관련 거대한 시장을 가지고 있는데 조선 산업처럼 수입산 기자재가 시장을 장악할 가능성도 있다. 브라질 정부도 경각심을 가지고 자국 친환경 발전 관련 밸류체인을 구축하기 위해 많은 노력을 기울이고 있다.

 풍부한 친환경 에너지를 바탕으로 브라질은 중장기적으로 파워 쇼어링(Powershoring) 중점 국가로 도약할 기회를 얻을 수 있을 것으로 보인다. 파워쇼어링이란 풍부하고 저렴한 신재생에너지 기반 전력을 제공할 수 있는 국가에 제조 시설이 이전하는 것을 의미한다. 이 같은 추세가 브라질 산업과 경제에 새로운 활력을 줄 수 있을지 기대된다.

그린수소는
브라질 에너지 산업의 미래

지구온난화로 환경에 대한 이슈가 커지면서 장기적으로 그린수소를 저렴하게 생산할 수 있는 지역이 주목받을 것으로 예상된다. 그린수소는 브라질의 미래 수출자원으로 자리 잡을 수 있을까? 블룸버그NEF에 따르면 브라질은 2030년까지 그린수소를 kg당 1달러 이하로 생산할 수 있는 몇 안 되는 국가에 속할 것으로 전망된다.

세아라주, 바이아주, 페르남부쿠주, 피아우이주, 히우그란지두노르치주 등 대서양에 접한 주들은 이미 그린수소 프로젝트를 적극적으로 추진하겠다고 발표했다. 가장 앞서나가는 지역은 세아라주로 2021년부터 페셍(Pecém) 산업항만단지에 그린수소 허브를 구축하고 있다. 페셍은 미국, 유럽 등 미래에 그린수소의 주요 소비지가 될 지역들과 가깝다. 세아라주는 네덜란드 로테르담 항만청과 그린수소를 유럽으로 수출하는 방안에 대해 논의하고 있다. 로테르담항은 현재 유럽의 원유, 천연가스 등 에너지 수입 허브로 향후 그린수소의 주요 수입항이 될 것이다.

AES코퍼레이션(AES Corporation), 포르테스큐(Fortescue), 카사두스벤투스(Casa dos Ventos), 토탈에너지스(TotalEnergies), 유로피안에너지(European Energy) 등 글로벌 기업들은 페셍 산업물류단지에 그린수소 관련 투자를 할 것이라고 밝혔다. 이미 60~70여 개의 프로젝트가 검토 단계에 있다. 독일 티센크루프(Thyssenkrupp)는 수전해 설비 관련 기술을 보유하고 있는데 브라질 그린수소 프로젝트들에 많은 관심을 보이는 중이다.

바이아주, 페르남부쿠주 등 북동부 해안에 접한 지역의 주정부들도 주 내에 해양 풍력발전 및 그린수소 설비를 유치하고 비료공장, 제철소 등 다운스트림 부문에 수소를 활용하는 방안을 검토하고 있다. 예산을 들여 R&D 시설도 유치하고 있다.

브라질 전력 회사 엘레트로브라스(Eletrobras)는 스타트업 베너지(Benergy)와 2021년 수력발전소 내에 파일럿 그린수소 생산 시설을 만들어 2023년 소량 생산에 성공했다(100kg/일). 쉘(Shell), 하이트론(Hytron), 하이젠(Raízen), USP(상파울루대학교) 등은 에탄올에서 그린수소를 추출하는 방법도 개발 중이다.

2030년까지는 지상에 설치된 풍력발전소와 수전해 설비가 결합된 시설이 주가 되어 그린수소를 생산하고 이후에는 해상풍력발전소를 동력원으로 사용할 것이다. 수전해 설비를 운영하는 비용 중에 전력 비중이 50~70%에 달하기에 저렴한 친환경 전력을 확보하는 것이 가장 중요하다.

그린수소가 상용화되면 브라질은 친환경 에너지원을 원자재로 바꿀 수 있다. 앞에서 언급했듯이 브라질의 태양광, 풍력 등 친환경 전력 생산능력은 세계적으로 경쟁력이 있다. 하지만 전력을 수출할 수는 없다. 파라과이, 아르헨티나, 콜롬비아 등이 국경을 맞대고 있지만 이 국가들도 자체적으로 전력을 많이 생산하기에 브라질에서 생산되는 전력을 판매하기

적절하지 않다. 브라질의 소비자들이나 기업들이 자국에서 급격하게 생산량이 늘어나는 전력을 소비하기에도 한계가 있다. 하지만 그린수소를 생산한다면 얘기가 달라진다. 그린수소를 해상으로 유럽, 북미, 동아시아 등 전 세계로 수출할 수 있다.

브라질은 장기적으로 캐나다, 포르투갈, 스페인, 모로코, 사우디아라비아, 호주, 칠레 등과 함께 그린수소 순 수출국으로 성장할 것으로 전망된다. 이들 국가는 모두 친환경 발전 단가가 낮아 그린수소를 생산하기 유리하지만, 내수 수요가 크지 않다. 반면 한국, 일본, 독일, 네덜란드, 이탈리아, 영국 등은 자국 수요에 비해 생산량이 적어 그린수소를 수입하게 될 것이다. 현재의 원유와 마찬가지로 우리나라는 대부분의 물량을 사우디아라비아, 호주 등 가까운 나라에서 수입하겠지만, 일부는 브라질에도 도입하게 될 수도 있다.

브라질에는 아직 수소 관련 다운스트림 산업은 크게 발전하지 않았는데 전문가들은 그린철강, 친환경 비료(질소) 등이 유망할 것으로 예측한다. 세계 철광석 생산량 중 브라질이 차지하는 비중은 17%지만 철강은 2%에 불과하다. 향후 친환경 철강이 각광받으면서 브라질에서 수소환원법으로 생산한 철강에 대한 수요가 늘어날 것으로 예측된다. 브라질은 철광석 및 수소를 모두 자국에서 조달이 가능하다.

브라질은 천연가스 가격이 높아 질소 비료 생산이 불리하다. 화석연료로 질소 비료를 생산하면 환경오염도 문제가 된다. 그린수소를 풍부하게 생산하면 질소와 결합시켜 암모니아를 만들고 요소 비료까지 생산할 수 있다. 브라질은 현재 비료 공급망이 약한데 대두, 옥수수, 사탕수수 등 농장에 공급할 풍부한 비료를 확보할 수 있을 것이다. 선박연료 및 화학 제품의 원료인 메탄올도 그린수소로 생산할 수 있다.

브라질의 원유 생산량은 라틴아메리카에서 가장 많지만 매장량은 세계 10위권 수준에 불과하다. 새로운 유전이 발견되지 않는다면 수 세기 내에 고갈될 수도 있다. 이미 전문가들은 브라질 최대 유전지역인 암염하층의 생산량이 2030년부터 감소할 수 있다고 전망한다. 그렇기에 페트로브라스, 쉘, 에퀴노르 등 에너지 기업들도 그린수소 등 신사업에 많은 투자를 하고 있는 것이다. 그린수소 생산이 원활히 진행된다면 수출할 수 있는 차기 에너지원을 든든히 확보할 수 있다. 정부도 그린수소의 중요성을 포착하고 세제 혜택, 인허가 간소화, 보조금 지급 등을 검토하고 있다.

아직 브라질 내에 충전소, 파이프라인 등 수소 관련 인프라가 부족하지만 정부 및 기업들은 수소차량, 수소기차 등 도입에도 관심이 많다. 우리 기업들은 수소 관련 선진기술을 바탕으로 이들 산업을 선점하는 것을 노려볼 수 있다. 이미 현대자동차는 2022년부터 이탈리아 이베코(IVECO)와 협력하여 수소로 가동되는 상용차량을 개발하고 있다. 추가로 우리 기업들은 브라질 그린수소 생산 밸류체인에 진입하거나 한국 및 제3국으로 수출하는 사업도 검토해 볼 수 있을 것이다.

세아라주 페셍항의 그린수소 사업 개요도

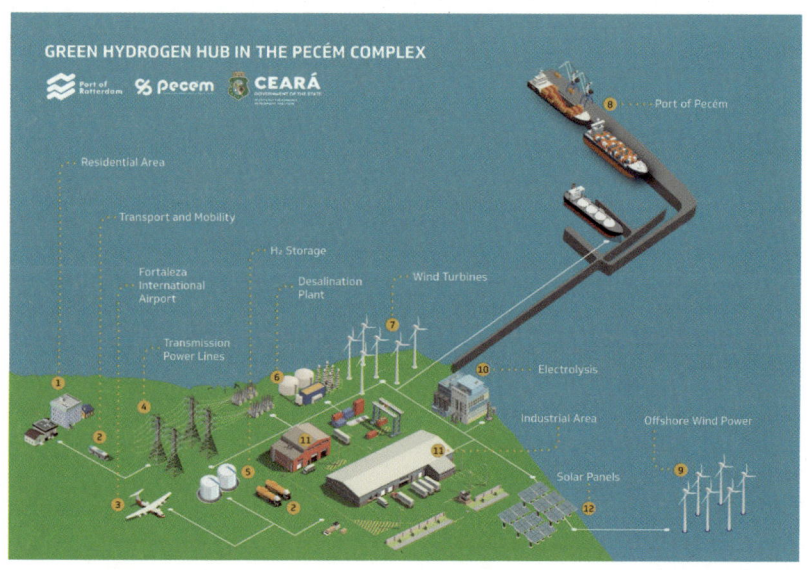

[자료: 페셍항 홈페이지]

3

철광석부터 핵심 광물까지

17~18세기 브라질 경제를 이끈 금과 다이아몬드

포르투갈인들은 식민지 시대 초기에 헤시피, 사우바도르 등 대서양 해안가에서 사탕수수를 재배하고 설탕을 제조하며 유럽 등지에 수출하면서 경제활동을 했다. 그들은 험난한 내륙으로 들어가는 것은 생각조차 하지 못했다. 상파울루주, 미나스제라이스주, 바이아주 등 해안가 주변의 지역은 험난한 산맥으로 둘러싸여 내륙으로 들어가는 길이 막혀 있다. 광물로 유명한 미나스제라이스주를 자동차로 지나가다 보면 끝없는 산길을 올랐다 내렸다 반복한다.

브라질 황금의 시대는 1690년 미나스제라이스주 남부에 있는 치라덴치스(Tiradentes), 상조앙델헤이(São João del-Rei)에서 금광이 발견되면서 시작된다. 1760년에는 세계 금 생산의 절반가량이 브라질에서 이루어졌다. 1729년에는 브라질에서 첫 다이아몬드가 발견되었다. 18세기 반데이란치(Bandeirantes)라고 불리는 탐험대가 금, 은, 구리, 다이아몬드, 에메랄드 등 귀금속을 찾기 위해 브라질 내륙으로 들어갔다.

  탐험대는 미나스제라이스주, 상파울루주 고이아스주, 마투그로수주 등으로 깊숙이 진출했으며 금이 발견되자 포르투갈 사람들이 기회를 찾아 브라질로 많이 넘어왔다. 당시 대부분의 노동은 아프리카계 노예들이 했으며 광물을 개발하는 프로젝트들이 늘어나자 노예무역도 더욱 활성화되었다. 처음에 광부들은 개울가에서 다이아몬드나 금을 채굴할 수 있어서 뜰채 같은 도구를 사용했고, 점점 바위 속으로 갱도를 파고 들어갔다. 초창기 광물 채굴 과정은 매우 참혹했다. 아프리카에서 온 흑인 노예들은 어린 시절부터 죽을 때까지 광산에서 일해야 했으며 보상은 거의 없었다.

  브라질 내륙에 샤파다 지아만치나(Chapada Diamantina)라는 아름다운 지역이 있는데, 지아만치나는 다이아몬드라는 뜻이다. 이곳에는 남아프리카공화국 케이프타운에서나 볼 수 있는 테이블마운틴들이 줄지어 있으며, 다이아몬드 시대에 광부들이 사용하던 흔적들을 발견할 수 있다. 브라질은 1730~1870년 사이 세계에서 가장 많은 다이아몬드를 생산하는 국가였다. 브라질 첫 다이아몬드는 카나스트라 산맥(Serra da Canastra)에서 발견되었다.

  과거 남미의 광업 중심지였던 오우루프레투(Ouro Preto)는 현재 미나스제라이스주의 주도인 벨로리존치에서 200km 정도 떨어져 있다. 고색창연한 성당이 많이 있는데 금으로 내부를 장식해 놓은 것이 인상적이다. 금이 많이 발굴될 때에는 남미에서 가장 큰 도시였다고 한다. 브라질에서 채굴된 금이나 다이아몬드는 대부분 포르투갈로 운송되었다. 지아만치나(Diamantina), 콩고냐스(Congonhas) 등 주변 도시들에도 금으로 도금한 멋진 성당 등 건물들이 많다.

  광물이 대거 개발되기 전에는 사우바도르를 필두로 한 북동부 지역이 브라질 경제의 중심지였다. 하지만 미나스제라이스주, 바이아 주 등에서 개발된 광물은 남부 리우데자네이루나 파라티(Paraty) 등 항만에서 선적되어 유럽으로 향했기에 경제의 중심지가 남동부로 옮겨가게 되었다. 금과 다이아몬드가 고갈되자 브라질 경제는 침체기에 빠진다. 당시 경제활동이 광산업으로 집중되었기 때문이다. 다행히 프랑스령 가이아나에서 들어온 커피 경작이 크게 성공해 브라질 경제의 중심이 커피 산업으로 옮겨가게 된다. 한동안 광물 산업은 잠잠하다가 1950년대 이후 국가 주도로 광물을 탐사한 이후 미나스제라이스주와 파라주에서 철광석이 대규모로 발견되었고 현대식 광산업이 크게 발전하게 되었다.

발리(Vale)의 미나스제라이스주 철광석 광산

[자료: 저자 직접 촬영]

브라질 광물 산업의 위상

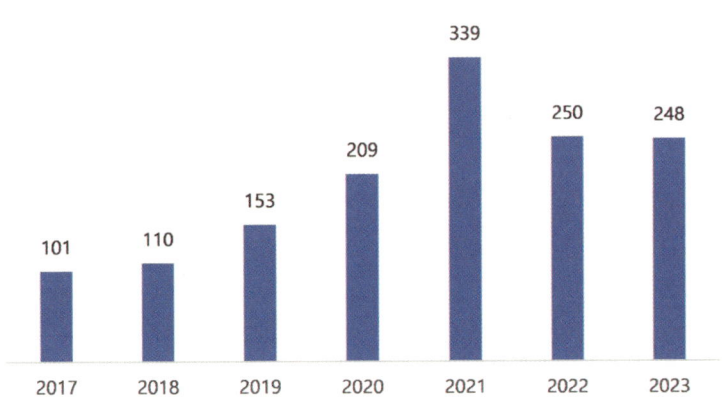

브라질 광업 매출
(단위: 십억 헤알)

[자료: IBRAM]

IBRAM(브라질 광물협회)에 따르면 브라질 광업 매출액은 2023년 기준 2,482억 헤알(약 500억 달러)이었고 수출액은 429억 달러에 달했다. 수출물량은 3억 9,234만 톤이나 되었다. 광종별 매출액을 보면 철광석(59.6%)이 가장 많았고, 금(8.5%), 구리(6.5%), 보크사이트(2.3%)가 뒤를 이었다. 이들 4대 품목이 광물 생산의 대부분을 차지하고 나머지 광물들은 매장량은 많지만, 아직 생산이 본격화되지는 않았다.

이차전지 산업이 성장하면서 브라질의 니켈이 주목받고 있다고 하지만 브라질 전체 광업 매출액에서의 비중은 1.2%에 불과하다. 리튬도 생산 초기 단계라 매출이 많지 않다. 한편, 브라질에서는 핵심 광물인 니오븀, 탄탈륨, 바나듐, 티타늄, 흑연, 희토류, 보크사이트 등도 생산된다. 풍부한 석영과 숯, 친환경 전력을 활용하여 실리콘메탈과 페로실리콘도 생산하며 실리콘메탈의 경우 중국에 이어 생산량이 세계 2위다. 미나스리가스(MINASLIGAS), 히마(RIMA), 리아사(LIASA) 등이 실리콘을 생산하는 주요 기업들이다.

전략 광물 중 하나인 우라늄도 바이아, 미나스제라이스 등에 매장되어 있으며 매장량은 세계 7위에 이른다. 브라질에는 앙그라1(Angra1), 앙그라2(Angra2) 2개의 원자력발전소가 있다. 브라질 전력 설치용량에서 원자력이 차지하는 비중은 1% 미만이지만 자국에서 우라늄도 채굴할 수 있고 원자력발전소 건설/운영 경험도 있기에 향후 얼마든지 발전 가능성이 있다. 원자력 공사(INB)가 독점적으로 우라늄 채굴부터 가공까지 담당하지만 점차 민간의 참여가 가능한 방향으로 규정이 바뀌고 있다.

브라질의 대표적인 광산 기업들로는 발리(Vale), 넥사리소시스(Nexa Resources), 앵글로아메리칸(Anglo American), 하이드로 알루노르치(Hydro Alunorte), CBMM 등이 있다. 브라질 광산업계는 발리가 주도하는데 발리는 2위인 넥사리소시스에 비해 매출액이 15배 정도 많다. MRN은 브라질 북부에서 보크사이트를 채굴하는 회사로 글렌코어(Glencore), 리오틴토(Rio Tinto), 사우스32(South 32) 등 글로벌 메이저 회사들이 주주로 있다. 넥사리소시스는 아연광산 및 제련소를 운영하고 앵글로아메리칸은 영국 회사로 니켈, 철광석 등 광산을 보유하고 있다. CBMM은 세계에서 가장 큰 니오븀광산 회사다. 하이드로 알루노르치는 세계적인 노르웨이 알루미늄 회사인 하이드로(Hydro)의 브라질 투자 법인으로 알루미나 제련소를 운영한다.

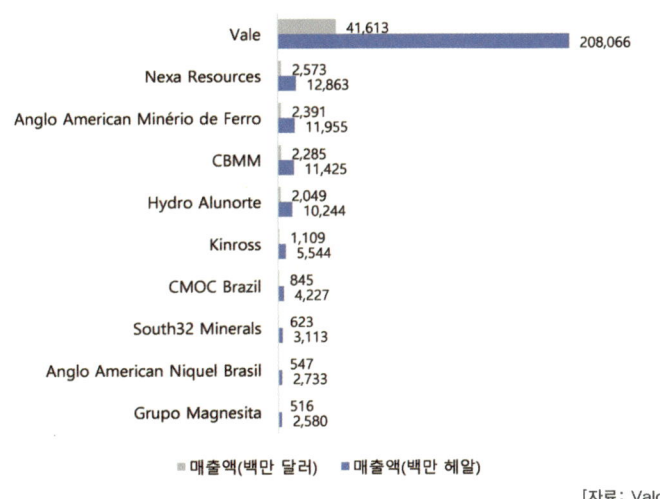

브라질 광업에서 철광석이 차지하는 비중은 수출 금액이나 물량에서 압도적이다. 2023년 브라질 전체 광물 수출량은 3억 9,234만 톤이었는데 그중 철광석이 3억 7,850만 톤이었다. 금액으로는 전체 광물 수출액이

429억 달러인데, 철광석은 305억 달러였다. 대두 등 농산물과 마찬가지로 철광석도 중국 향 수출 비중이 높다. 2023년 철광석 수출의 68.7%가 중국으로 향했다. 현재 세계 철광석 생산량 중 호주의 비중이 높은데 호주는 종종 중국 정부와 대립각을 세우고 있다. 중국 입장에서는 대량으로 철광석을 수입할 수 있는 대체공급처가 브라질 외 몇 개 국가밖에 없다. 공급망 재편이 가속화되면서 브라질의 철광석 등 광물 가치는 더욱 높아질 것이다.

브라질 입장에서도 광업 경기가 중국 경제의 영향을 많이 받는다. 중국의 제철, 자동차, 건설 등 산업이 호황을 맞이하면 매출이나 수출액이 대폭 늘어나고, 침체에 빠지면 줄어든다. 2023년 기준 니오븀도 전체 수출액의 42.3%가 중국으로 향했고 망간도 대중국 수출비중이 66.9%에 달했다.

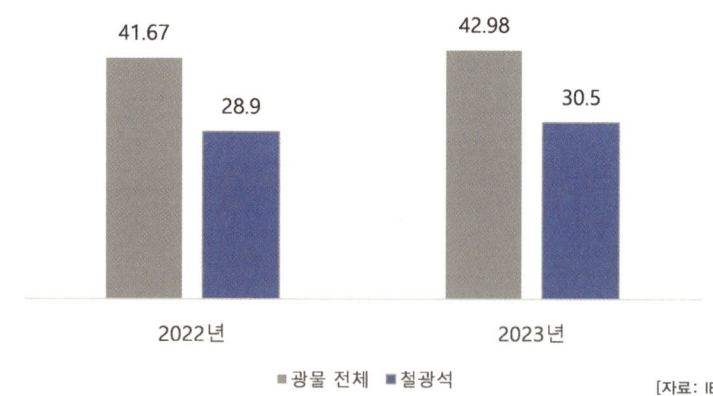

브라질 광물 수출 중 철광석 비중
(단위: 십억 달러)
[자료: IBRAM]

브라질 어느 주에서 광물이 많이 채굴되는지는 주와 시 단위의 지방정부가 기업으로부터 받은 CEFM(광산 개발 로열티) 액수로도 확인된다. 광업회사는 광산 개발 사업권을 받는 반대급부로 지방정부에 CEFM을 납부해야 하기 때문이다. 2023년 미나스제라이스주가 브라질 전체 CEFM의 46.4%를, 파라주가 39.4%를 징수했다. 3위인 바이아주는 불과 2.5%의 로열티를 수령했다.

광물 로열티는 광산을 보유한 지역의 주요한 재원이 되고 있다. 주나 시 정부는 CEFM을 재원으로 하여 도로나 철도를 내고 학교, 복지시설들을 건설한다. 만약 광업 프로젝트들이 진행되지 않았다면 파라주, 미나스제라이스주, 바이아주 등 지역들은 지금의 경제 수준을 이루지 못했을 것이다. 광산 개발 로열티 중 10%는 연방정부, 5%는 주정부, 15%는 '광산이 위치하고 있지는 않지만 광산 개발로 영향을 받는 시정부', 60%는 '광산이 위치한 시정부'가 수령한다.

광산이 개발되는 지역은 투자도 활발하게 이루어진다. 2024~28년 추정되는 광산 개발 투자액은 645억 달러에 이른다. 브라질 광산 투자액은 2012~16년 750억 달러로 정점을 찍은 후 2017~21년 180억 달러로 대폭 줄어들었다. 하지만 코로나19 이후 공급망 교란으로 원자재 가격이 급등하면서 다시 늘어나는 추세다. 특히 니켈, 리튬, 흑연, 희토류 등 신에너지 관련 광산 개발이 늘어나면서 투자액이 점차 증가할 것으로 전망된다. 2024~28년간 광종별 투자액은 철광석(172억 달러), 구리(67억 달러), 비료 광물(55억 달러), 니켈(44억 달러), 리튬(11억 달러)으로 예상된다.

지역별로 보면 미나스제라이스주와 파라주가 브라질 광물 산업의 중심지다. 브라질 광산업 매출의 약 80%가 이들 두 주에서 발생한다. 브라질에서 가장 큰 광물 산업 전시회인 Exposibram도 매년 미나스제라이스주와 파라주에서 번갈아 개최된다. 미나스제라이스주 중남부에 위치한 '쿼드릴라테로 페리페로(Quadrilatero Ferrifero)'와 파라주의 카라자스(Carajas)는 세계적으로도 규모가 큰 철광석 광산들을 보유한 지역들이다. 발리는 두 지역에 철광석 광산들을 운영하며 회사 전체로 보면 일종의 '캐시카우(Cash Cow)' 역할을 하고 있다.

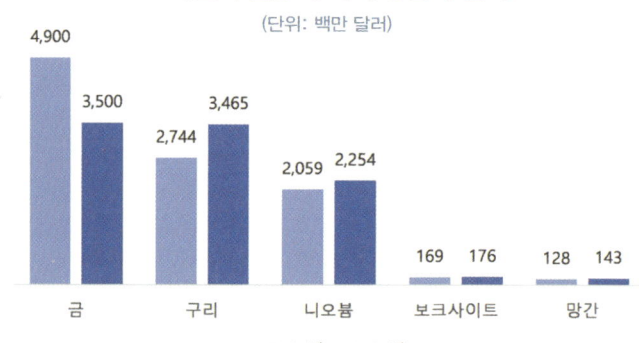

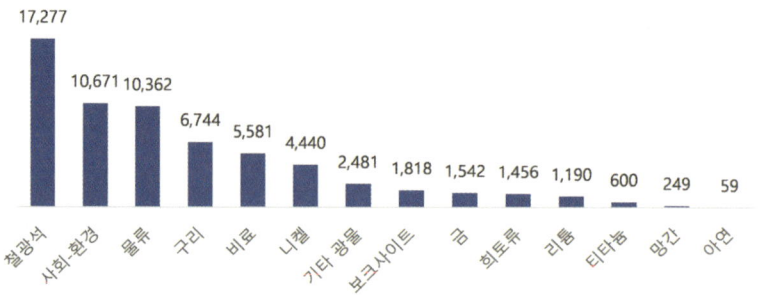

세부적으로 살펴보면 미나스제라이스주는 2023년 브라질 광물 매출의 41.7%를 담당했다. 철광석이 주요 광물이며 리튬, 망간, 아연, 니오븀 등의 채굴 활동도 활발하게 진행되고 있다. 발리, 앵글로아메리칸, CSN, 우시미나스(Usiminas), 아르셀로미탈(ArcelorMittal), 킨로스 골드(Kinross Gold), 넥사리소시스, CBA 등 브라질에서 가장 많은 광산/제련 회사들이 거점을 두고 있다. 실리콘메탈이나 페로실리콘을 만드는 회사들도 사업장이 대부분 미나스제라이스주에 있다. 이들은 자체적으로 규석 광산 및 유칼립투스 나무 인공조림지를 운영한다. 유칼립투스 나무로 만든 숯은 실리콘메탈을 제조할 때 환원제로 투입된다.

발리의 미나스제라이스주 소재 철광석 광산을 방문해 본 적이 있다. 주브라질한국대사관, 브라질 진출 한국 기업 및 기관들과 사절단을 꾸려 광업전시회에 참가한 후 부대 행사로 방문할 수 있었다. 사람 키의 2배가 넘는 바퀴들을 단 트럭들이 쉴 새 없이 철광석이 함유된 광석을 선광공장으로 옮기는 모습이 인상적이었다. 거대한 운반 트럭들이 조금만 부딪혀도 대형 사고가 나기 때문에 앞뒤로 사이렌을 울리는 차량이 따라붙는다. 현지 직원들에게 물어보니 거대한 산악 지역 전체가 철광석 광산이고 품위도 40~50%나 된다고 한다. 올해는 이쪽 산을 캐내고 다음 해에는 저기 멀리 보이는 산을 개발한다고 한다.

파라주에서는 발리가 철광석, 구리, 니켈, 망간 등을 생산하며 카라자스(Carajás), 쿠리오노폴리스(Curionópolis) 등에 주요 광산들이 위치하고 있다. 발리 이외에도 영국 호리존치 미네랄스(Horizonte Minerals)가 니켈광산을 개발하고 있고 하이드로 그룹(Hydro)은 보크사이트 광산, 알루미늄 제련소를 수직계열화하여 운영하고 있다.

바이아주에는 철광석, 바나듐, 니켈, 구리 등이 많이 생산된다. 이곳의 주요 기업으로는 철광석을 생산하는 바민(BAMIN), 금 광산을 운영하는 JMC, 야마나 골드(Yamana Gold), 바나듐을 채굴하는 라르고 리소시스(Largo Resources), 니켈 생산기업 '아틀란틱 니켈(Atlantic Nickel)', 구리 광산 기업 '에로 브라질(Ero Brasil)' 등이 있다. 바이아주는 광물 매장량이 많지만 생산은 뒤늦게 시작하였기에 철도, 도로 등 물류 인프라가 부족한 편이다. 이에 바민은 주요 광산 지역에서 일예우스항으로 연결되는 철도 프로젝트를 추진하고 있다.

브라질의 광산업 잠재력은 아직 무궁무진하다. 브라질 지질연구소(Serviço Geológico Brasileiro)에 따르면 아직 1:100,000 척도로 브라질 국토의 27% 정도만 탐사가 진행되었다. 이 말은 탐사가 지역별로 세밀하게 진행될수록 그동안 발견되지 않았던 매장지들이 신규로 나타날 수 있다는 것을 의미한다.

과거 골드러시 시대에는 금, 다이아몬드, 에메랄드가 발견되어 내륙 개발을 주도했고 1950년대 이후에는 대규모 철광석 광산이 발견되어 브라질 경제발전에 기여하고 있다. 앞으로는 바나듐, 리튬, 니켈, 흑연 등 첨단 산업 관련 광산이 계속 발견되어 브라질 경제를 이끌 수 있지 않을까 하는 기대를 해본다.

라틴아메리카 최대의
철광석·철강 생산국

　브라질의 가장 중요한 광물인 철광석을 살펴보면 2023년 기준 호주에 이어 생산량 2위를 기록했다. 생산량으로 보면 호주가 9억 6,000만 톤, 브라질이 4억 4,400만 톤이었다. 중국, 인도도 철광석을 많이 생산하나 특히 중국은 자국 소비량이 많아 상당 비율을 호주와 브라질에서 수입하고 있다. 아래 통계를 보면 왜 호주와 브라질에 글로벌 광물 회사들이 많은지 알 수 있다. BHP빌리톤(호주), 리오틴토(호주), 발리(브라질) 모두 매년 수백억 달러에 달하는 매출액을 기록한다. 주요 철광석 광산들을 장악하고 있기 때문이다. 브라질의 주요 철광석 산지는 미나스제라이스주와 파라주이다.

　한편 브라질의 조강 생산량을 보면 1980년 1,530만 톤에서 2000년대 2,790만 톤까지 증가한 이후 매년 비슷한 양을 생산하고 있다. 2023년에는 생산량이 3,200만 톤을 기록했다. 브라질은 풍부한 철광석 매장량과 우수한 기술력을 바탕으로 중남미 철강산업에서 압도적인 지위를 가지고 있다.

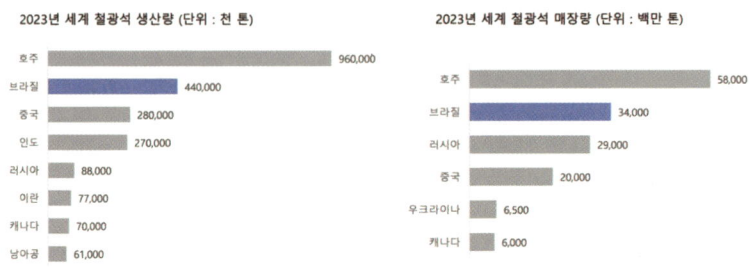

[자료: 미국 지질조사국(USGS)]

　브라질은 풍부한 철광석 매장량과 우수한 기술력을 바탕으로 중남미 철강산업에서 압도적인 지위를 가지고 있다. 제툴리오 바르가스 대통령은 1900년대 중반부터 국가 위주로 철강산업을 육성해 왔다. 철강산업이 성장해야 자동차, 기계, 건설 등 전방 산업들이 안정적으로 발전할 수 있기 때문이다.

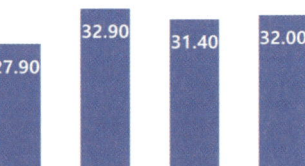

[자료: Instituto Aço Brasil]

세계적인 위상으로 보면 브라질은 세계에서 9번째로 많은 철강을 생산하고 있다. (3,200만 톤) 브라질의 유명한 철강 생산 기업으로는 게르다우(Gerdau), 아르셀로미탈(ArcelorMittal), CSN, 우시미나스(Usiminas) 등이 있다. 우리나라 포스코와 동국제강도 2010년대 초 브라질 발리와 CSP라는 제철소를 북동부 세아라주에 건설하여 운영했었다. 슬라브를 한국으로 들여와 동국제강은 후판 등 제품을 생산하기도 했다. 하지만 경영 전략상 이유로 2022년 아르셀로미탈에게 매각하고 철수한 상태다. 많은 브라질의 철강 회사들은 미나스제라이스주와 파라주에 철광석 광산을 운영하면서 '철광석 - 철강' 수직계열 구조를 갖추고 있다.

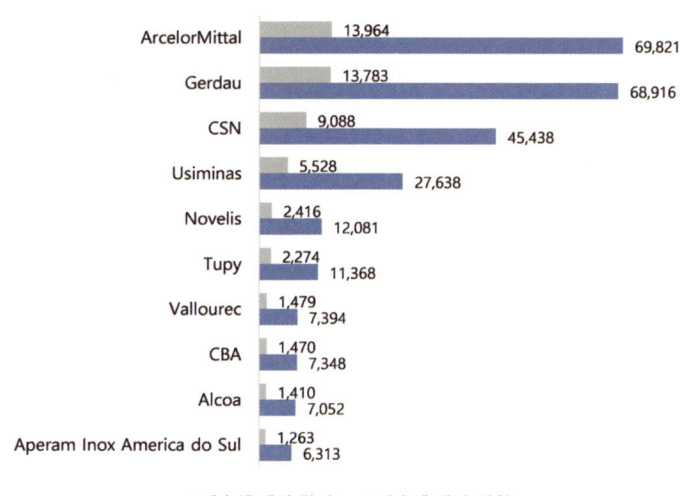

2023년 브라질의 철강 및 비철 제련기업 매출액

[자료: Valor1000]

주요국의 철강 생산/수출량 순위 (2023년)

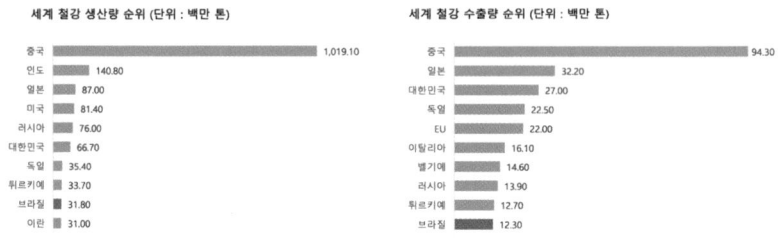

[자료: World Steel Association]

　브라질은 철강 수출량으로는 세계 10위에 올라 있으며 2023년 1,230만 톤을 수출했다. 주요 수출 대상 지역은 미국, 유럽 등이다.

　브라질 철광석·철강 산업을 살펴보면 석유화학, 정유, 제지 등 산업과 비슷한 상황을 겪고 있다. 원자재인 원유, 셀룰로스(펄프), 철광석 등은 세계적으로 많은 양을 생산하고 수출도 많이 한다. 하지만 제조 단계로 넘어가면 경쟁력이 낮아진다. 철광석만 보아도 생산량이 세계 2위지만 철강 생산량은 9위에 불과하다. 셀룰로스도 세계에서 미국 다음으로 많이 생산하나 제지 제조 쪽으로 넘어가면 세계 생산량 순위가 대폭 하락한다. 석유도 해상 유전에서 대량으로 생산하여 2023년 수출액이 400억 달러에 달했지만, 석유 및 석유화학 제품의 경상수지 적자는 매년 늘어나고 있다.

　2024년 브라질은 철강 수입 쿼터를 도입했다. 쿼터를 넘어서는 수입 물량에 대해서는 25%의 관세가 부과된다. 이전에는 철강 수입 관세가 9~14%에 불과했는데 중국산 철강의 브라질 유입이 대폭 늘어났기 때문이다. 브라질의 주요 철강 회사인 게르다우는 중국산 수입량이 늘어나자 미나스제라이스주 및 세아라주에 있는 제철소의 가동을 중단하기도 했다.

2023년 말 우시미나스도 1번 고로의 가동을 중단했고 2번 고로를 2024년에 셧다운할 수 있다고도 발표했다.

2023년 철강 수입량은 전년 대비 50%가 증가한 500만 톤에 달했다. 중국은 자국 부동산 및 제조업 침체로 철강 과잉생산이 나타나자 수출을 통해 밀어내기를 하고 있다. 미국, EU 등이 중국과 무역 갈등을 빚으면서 중국산 수입을 자제하자 남는 물량이 브라질, 아르헨티나 등 신흥국으로 향하는 중이다.

브라질 철강 산업은 증가하는 수입 제품을 어떻게 견제할지의 이슈가 있지만 장기적으로 보면 성장 가능성이 크다. 브라질의 1인당 철강 소비량은 100kg/인으로 세계 평균인 230kg/인과 비교하면 한참 낮다. 자동차, 건설, 기계 등 수요 증가에 따라 철강 수요도 늘어날 것으로 예상된다. 룰라 정부도 경제 성장 정책인 '신성장촉진프로그램(PAC)'을 추진하면서 상하수도, 철도, 도로 등 건설 수요가 증가하고 있다.

브라질 철강협회(IABr)에 따르면 브라질 철강 회사들은 2023~28년 1,000억 헤알(약 200억 달러)을 투자할 예정이다. 제철소 증설·현대화, 철광석 광산 개발, 자체 전력 생산용 친환경 발전소 건설, 신규 제품 개발 등에 투자가 집행될 것이다. 아르셀로미탈은 2022~26년 사이 250억 헤알(약 50억 달러)을 투자한다고 발표했는데 110억 헤알은 2023년 CSP 제철소를 인수하는 데 투입했고 140억 헤알은 신재생 발전소 건설, 철광석 광산 개발, 제철소 현대화/증설에 사용할 예정이다.

CSN도 2023~28년 153억 헤알(약 30억 달러)을 철광석 광산 개발, 79억 헤알(약 12억 달러)을 제철소 현대화/증설에 투입하고 있다. 2025년부터는 오우루프레투(Ouro Preto)에 연산 550만 톤의 철광석 광산을 운영할 계획이다. 한편 일본 이토추 상사(Itochu Corp)는 2024년 말 CSN의 철광석 사업부 지분 10.74%를 추가로 인수한다고 발표했다.

브라질 철강 회사들은 남미 최고의 철강 생산 경쟁력을 바탕으로 해외 시장에도 적극적으로 진출하는데 게르다우는 최근 미국의 니어쇼어링 정책으로 멕시코 내에서 자동차 생산량이 증가하자 멕시코 현지에 특수 철강 가공 공장을 건설하는 방안을 검토하고 있다.

발리는 사우디아라비아, 아랍에미리트, 오만 등 정부와 협력하여 천연가스, 그린수소를 석탄 대신 투입하는 제철소를 건설/운영하기로 했다. 유럽 등지에서 탄소배출 관련 규제가 심해지면서 '그린철강'을 생산하는 데에도 관심이 많다. 브라질은 85%의 전력을 친환경 에너지를 활용하여 생산하기 때문에 앞으로 그린철강 생산 허브로 발전할 수 있는 가능성도 가지고 있다.

이미 브라질 회사들은 철강을 생산하는 데 석탄 대신 숯을 투입하기도 한다. 브라질은 풍부한 목재 자원을 바탕으로 전 세계에서 가장 많은 양의 숯을 생산한다. 발리는 이스피리투산투주(Espírito Santo) 비토리아(Vitória)에 위치한 투바라옹(Tubarão) 제철소에 세계 최초로 브리켓 공정을 도입했다. 그린브리켓은 철광석 찌꺼기 처리 과정에서 나오는 모래를 철광석에 혼합하여 생산한다. 전통적으로 소결공정의 온도는 1,300도까지 높여야 하는데 이를 위해서는 화석연료가 대량으로 사용된다. 그린브리켓은 소결과정이 생략되고 작업 온도가 200~250도면 충분하기에 탄소배출을 줄일 수 있다.

2030년부터 본격적으로 추진될 그린수소 프로젝트들을 바탕으로 수소를 제철 공정에 투입하는 방안도 적극적으로 논의되고 있다. 브라질이 장기적으로 풍부한 철광석 매장량, 친환경 에너지를 바탕으로 철강 생산의 허브로 떠오를 수 있지 않을까 기대해 본다.

세계 니오븀 생산을
주도하는 CBMM

니오븀(Niobium)은 희소금속으로 자동차 부품, 건설용 소재, 제트기 및 로켓 엔진, 풍력발전기 터빈, 정밀 의료기기 등을 생산할 때 투입되는 철강 합금의 원료로 들어간다. 우리나라는 주로 제철 기업들이 페로니오븀(Ferroniobium)의 형태로 수입하고 있다.

전 세계 니오븀 매장량과 생산량을 보면 모두 브라질이 압도하고 있다. 전 세계 니오븀 매장량인 170만 톤 중 브라질에 무려 160만 톤이 매장되어 있다. 2023년 세계 니오븀 생산량을 보면 1위인 브라질이 7만 5천 톤을 생산했고 2위인 캐나다는 10%에 못 미치는 7천 톤을 생산하였다. 브라질 CBMM의 페로니오븀 생산능력은 연 15만 톤 정도 된다. 중국 광산회사 CMOC는 2016년 앵글로아메리칸의 니오븀 및 인산염 광산을 인수하면서 브라질에 진출했으며 연 1만 톤 정도의 니오븀을 생산한다. 확률은 희박하지만 브라질에서 니오븀 수출을 통제한다면 많은 제철 회사들이 특수 철강을 생산하는 데 차질을 빚을 수 있다.

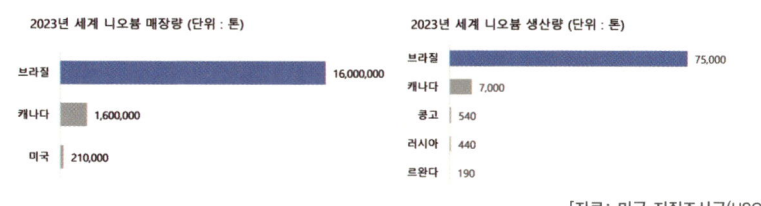

[자료: 미국 지질조사국(USGS)]

브라질에서도 한 회사가 대부분의 니오븀을 생산하고 있다. CBMM은 미나스제라이스주 아라샤(Araxá)에 광산 및 제련공장을 운영하면서 페로니오븀, 니오븀산화물, 니오븀합금, 니오븀메탈 등을 생산하고 50여 개국 이상에 수출한다. 아라샤 광산에서 생산되는 니오븀으로 200년간 전 세계 수요를 충족할 수 있다고 한다. CBMM의 본사는 아라샤에 있고 상파울루, 피츠버그, 암스테르담, 베이징, 상하이, 싱가포르 등 주요 소비지에 사무소를 운영한다.

CBMM은 1955년 설립되었으며 1965년부터 브라질 거대 은행인 우니방코(Unibanco)를 소유했던 모레이라 살레스(Moreira Salles) 가문이 경영권을 가지고 있다. CBMM은 지분의 일부를 외국에 매각했는데, 2011년에 중국(15%), 한국-일본 컨소시엄(15%)이 지분을 취득하였다. 한국-일본 컨소시엄에는 포스코, 국민연금공단이 참가했다. 일본에서는 NSC, JFE, JOGMEC(일본금속광물자원공사), 소지츠 상사(Sojitz) 등이 지분인수에 참가했다.

하지만 CBMM도 고민이 많다. 제철 합금용 니오븀 수요가 한정되다 보니 판매량과 매출이 정체되어 있다. 세계 시장 점유율이 높지만 희소금속이다 보니 그만큼 용도나 사용하는 기업이 제한되어 있기 때문이다. CBMM의 매출액은 수년째 10억 달러 정도를 넘어서지 못하고 있다. 신성장 동력을 찾기 위해 CBMM은 니오븀을 이차전지, ESS 등의 소재로 활용하는 방안을 고려하고 있다. CBMM과 일본 도시바, 소지츠 상사는 2018년부터 협력하여 니오븀-티타늄 산화물(NTO)을 리튬이온전지 음극재에 흑연 대신 사용하는 배터리를 개발했다. NTO는 이론적으로 흑연 기반 음극재보다 밀도가 2배 정도 높다.

세 회사는 2024년 6월 미나스제라이스 아라샤의 CBMM 부지에서 10분만에 완충되는 전기 버스 시제품(e-Bus)을 공개했다. 이 버스는 '폭스바겐 트럭/버스(Volkswagen Truck&Bus)'가 제작했으며 기존 전기 버스 대비 충전 속도가 10배 정도 빠르다. 이들은 2025년 봄 NTO음극재를 활용한 리튬 이온 전지를 상용화할 계획이다. CBMM은 2030년까지 니오븀 생산량의 30% 정도를 이차전지 용도로 전환할 계획이라고 밝혔다. 니오븀 기반 이차전지는 버스, 트럭 등 상용차 위주로 보급될 예정이며 향후 건설기계 등 중장비 분야로도 적용이 확대될 것이다. CBMM은 이 계획을 이행하기 위해 기존 운영하던 니오븀 산화물 공장 생산능력을 확충하고 해당 원료를 기반으로 한 화합물 공장도 건설할 계획이다(2023년 니오븀산화물 판매량: 620톤). CBMM은 전기전자 회사 WEG와는 니오븀 나노크리스탈 소재 등을 적용한 초소형 모터 개발도 추진하고 있다.

CBMM은 철강용 페로니오븀이라는 안정적인 사업모델을 박차고 나와 이차전지, 전기차 등 신규 비즈니스에 회사의 미래를 걸려고 하고 있다. 브라질 대부분의 광산 기업들이 전방 산업까지 직접 진출하는 경우가 많이 없기에 신선한 시도라고 볼 수 있으며 귀추가 주목된다.

브라질은 세계 희토류 매장량 3위인데 왜 생산량이 적을까?

희토류는 원자번호 57번에서 71번까지인 란타넘, 세륨, 프라세오디뮴, 네오디뮴, 프로메튬, 사마륨, 유로퓸, 가돌리늄, 터븀, 디스프로슘, 홀뮴, 에르븀, 툴륨, 이테르븀, 루테튬 등 란타넘족 원소 15개와 스칸듐, 이트륨 등 17개의 원소를 의미한다.

희토류 매장지는 세계적으로 골고루 분포하고 있으나 분리와 제련을 통해 고순도 산화물을 생산하기가 어렵고, 그 과정에서 엄청난 오염물질이 발생해 중국, 미국, 말레이시아, 에스토니아 등 소수의 국가에서만 희토류 산화물을 생산하고 있다. 희토류는 채굴보다 분리·정제련이 까다로워 산업 진입장벽이 매우 높다. 철광석, 구리, 아연 등 타 광물에 비해 품위가 현저하게 낮아 희토류 원소를 추출하는 데 염산, 황산 등 많은 오염물질을 쏟아부어야 한다. 순도를 높이면서 방사능물질이 배출되기도 한다.

전기차, 풍력발전 등 신에너지 산업이 발전하면서 네오디뮴, 터븀, 디스프로슘 등 희토류 원소의 수요가 급증하였다. 이들 3개 원소는 전기차 구동모터에 들어가는 영구자석을 생산하는 데 필수품이다. 세륨, 이트륨, 란탄 등도 석유화학 촉매, 반도체 CMP슬러리, 디스플레이 소재 등 주요 소부장 제품 생산에 필요하다.

한편 터븀, 디스프로슘 등 중희토류는 매장지가 중국, 미얀마 등 특정국에 한정되어 있기 때문에 확보하기가 매우 어렵다. 2011년 센카쿠 열도 사태로 중국은 희토류 수출을 통제하여 국제 가격이 천정부지로 오른 적이 있다. 희토류 산화물의 수요는 점차 늘어나고 중국의 시장 점유율이 70%에 달해 공급망 사태가 재발할 가능성이 상존한다.

미국 지질조사국(USGS)에 따르면 브라질에 2,100만 톤의 희토류가 매장되어 있다. 중국, 베트남 다음으로 많은 양이다. 하지만 산화물까지 제대로 양산하는 희토류 제련소는 아직 브라질에 없다. 브라질, 캐나다, 미국 등의 회사들이 브라질의 희토류를 개발하기 위한 탐사작업은 활발하지만, 규모의 경제를 이루어 수출할 정도는 아니다.

매장량에 비해 브라질의 희토류 생산량은 초라한데 2023년 주요국 생산량이 중국 24만 톤, 미국 4만 3천 톤, 미얀마 3만 8천 톤, 호주 1만 8천 톤에 달할 때 80톤에 그쳤다.

브라질에서 희토류는 19세기에 리우데자네이루주, 바이아주 등 해안가에서 채굴되었다. 당시 희토류는 선박 평형수, 가스램프 등을 제조하는 데 주로 사용되었다. 오르퀴마(Orquima)는 1957년 설립된 브라질 광물 회사로 토륨, 우라늄, 희토류 등을 채굴 및 정련하였으며 브라질 핵연료공사(INB)로 통합되었다. 이후 INB가 우라늄을 채굴하면서 부산물로 얻는 소수 물량을 제외하고는 브라질의 희토류 생산량은 미미했다.

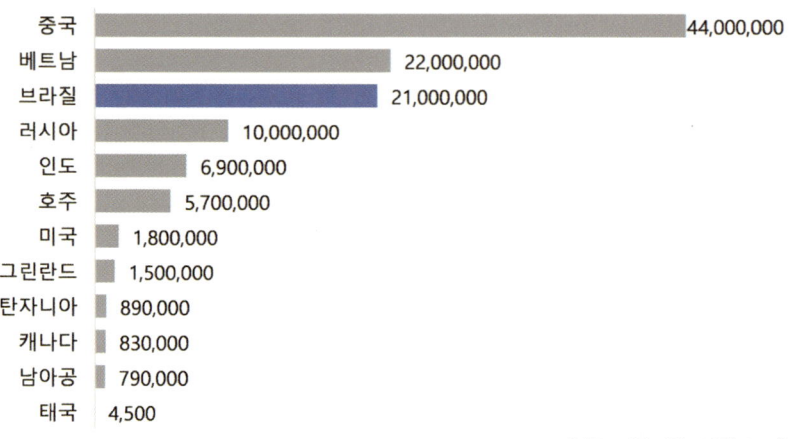

　1970년대 중국이 희토류 산업을 본격적으로 육성하고 규모의 경제를 통해 단가를 인하하자 브라질, 미국, 유럽 등에 소재한 많은 회사들이 도산되었다. 2010년대 초 희토류 파동이 일면서 철강 회사 발리 등도 희토류 광산 개발에 관심을 보였지만 구체적으로 진전된 프로젝트는 없다.

　2010년대 후반에 들어 희토류의 중요성이 커지면서 많은 광산 회사들이 채굴 프로젝트들을 진행하고 있다. 미네라써옹 세하베르지(Mineração Serra Verde)는 미국 암록(Amrok) 그룹이 브라질에 광물 채굴을 위해 설립한 회사로 미나스제라이스주에 미나수(Minaçu) 희토류 광산을 보유하고 있다. 이 광산에는 네오디뮴, 프라세오디뮴, 터븀, 디스프로슘 등이 매장되어 있으며 2023년 채굴을 시작하였다. 현재는 중국 등에 희토류 정광을 수출하고 있으며 향후 희토류 산화물도 제조할 계획을 가지고 있다. 2024년에는

'광물 안보 파트너십(MSP)' 대상 프로젝트로 지정되었으며 미국 금융회사들로부터 투자를 받게 되었다. 참고로 MSP는 희소금속과 광물의 공급망을 중국에서 탈피하고자 미국, 일본, 한국 등 국가들이 모여 만든 파트너십이다.

캐나다계 회사인 네오 퍼포먼스는(Neo Performance) 에스토니아에 희토류 분리/정제련소를 운영하는데 브라질 미나스제라이스주 포수스지칼다스(Poços de Caldas)에 광산을 개발하고 있는 메테오릭(Meteoric)에게 희토류 정광을 구매하기로 했다. 에너지 퓨얼스(Energy Fuels)는 미국 화이트메사(White Mesa)에 희토류 분리/정제련소를 운영하고 있는데 바이아주의 희토류 매장지를 인수했다고 발표했다.

페루 광물 회사인 미네라써웅 타보카(Mineração Taboca)는 주석, 철광석, 탄탈륨 등을 채굴하는데 신사업으로 브라질에서 희토류 광산을 개발하고 있다. 광산은 아마조나스주 피팅가(Pitinga)에 위치하고 있으며 2028~30년경부터 본격적으로 생산할 예정이다.

캐나다 레어어스 코퍼레이션(Canada Rare Earth Corporation)도 2022년 3월 혼도니아주(Rondônia)의 아리케메스(Ariquemes)에 희토류 개발을 위한 프로젝트를 추진한다고 발표했다. 이외에도 많은 광물 회사들이 미나스제라이스주, 고이아스주, 토칸칭스주 등 여러 지역에 희토류 탐사권을 획득해 발굴 작업을 하고 있다.

세계 시장에서 중국의 희토류 장악력은 당분간 이어질 것으로 예상된다. 중국은 희토류 국영 회사들의 합병을 통해 규모의 경제와 통제력을 확보했으며, 많은 연구기관과 관련 기업들이 희토류를 채굴하고 제련하는 기술을 연구하고 있다. 1970년대부터 희토류 산업을 본격적으로 육성해 누적한 업력도 무시할 수 없다. 미국, 유럽, 일본 기업들은 중국의 희토류 장악력이 커지면서 이를 견제하기 위해 미국, 호주, 베트남, 말레이시아 등에서 희토류 광산 개발 및 제련소 건설 프로젝트를 추진하고 있다.

브라질 희토류 산업이 발전하기 위해서는 원광이나 정광을 수출하는 것을 넘어 브라질 내에 분리/정제련소를 짓고 희토류 영구자석 등 다운스트림 산업을 발전시켜 부가가치를 높여야 한다. 브라질 외에도 중국, 미국, 미얀마, 베트남, 호주 등에서 희토류 정광이 충분히 생산되기 때문에 원광이나 정광 상태로 판매하면 수출 시 높은 가격을 받기는 힘들 것이다. 심지어 브라질 희토류 광산은 주요 소비지인 동아시아, 유럽, 미국 등에서 멀리 떨어져 있다.

브라질 내에 희토류 영구자석 등 다운스트림 제품을 사용하는 기업이 많이 나타나고, 이들이 브라질에서 생산된 희토류 제품을 공정에 채택해 주면 점차 품질 및 가격 경쟁력이 개선될 수 있을 것이다. 이미 리우데자네이루에 소재한 광물연구센터(Cetem)에서 희토류 분리·정제련을 하는 파일럿 수준의 기술력은 확보했고 미나스제라이스의 직업기술훈련원(Senai CIT-MG)에서 희토류 영구자석 파일럿 공장을 건설할 예정이다.

이들 기술이 파일럿 수준을 넘어서서 상용화되기 위해서는 가격/품질 경쟁력을 확보할 때까지 브라질에 있는 전기자동차, 풍력발전, 전자전기 회사들에서 일정 물량을 구매해 주는 것이 필요하다. 중국 외에 희토류 영구자석 회사들을 보유한 국가들은 자국 제조업 저변이 넓어 상당 물량을 내수에서 소화해 줄 수 있다. 독일(바쿰슈멜츠), 미국(MP머티리얼즈), 일본(신에츠, 프로테리얼, TDK 등) 등은 중국 외에 위치한 주요 희토류 영구자석 회사들로 최근 서방의 탈중국 움직임이 가시화되면서 영향력을 키워 나가고 있다.

하지만 현재 단계에서는 전기자동차, 풍력발전 터빈, 전자 제품 등의 공장을 브라질에 운영하는 국내외 회사들도 핵심 부품을 자국이나 동아시아에 있는 공장들에서 생산하여 가지고 오기 때문에 브라질산 희토류 제품을 사용할 확률이 낮다.

　브라질 정부나 회사들이 이 딜레마를 해결하고 브라질에서 생산되는 희토류의 부가가치를 높일 수 있을지 기대된다. 브라질에서 지금처럼 많은 기업들이 희토류 광산, 제련소 관련 투자를 진행하는 사례가 없었기에 이번에는 몇 년 안에 큰 변화를 접하게 될 수도 있을 것이라는 기대가 된다.

미네라써웅 세하베르지(Mineração Serra Verde) **희토류 광산/처리시설**

[자료: Mineração Serra Verde 홈페이지]

변방에서
리튬 생산의 다크호스로

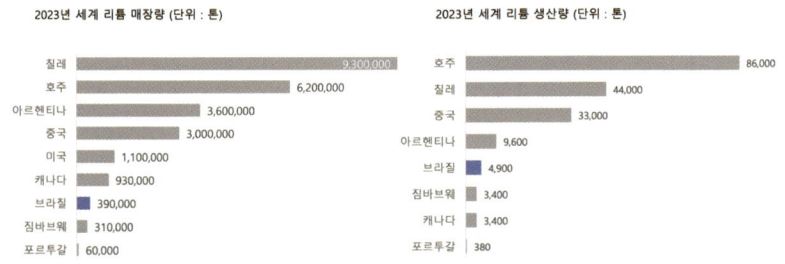

세계 리튬 매장/생산량 순위

[자료: 미국 지질조사국(USGS)]

세계적으로 전기차 산업이 급성장하면서 이차전지 양극재의 원료인 리튬의 가치가 높아지고 있다. 리튬 원소는 염호 및 광석의 형태로 존재하는데 염호는 칠레, 아르헨티나, 볼리비아에, 암석은 호주, 미국 등에 위치해 있다. 특히 리튬 삼각지대로 불리는 볼리비아, 아르헨티나, 칠레 리튬이 주목받고 있다.

브라질은 철광석, 니켈, 금, 구리 등의 광물을 생산해 왔지만 리튬은 생산량이 미미했다(2023년 기준 4천 900톤). 소비 측면에서도 리튬 배터리 관련 밸류체인이 부재해 수요가 많지 않다. 브라질에서 리튬은 주로 윤활유, 알루미늄 혼합재, 세라믹 및 핵연료 첨가제 등으로 사용되며 많은 물량을 해외에서 수입하고 있다.

브라질의 리튬 개발 역사는 1900년대 중반으로 내려가는데 오르퀴마(Orquima), '에스타니페라 두 브라지우(Estanífera do Brasil)' 등은 1950년대 미나스제라이스주에서 리튬을 탐사하기 시작한다. 1958년 '에스타니아페이루 두 브라지우'가 리튬 사업에서 철수하고, 오르퀴마가 거의 유일하게 1972년까지 탐사작업을 지속한다. 당시 리튬은 유리, 세라믹 제조에 투입되었다. 1987년 오르퀴마의 사업권을 이어받은 뉴클레몬(Nuclemon)은 광물 고갈, 환경문제 등으로 철수한다.

민간 기업이 리튬 사업에 참여하지 않자 연방정부는 1985년 리튬 사업을 총괄하는 공기업인 CBL을 설립하여 미나스제라이스 등지에서 탐사작업을 계속한다. CBL은 1986년 '미나다카쇼에이라(Mina da Cachoeira)'라는 스포듀민 광산을 인수하면서 본격적으로 리튬을 채굴하고 유리, 세라믹 등에 사용되는 리튬 화합물을 제조했다.

브라질의 리튬 생산은 캐나다 회사인 시그마리튬(Sigma Lithium)이 미나스제라이스주 그로타두시릴로(Grota do Cirilo) 광산에서 리튬을 채굴하면서 본격화되었다. 시그마리튬은 광산/가공 공장 건설 1단계가 완료되어 연 37,000LCE(탄산리튬 등가물)를 생산하고 있으며, 2단계에 71,000LCE, 3단계에는 105,000LCE까지 생산량을 확대할 계획이다.

시그마리튬은 2012년 미나스제라이스 발리두제퀴팅노냐(Vale do Jequitinhonha)에 첫 시추 사무소를 설립했고 2014년에는 아르케아나 광물(Arqueana de Minérios e Metais)의 탐사권도 인수한다. 그중 그로타두시릴로 광산에서 상업성 있는 리튬이 발견되면서 브라질 최대의 리튬 생산 회사로 자리매김한다.

호주의 리튬 메이저 회사인 필바라 미네랄스(Pilbara Minerals)는 2024년 9월 약 4억 달러를 투자해 라틴리소시스(Latin Resources)의 리튬 프로젝트를 인수했다. 라틴리소시스는 발리두제퀴팅노냐에 살리나스(Salinas) 리튬 광산을 보유하고 있으며 이 광산에서 2026년부터 리튬 정광을 생산할 것으로 전망된다.

네덜란드 AMG는 2018년부터 브라질에 리튬 정광 연산 9만 톤을 생산할 수 있는 플랜트를 운영하고 있다. 미나스제라이스주 보우타그란지(Volta Grande)에 있는 광산에서 리튬을 추출하고 있으며 향후 브라질에 탄산리튬 가공 공장도 건설할 예정이다. 현재 AMG의 브라질 사업장에서 생산되는 정광은 중국으로 운송되어 1차 가공되고 이후 독일 공장으로 옮겨 배터리용 수산화리튬으로 가공된다. 미쓰이물산도 2024년 미국계 아틀라스 리튬에 출자하면서 브라질 리튬 개발에 뛰어들었다.

이 외에도 다양한 회사들이 미나스제라이스주에서 리튬 탐사작업을 진행하고 있다. 관련 회사들로는 '에메리타 리소시스(Emerita Resources)', '브라질 미네랄스(Brazil Minerals)', '엘렉트로 리튬 마이닝(Elektro Lithium Mining)', '리튬 아이오닉(Lithium Ionic)' 등이 있다.

브라질 리튬 탐사 및 생산량은 점차 늘어날 것으로 보인다. 그동안 브라질의 리튬 생산이 저조했던 것은 자국 내 판로가 부족한 이유도 있었다. 하지만 중국 BYD가 마나우스에 버스용 리튬이온배터리 공장을 운영하고 있고 2024년부터 포드로부터 인수한 바이아 카마사리 공장에 이차전지 소재 및 전기차 제조 시설도 운영할 것이기 때문에 브라질 내 소싱 수요가 늘어날 것이다. BYD의 바이아주 전기차 공장의 연간 생산능력은 15만 대에 달할 예정이다. BYD, CATL 등 중국 회사들은 원재료 생산부터 수직계열화를 이루기 위해 시그마리튬 인수에도 관심을 보이고 있다.

 브라질 리튬 생산의 중심지인 발리두제퀴팅노냐(Vale do Jequitinhonha)는 과거 농사를 짓기에도 땅이 척박하고 별다른 산업이 없었기 때문에 미나스제라이스주에서도 가장 가난한 지역 중 하나였다. 하지만 리튬 광산회사들이 들어와서 도로, 전력 등 인프라도 건설하고 고용도 늘리면서 점차 활기를 띠고 있다.

 미나스제라이스 주정부 등 브라질 당국은 리튬 생산을 넘어서 자국 내에 이차전지 관련 밸류체인이 구축되기를 희망하고 여러 노력을 기울이고 있다. 칠레, 아르헨티나 등 주변국보다 리튬 매장량도 적기 때문에 구석구석 탐사작업도 진행되고 있다. 브라질이 라틴아메리카의 주요 리튬 생산국으로 발전할 수 있을지 기대된다.

브라질은
세계 3위의 니켈 매장국

　브라질은 2023년 기준 세계 3위의 니켈 매장량을 가지고 있다(1,600만 톤). 니켈은 스테인리스강, 이차전지 NCM 전구체 등에 들어가는 주요 원료로 세계 인구가 늘어나 철강 수요가 확대되고 전기차 생산이 늘어나면서 수요가 급격히 증가하고 있다.

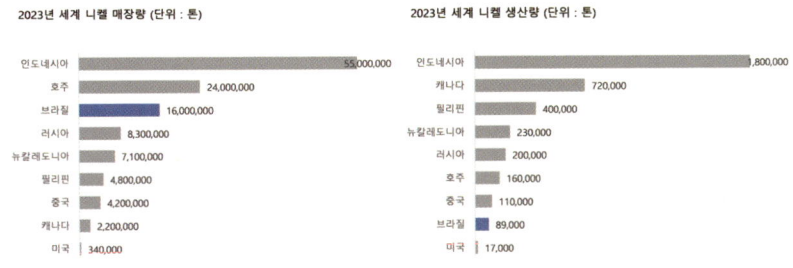

세계 니켈 매장/생산량 순위

[자료: 미국 지질조사국(USGS)]

브라질의 니켈은 주로 미나스제라이스주, 바이아주, 파라주, 고이아스주에 많이 매장되어 있다. 브라질 중부 고이아스주에는 니켈란지아(Niquelândia)라는 도시가 있는데, 예전부터 니켈이 많이 발견되었기 때문에 지명에 니켈이 붙게 되었다. 이 지역은 1903년 산타카타리나주 출신의 프라이문드 하인리히(Freimund Heinrich)라는 지질학자가 금을 찾다가 우연히 니켈 매장지를 발견하면서 알려졌다.

브라질의 주요 니켈 회사는 철광석으로 유명한 발리(Vale)인데 2006년 캐나다 니켈 회사인 인코(INCO)를 인수하면서 본격적으로 니켈 사업에 뛰어들었다. 이후 브라질뿐 아니라 인도네시아, 캐나다 등지에 니켈광산 및 제련소를 운영하고 있다. 우리나라에도 영풍, 고려아연 등과 유틸리티 니켈을 생산하는 회사인 코리아니켈을 운영했었다. 코리아니켈은 발리가 운영하는 뉴칼레도니아 등 광산에서 니켈 원료를 수입하여 유틸리티 니켈로 가공하고 국내 제철 회사에 공급하였다. 하지만 발리가 뉴칼레도니아에 있는 고로 광산/제련소를 매각하면서 니켈 공급이 원활하지 않아졌고 포스코 및 고려아연도 독자적인 니켈 공급망을 구축해 결국 2023년 청산하기로 결정했다.

우드 맥킨지(Wood Mackenzie)에 따르면 2023년 기준 브라질에서는 4개의 니켈 프로젝트가 진행 중에 있고 4개가 개발 단계에 있다. 발리가 파라주 옹싸퓨마(Onça Puma) 니켈광산 및 제련소에서 페로니켈을 생산하고 있고, 앵글로아메리칸이 바후알토(Barro Alto), 코데민(Codemin) 프로젝트를 통해 역시 페로니켈을 생산한다. 한편 아피안캐피탈(Appian Capital)은 바이아주 산타히타(Santa Rita) 광산에서 연산 11만 톤의 황화광 니켈정광을 생산하는 중이다.

발리(Vale Base Metals)의 니켈 프로젝트

프로젝트명	Onça Puma	Sudbury Division	Voisey's Bay	Manitoba Division	Sorowako
지역	브라질	캐나다	캐나다	캐나다	인도네시아
종류	페로니켈	니켈정광	니켈정광	니켈정광	니켈매트
개시 연도	2011	1997	2005	1997	1997

[자료: Vale Base Metals 사업 소개자료]

한편 호리존치 미네랄스(Horizonte Minerals)는 아라구아이아(Araguaia), 베르멜류(Vermelho) 프로젝트를 통해 페로니켈, 니켈정광을 생산하려고 하고, 센터우루스메탈스(Centaurus Metals)는 재규어(Jaguar) 프로젝트를 통해 황화광 니켈정광을 개발하려고 한다. 마지막으로 브라질리안 니켈(Brazilian Nickel)은 브라질 피아우이주(Piauí)에 있는 광산에서 니켈을 채굴하여 니켈 혼합물(MHP)을 생산하는 사업을 추진 중이다.

아직 브라질 니켈 사업은 인도네시아, 캐나다, 필리핀, 뉴칼레도니아, 러시아 등 주요국에 비해서는 개발 규모가 미미하고 생산하는 품목도 스테인리스강을 생산하는 데 들어가는 페로니켈 등 소수 품목에 한정되어 있다. 최근까지만 해도 이차전지용 NCM 전구체를 만드는 데 들어가는 황산니켈을 생산하기 위해 주로 니켈 황화광 계통 제품이 많이 사용되었다. 반면 브라질은 니켈 산화광이 주로 채굴되기에 배터리용 니켈 개발 관련 크게 관심을 받지 못한 점도 있다.

하지만 니켈 매장량이 워낙 풍부하기 때문에 장기적으로 많은 광물 회사들의 관심을 끌 것으로 예상된다. 최근에는 니켈 산화광을 바탕으로 MHP, MSP 등 중간 물질을 생산하고 황산니켈 원료로 투입하는 공정도 상용화되었기 때문에 '브라질 니켈'처럼 MHP 등을 생산하는 회사들도 늘어날 것으로 전망된다.

아직 우리나라 니켈 공급망 관련해서는 인도네시아, 호주 등 거리가 가깝고 가시적인 성과가 기대되는 지역에 투자가 집중되어 있다. 하지만 장기적으로는 브라질도 풍부한 매장량을 바탕으로 유력한 대체공급처로 떠오를 날이 올 것으로 예상되기에 관심을 가지고 지켜볼 필요가 있다.

Horizonte Minerals의 브라질 니켈 광산/처리시설

[자료: Horizonte Minerals 홈페이지]

브라질은 세계 2위의 천연흑연 매장국

　천연흑연은 내식성 기구 및 내열성 장비의 재료, 연필이나 샤프심, 전기 용광로의 전극, 원자로의 중성자 감속재 등의 원료로 활용되었으며 최근 전기차 생산량이 늘어나면서 이차전지 음극재 원료로서의 수요가 급증하고 있다. 미국 지질조사국(USGS)에 따르면 브라질은 2023년 흑연 매장량 세계 2위, 생산량 세계 4위를 기록했다. 매장량은 7,400만 톤, 생산량은 7만 3천 톤이었다. 중국의 연간 생산량인 123만 톤에 비해서는 아직 미미하지만 매장량이 풍부하므로 향후 성장 잠재력이 크다. 브라질 내에서는 미나스제라이스주와 바이아주에 90% 이상이 매장되어 있다.

　브라질의 주요 흑연 회사로는 '엑스트라치바 메탈퀴미카(Extrativa Metalquimica)', '나시오나우 지 그라피치(Nacional de Grafite)', '사우스스타 배터리 메탈스(South Star Battery Metals)' 등이 있으며 이차전지용 천연흑연을 개발하는 회사들이 늘어나고 있는 추세다.

세계 천연흑연 매장/생산량 순위

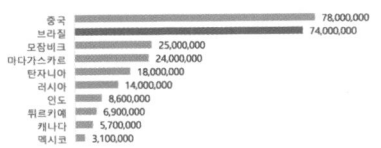

[자료: 미국 지질조사국(USGS)]

캐나다의 '사우스스타 배터리 메탈스'는 바이아주에서 산타크루즈 흑연 광산을 운영하고 있다. 광산 및 가공 시설 1단계 건설을 거의 완료하였고 2, 3단계 확장 프로젝트를 계획하고 있다. 1단계 사업이 완료되면 흑연 정광 연 1만 3천 톤을 생산할 수 있고, 2단계가 완성되면 연 2만 5천 톤을 생산할 예정이다. 2028년 3단계가 완성되면 생산량이 연 5만 톤으로 늘어난다.

영국 투자회사인 어피안 캐피탈(Appian Capital)은 바이아주 이타지미림(Itagimirim)에 흑연광산을 운영하는 데 2024년 3억 5,000만 헤알을 투자하여 선광공장을 건설할 것이라고 밝혔다. 완성되면 연간 5천 500톤의 천연흑연을 생산할 수 있다. 브라질에서 생산된 천연흑연은 미국 공장으로 운송해 가공할 예정이다. 향후 고순도 천연흑연을 세계 각지의 이차전지 음극재 회사에 납품할 계획을 가지고 있다. 우선 2025년 고객들에게 샘플을 보내서 테스트하고 수요가 충분하다면 생산량을 2만 5천 500톤까지 늘리고 브라질에 흑연 가공 공장까지 건설할 예정이다.

2023년 11월 중국 정부가 흑연을 수출 관리품목으로 지정하면서 우리나라 흑연 수요 회사들은 큰 혼란에 빠졌었다. 국내에서 사용되는 흑연은 중국에서 들어오기 때문에 중국이 수출을 금지하면 이차전지 음극재, 디스플레이 방열시트 등 상당수의 소부장 품목들이 타격을 입는다. 미국 정부도 IRA 법안을 통해 중국 등 우려 국가에서 생산된 흑연 등 핵심 광물에 제재를 가하고 있다.

이 같은 추세가 이어진다면 브라질이 흑연 대체공급처로 떠오르고 흑연 생산량이 대폭 증가할 가능성이 많다. 아직은 '사우스스타 배터리 메탈스', 어피안 캐피털 등이 광산 및 제련소 투자를 진행하고 있으며 우리나라 기업들이 필요로 하는 음극재용 고순도 천연흑연 생산량이 많지 않다. 하지만 점차 기술 고도화를 통해 주요 수요기업들의 테스트를 통과하고 생산 단가도 줄일 수 있다면 세계 주요 흑연 생산의 다크호스로 떠오를 수 있을 것으로 기대된다.

South Star Battery Metals 브라질 흑연광산

[자료: South Star Battery Metals 홈페이지]

ESG는 브라질 광업의 필수 요소

광산 회사들은 광물을 가공하고 난 후 나오는 폐기물을 쌓아두기 위해 광미댐(Tailing Dam)들을 운영한다. 원광은 불순물을 제거하고 순도를 높여 제련소로 운송하는데 이 과정에서 염산, 황산 등 화학물질이 대거 사용된다. 화학물질에 범벅이 된 폐기물을 액체 상태로 광미댐에 쌓아둔다. '쿼드릴라테로 페리페로(Quadrilátero Ferrífero)', 카라자스(Carajás) 등 철광석 광산들 주변에 수많은 광미댐들이 운영되고 있다. 'SOS 마타 아틀란치카(SOS Mata Atlântica)'에 따르면 브라질 전국에 760개가 넘는 광미댐이 있다.

브라질 광산 기업들이 생산하는 광물이 연 3~4억 톤에 달하는데 처리 과정에서 엄청난 양의 폐기물이 발생되며, 이들을 쌓아두는 광미댐의 규모도 거대할 수밖에 없다. 한편 발리가 미나스제라이스주에 운영하는 브루마지뉴(Brumadinho) 광산의 광미댐이 2019년 1월 붕괴되고 아랫마을을 덮쳐 현장 인부 및 주민 270명이 사망했다. 댐에 들어 있던 1,200만 ㎥의 독극물이 퍼져 나가면서 환경오염도 발생했다. 발리는 이 사건 이후 70억 달러의 과징금을 납부했다. 주변에 흐르던 파라오페바(Paraopeba)강 수원지에도 오염물질이 흘러 들어갔다. 이 강은 18개 도시에 거주하는 60만 명이 식수로 사용하고 있었다.

그 이전인 2015년에는 발리와 BHP가 운영하는 마리아나(Mariana) 광산의 광미댐이 붕괴되어 19명이 사망하고 29개 도시가 침수되었다. 약 3,400만 m³의 독성 광산 폐기물이 흘러나와 주변 지역을 오염시켰고 43만 명이 직간접적으로 피해를 보았다. 이 경우에도 주변에 흐리는 '도씨(Doce)'강의 생태계를 망가트렸고 36개 도시에 사는 사람들이 피해를 보았다. 두 회사는 1,270억 헤알(약 34조 원)의 합의금을 지불하기로 했다.

이 사건 이후 브라질 광산 회사들은 안전, 환경 등 ESG에 많은 투자를 하고 있다. 경영을 잘해서 막대한 수익을 올리더라도 한 번의 실수로 인명이나 환경이 피해를 입는다면 수십~수백억 달러의 벌금을 내야 하며 기업 이미지도 나빠진다. 아무리 큰 글로벌 광산 기업이라도 연 수십억 달러의 이익을 내는 것은 쉽지 않다. 사건 한 번에 수년~수십 년간 벌었던 돈을 잃을 수 있다.

발리가 운영하는 미나스제라이스주의 한 철광석 광산을 방문한 적이 있다. 약간 자극적인 냄새가 풍기는 한 공정시설이 있어 무엇인지 물어보니 광미댐에 쌓아둔 물질을 원료로 벽돌을 만들어 미나스제라이스 각지에 있는 마을에 무료로 공급한다고 한다. 브루마지뉴 사태 이후 광산업체들은 광산 폐기물에서 습기를 제거하여 고체로 쌓아두거나 벽돌을 만들어 사용하고 있다. 어쩔 수 없이 운영되는 광미댐에도 구석구석 센서를 설치하고 드론 등이 상시로 순찰을 해서 유사한 사태를 예방하고 있다. 많은 광산 회사들 및 지방정부들은 광미댐의 붕괴 신호가 예측되면 하류에 거주하는 주민들에게 재난문자를 발송하는 시스템도 구축하였다.

발리는 2023년 기준 39개의 광미댐을 운영하는데 폐기물을 댐에 넣기 전에 대형 필터에서 습기를 제거한다. 습기가 제거되는 만큼 폐기물 양이 줄어들고 고체 형태로 쌓아두면 붕괴 위험도 낮아진다.

철광석 광산 및 제철소를 운영하는 브라질 회사인 CSN도 광산 폐기물에서 습기를 제거하고 대형 자석으로 유가금속을 찾아 재활용한다. CBMM은 니오븀광산 폐기물 속에서 희토류를 추출한다. 남아프리카공화국 금광회사 앵글로골드 아샨티(AngloGold Ashanti)도 브라질 사업장에서 건조 방식으로 광물 폐기물을 처리하고 있다. 이 회사는 2017년에 16억 헤알을 투자해 미나스제라이스주 및 고이아스주에 위치한 여러 광산에 '폐기물에서 필터로 습기를 제거하는 시설'을 설치했다. '미나스제라이스 연방대학교(UFMG)'와 '산업 연구혁신 공사(Embrapii)'는 철광석 슬래그를 재활용하고 기타 폐기물로 시멘트·벽돌을 생산하는 방법을 연구하고 있다.

브라질 탄소배출량 중 광산업이 차지하는 비중은 2020년 기준으로 5%에 달한다. 광물 및 제련 기업들은 탄소배출량 절감에 대한 국제적 요구가 강해지고 지속가능한 경영을 하기 위해 신재생에너지발전소에 직접투자를 하거나 해당 기업들로부터 전력을 구매하고 있다. 발리는 2025년까지 사업장에서 사용하는 전력 100%를 신재생에너지발전소에서 확보할 계획이다. 미나스제라이스 북부에는 '소우 두 세하두(Sol do Cerrado)'라는 라틴아메리카에서 가장 큰 태양광발전소를 건설하고 있다. 앵글로아메리칸은 24억 헤알을 투자해서 전력 회사 카사두스벤투스(Casa dos Ventos)와 히우그란지두노르치주에 504MW 규모의 풍력발전소를 건설할 계획이다.

브라질에서 금속을 구매하면 제품명이 '그린실리콘', '그린마그네슘' 등으로 표기되어 있는 것을 종종 볼 수 있다. 금속 색이 초록색이 아니라 친환경 전력을 활용해 생산하여 탄소배출을 줄인 제품을 의미한다. 브라질 광물, 금속 기업들은 공정에 친환경 발전원을 사용한 것을 적극 어필하고 있다.

광산 회사들은 수자원 재활용에도 많은 투자를 하고 있다. 발리의 카라자스(Carajás) 광산은 2021년 1억 1,900만 m³의 물을 사용했는데 2020년보다 18% 절감된 수치다. 발리는 2014년부터 수자원 재활용 비율을 80%로 유지하고 있다. 아르셀로미탈도 5,000만 헤알(약 1,000만 달러)을 투자해서 이스피리투산투주 플랜트 인근에 시간당 500m³의 물을 정수할 수 있는 담수화 플랜트를 건설했다.

앵글로아메리칸은 2022년 6월 아수 항만(Porto do Açu)과 '광물을 운반하는 관'에 투입되는 물을 재활용하는 시설을 건설하겠다고 발표했다. 앵글로아메리칸은 미나스제라이스주의 '컨세이써웅 두 마토덴트로(Conceição do Mato Dentro)' 광산에서 생산된 철광석을 529km에 달하는 운송관을 통해 항만까지 옮긴다. 지금까지는 광물을 빼낸 물을 바다에 버렸지만 앞으로는 폐기 전 필터로 불순물을 제거할 예정이다.

호리존치 미네랄스는 아라구아이아(Araguaia) 니켈광산에 사용한 용수의 90%를 재활용할 계획이다. 이 회사는 아하이스(Arrais) 강에서 시간당 220m³의 용수를 끌어 쓰고 있다.

광산업은 환경에 미치는 영향이 지대한 만큼 ESG 준수가 중요하다. 그만큼 신규 업체들은 진입하기 어려워지고 기존에 수십 년간 광산 개발을 하여 노하우가 쌓인 기업들에게는 진입장벽이 구축되는 효과도 있을 것이다. 브라질 정부는 환경 이슈에 민감하다. 아무리 기술력이 좋고 사업모델이 탄탄해도 사소한 환경문제를 간과하여 사업 자체가 엎어지는 일도 벌어질 수 있다. 광업, 농업, 에너지 산업 모두 브라질에서 안정적인 공급망을 구축하기 위해서는 환경적인 요소를 철저히 고려할 필요가 있다.

4

물류·모빌리티로 보는 브라질 공급망

브라질의
지나치게 높은 물류 비용

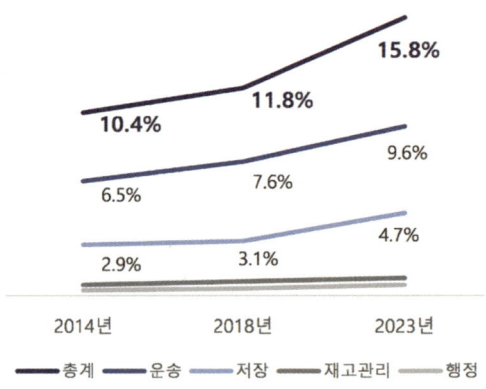

브라질은 많은 인구, 풍부한 자원, 넓은 국토 등을 보유해 일찍부터 브

릭스(BRICs)의 핵심 국가였다. 앞의 장들에서 설명한 것과 같이 농업, 에너지, 광업 경쟁력이 뛰어나 세계 공급망의 허브가 될 수 있는 조건을 가지고 있다. 하지만 복잡한 법률과 규제, 비효율적인 행정절차, 열악한 물류 인프라, 높은 세금 등으로 인해 경제 성장이 잠재력에 비해 제약되는 '브라질 코스트(Brazil cost)' 때문에 사업 환경이 좋지 않다. 이 책에서는 '브라질 코스트' 중에서도 물류 측면을 자세히 다룰 예정이다.

2023년 브라질의 총 물류 비용은 약 1조 260억 헤알(2,052억 달러)이었으며 그중 도로를 통한 물류비는 무려 8,860억 헤알(1,772억 달러)에 달했다. 수많은 화물이 트럭을 통해 브라질 전역으로 운송된다. 국내총생산 총액 중 물류비 비중은 2023년 15.8%나 되었다. 높은 물류비는 기업 활동에도 제약 사항으로 작용한다. 2023년 브라질 기업 매출액 중 물류비 비중은 12.4%로 인도(10.8%), 중국(9.3%), 캐나다(8.9%), 미국(8.5%) 등에 비해 월등히 높았다.

개별 산업들을 보면 광업(26.1%), 제지/셀룰로스(21.7%), 농업(20.7%) 등 브라질 주요 산업군에 속하는 기업들의 매출 중 물류비 비중이 특히 높은 것을 확인할 수 있다. 농업의 경우 비료, 작물보호제, 종자 등의 원료를 수입하여 내륙 깊숙이 있는 곡창지대에 공급해야 한다. 농가들이 재배한 농산물도 수출을 위해 다시 도로나 철도를 통해 항만까지 운송해야 한다. 광물도 미나스제라이스주나 파라주 등 광산이 많은 지역에서 채굴되어 일련의 가공 작업을 거친 후 철도나 도로를 통해 항만으로 이동한다. 물류비가 높으면 원자재의 수출 경쟁력이 악화될 수밖에 없는 구조다.

브라질이 경쟁국에 비해 물류비가 비싼 이유는 무엇일까? 일단 나라가 크고 그동안 투자가 적극적으로 이루어지지 않아 도로, 항만, 철도, 공항 등 인프라가 부족하고 열악한 편이다.

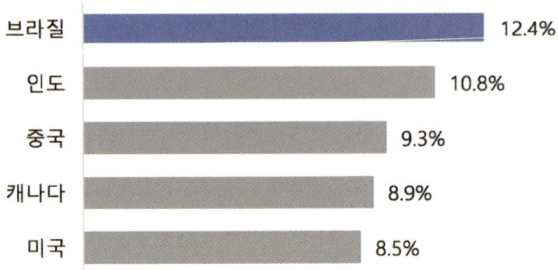

[자료: Fundação Dom Cabral]

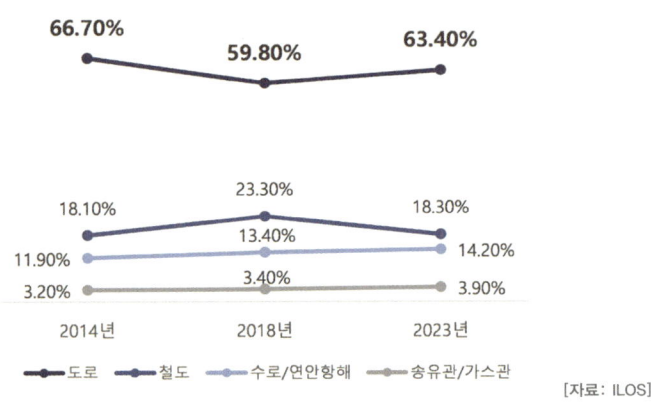

[자료: ILOS]

　브라질 곡물 수출협회(Anec)가 2024년 3월 조사한 보고서에 따르면 브라질 최대 곡창지대 중 하나인 마투그로수주의 소히소(Sorriso)에서 산토스항(Porto de Santos)까지의 내륙 운송비는 103달러/톤이었다.

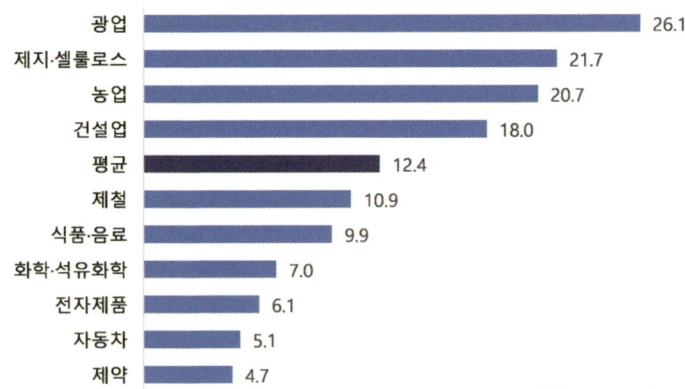

반면 아르헨티나의 주요 곡창지대인 코르도바주(Córdoba)에서 로사리오항(Puerto de Rosario)까지 내륙 운송비는 17달러/톤, 미국 일리노이주(Illinois)에서 뉴올리언스항(Port of New Orleans)까지 동일 비용은 16.50달러/톤에 불과했다.

실제로도 상파울루 도시 내부에서 이동하거나 캄피나스(Campinas), 상조세두스캄푸스(São José dos Campos) 등 인근 대도시까지 이동할 도로 인프라가 그렇게 나쁘다는 생각이 들지 않는다. 상파울루시가 재정수입이 많아 자체적으로 국도 유지보수를 많이 하고 관리가 잘되는 민자 고속도로가 많기 때문이다. 하지만 상파울루주를 벗어나거나 다른 내륙 도시를 가면 왕복 2차선 도로가 대부분이다. 관리가 잘되지 않아 중간중간 팟홀(Pot Hole)이 있는 도로도 많으며 잘못 밟고 지나가면 차가 크게 고장나기도 한다.

그나마 포장이 되어 있는 도로는 양반이다. 브라질 통계를 보면 전체 도로에서 포장이 되어 있는 도로 비중은 높지 않다. 전국 구석구석에 도로가 완벽하게 설치된 우리나라에 거주하는 사람 입장에서는 이해하기 쉽지 않지만 현실이다.

현재 브라질은 대두, 옥수수와 같은 주요 농산물을 중국, 중동, 동남아시아 등으로 대량으로 수출하고 있다. 미-중 무역분쟁, 우크라이나-러시아 전쟁 등으로 브라질 농가들이 반사이익을 얻고 있지만, 무역분쟁이 타결되는 등 상황이 변화된다면 브라질 농가들은 높은 물류비로 경쟁력을 잃어 타격을 입을 수도 있다. 경쟁력을 유지하기 위해서는 물류비를 낮추고 생산성을 높이는 등 부단한 노력을 기울여야 한다.

브라질에는 원유나 천연가스 등 화석연료를 운반할 수 있는 송유관/가스관, 처리 시설 등도 부족하다. 그래서 에너지 회사들은 리우데자네이루 앞바다에서 생산한 천연가스의 절반 정도를 다시 광구에 주입한다. 이러한 인프라 미비로 제조원가가 올라서 정유, 비료, 석유화학 등 관련 산업들이 잠재력에 비해 경쟁력을 갖지 못하고 있다.

이번 챕터에서는 브라질의 물류·모빌리티 산업의 현황과 이를 개선하기 위한 기업이나 정부의 노력에 대해 살펴보도록 하겠다.

브라질 물류 인프라의 이상과 현실

'브라질 인프라/기간 산업 협회(Abdib)'에 따르면 브라질이 선진국과 동등한 조건의 제조 경쟁력을 갖기 위해서는 매년 국내총생산의 2.26%에 해당하는 2,424억 헤알(약 485억 달러)을 물류 인프라에 투자해야 한다. 하지만 2023년 투자액은 414억 헤알(약 83억 달러)에 불과했고 2024년에는 665억 헤알(약 133억 달러)로 예상된다. 브라질의 넓은 국토를 고려할 때 매년 이 정도의 투자만 이루어진다면 물류 인프라 개선은 요원하다.

브라질은 획기적인 물류망 개선을 위해 민간 투자를 이끌 필요가 있다. 브라질 전국 교통연맹(Confederação Nacional do Transporte)에 따르면 2024년 연방정부와 관련 공기업의 물류 관련 예산은 175억 헤알에 달하지만, 고정비 비중이 높아 신규 물류 인프라 프로젝트에 투자할 자금이 부족하다. 그래서인지 브라질의 철도, 고속도로, 가스관 등 물류 인프라 프로젝트는 양허(Concessão) 및 민관합작투자사업(PPP) 형태가 많다. 모두 민간 기업이 사업에 참가하여 인프라를 건설하거나 유지보수하고 일정 기간 동안 운영하면서 투자금을 회수하고 수익을 거두는 구조다.

정부의 전문가들은 브라질 물류 인프라 관련 민간 투자를 이끌기 위해서는 PPP 및 양허사업 제도에 손을 봐서 기업들이 불가항력적인 리스크를 회피할 수 있게 해야 한다고 주장한다. 예를 들어 2024년에는 히우그란지두술주에 엄청난 양의 폭우가 내려 도로, 철도, 공항 등 인프라가 잠겼고 관련 회사들도 큰 피해를 보았다. 이런 불가항력적인 사태가 터지면 인프라에 투자한 기업들은 대규모 손실을 입게 된다.

예상치 못한 제도나 규제가 나타나서 프로젝트가 난항을 겪게 되는 경우도 있다. 예를 들어 기업이 연방정부가 주도하는 철도나 도로 사업에 참여하는데 갑자기 시정부가 부동산세(IPTU) 납부를 요구해서 예상치 못한 비용이 들고 프로젝트 수익성이 낮아지는 사례도 있었다. 보통 양허 기간은 30년인데 그 사이 5~6번의 정권이 바뀔 수 있으며, 정부에서 인프라 투자 관련해 어떤 정책을 제시할지 모르기 때문에 사업자들은 불안할 수밖에 없다.

프로젝트 파이낸스 등 다른 나라에서 인프라 프로젝트를 활성화시키기 위해 진행하고 있는 금융 제도도 브라질에서는 아직 생소하다. 2023년 브라질의 산업은행 격인 경제사회개발은행(BNDES)의 고속도로, 공항, 철도, 항만용 프로젝트 파이낸스 금액은 67억 헤알에 불과했다.

룰라 정부는 인프라 투자를 촉진하기 위해 2023년 신성장 프로그램(3차 PAC)을 발표했으며 3,694억 헤알(약 700억 달러)을 물류/교통 인프라 투자액으로 책정했다. PAC는 정부와 민간 기업 등이 건설, 위생, 에너지, 물류 분야 개선을 위해 대규모 투자를 집행해 경제 성장을 촉진하는 것을 목표로 한다. 물류 인프라 관련해서는 도로(2,060억 헤알), 철도(944억 헤알), 항만(548억 헤알), 공항

(102억 헤알), 수로(41억 헤알) 순으로 많은 예산이 배정되었다. PAC은 2000년대 중순부터 개시되었는데, 1차 PAC은 룰라 대통령 집권기인 2007~10년, 2차 PAC은 지우마 호세프 대통령 집권기인 2010년 추진되었다.

브라질 회계감사법원(TCU)에 따르면 과거 정부들도 PAC을 적극적으로 추진했지만 5,334개의 프로젝트가 완공되지 않은 채로 종료되어 3차 PAC에 대한 시장의 기대감은 생각보다 높지 않다.

3차 신성장 프로그램(PAC) 재원

(단위: 십억 헤알)

연방정부 예산, 371	주정부 공기업, 343	금융조달, 362	민간, 612

<총 1.69조 헤알>

[자료: PODER 360]

PAC이 성공적으로 추진되기 위해서는 민간 투자가 활발하게 진행되야 하지만 생각보다 쉽지 않다. 투자 리스크 및 높은 금리 때문에 CCR, 에코-호도비아스(Eco-Rodovias), 후모(Rumo) 등 주요 물류 인프라 운영 기업들은 상파울루주, 리우데자네이루주, 파라나주 등 인구가 많고 산업이 발전된 지역 위주로 투자를 진행한다. 예를 들어 공항의 경우 리우데자네이루에 위치한 산투스두몽(Aeroporto Santos Dumont) 공항 운영 양허사업의 경우 경쟁이 치열하지만 내륙, 북동부 등 수익성이 낮고 리스크가 큰 지역의 경우 유찰되는 경우가 허다하다. 정부는 사업성을 높이기 위해 여러 지방 공항 운영 사업을 묶어 경매에 부치기도 한다.

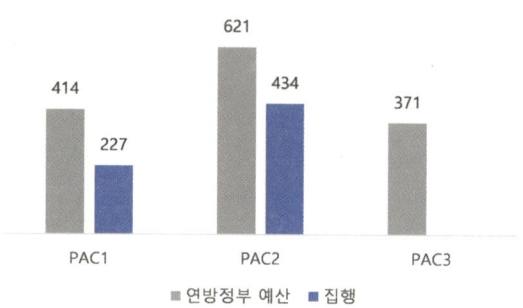

신성장 프로그램(PAC) 중 연방정부 예산 집행률

[자료: PODER 360]

　브라질은 대륙인 만큼 이른 시일 안에 물류 인프라 개선을 기대하기 어렵다. 브라질의 26개 주 모두 인구, 산업, 자연환경, 제도 등이 다르므로 일괄적으로 개발 사업을 추진하기가 쉽지 않다. 지역 간 물류 인프라 격차도 크기에 상파울루주, 파라나주, 히우그란지두술주 등 인프라가 좋은 지역에 기업들의 투자도 집중되고 있다. 브라질의 물류 경쟁력 향상을 위해서는 민간 기업이 양허사업이나 PPP에 쉽고 안정적으로 참여할 수 있게 제도를 개선하는 등 정부의 부단한 노력이 필요하다.

물동량 증가로 주목받는 브라질 북부 항만

전통적으로 브라질의 해운운송은 남부 항만을 중심으로 발전했다. 상파울루주의 산토스(Santos), 파라나주의 파라나구아(Paranaguá) 등은 브라질의 주요 항만이다. 과거 커피, 사탕수수(설탕), 대두, 옥수수 등 농산업 및 광업이 남부를 중심으로 발전하였기 때문이다. 1900년대가 들어서기 전 브라질 내륙이나 북동부 지역은 사람도 많이 거주하지 않고 산업도 발전하지 않은 고립된 지역이었다.

1900년대 중반 이후 브라질 내륙의 마투그로수주, 고이아스주 등지가 황무지에서 주요 곡창지대로 변모했음에도 불구하고 북쪽으로 이어지는 도로/철도 인프라 및 북동부 해안의 항만 인프라가 부족해서 대부분의 물량은 남쪽 항만으로 향했다. 자연스럽게 병목현상이 극심해졌고 물류비도 높아졌다. 한정된 인프라에 운송량이나 수요가 늘어나면 비용이 높아질 수밖에 없다. 브라질 내륙을 여행하다 보면 큰 트럭들이 왕복 2차선 도로에서 정체되어 시속 20~30km의 느린 속도로 움직이는 모습을 흔하게 볼 수 있다.

다행히 2010년대 중반 이후 인프라 투자가 집중적으로 진행되면서 수출하기 위해 북부 항만으로 이동하는 원자재 물량이 늘어나고 있다. 브라질 농축산업연맹(CNA)에 따르면 2013년 곡물 수출량의 13.2% 만이 북부 항만에서 선적되었는데 이 비율은 2022년 37.1%까지 늘어났다. 연방정부도 전략적으로 브라질 북쪽 항만으로 향하는 인프라 프로젝트들을 다수 추진하고 있다.

상루이스(São Luís), 세르지피(Sergipe), 일례우스(Ilhéus) 등 북동부 해안에 있는 항만 투자가 대폭 늘어났고 항만까지 연결하는 도로 및 철도도 많이 건설되었거나 건설될 예정이다. BR-364, BR-163, BR-155 등 수십 년 전에 건설되어 상태가 악화된 고속도로 증설이나 개보수 작업도 활발하다.

북부 항만으로 이동하는 대표적인 한 경로를 보면 브라질 최대 곡창지대인 마투그로수주에서 생산되는 대두나 옥수수는 트럭을 통해 마데이라강(Madeira), 아마존강(Amazonas), 타파조스강(Tapajós) 어귀까지 운송되어 바지선에 선적된다. 바지선은 강을 따라 항만까지 이동하고 벌크선에 곡물을 환적하여 유럽, 중동 등 소비국으로 운송한다.

브라질 농업 중심지가 점차 북쪽으로 이동하면서 북부 항만의 존재감은 더욱 커질 것이며 관련 인프라 투자도 늘어날 것이다. 브라질 농축산업연맹(CNA)에 따르면 브라질의 수도 브라질리아가 걸쳐져 있는 남위 16도보다 북쪽에 있는 농장에서 생산된 곡물의 경우 북부 항만에서 선적되는 것이 산토스, 파라나구아 등 남쪽 항만으로 이동하여 선적되는 것보다 경제적이다.

남위 16도 북쪽의 주요 곡물 수출항 및 운송경로

[자료: 브라질 농축산업연맹(CNA)]

    곡물 터미널이나 엘리베이터를 건설하는 비용을 아끼고자 북부 항만에서는 부유식 터미널(Terminais Flutuantes)도 많이 도입되고 있다. 부유식 터미널이 있으면 바지선을 한쪽, 벌크선을 반대쪽에 세우고 곡물을 옮겨 실을 수 있다. 카길, ADM 등 곡물 메이저 회사들은 항만에 곡물사일로나 엘리베이터를 많이 운영하고 있다. 하지만 이들 투자를 하는 데는 막대한 금액이 들어간다. 부유식 터미널을 이용하면 터미널 건설에 걸리는 기간과 비용을 줄일 수 있다.

브라질의 곡물 수출 선적량 중 남·북부 항만 비율

* ACRO SUL: 남부, ACRO NORTE: 북부

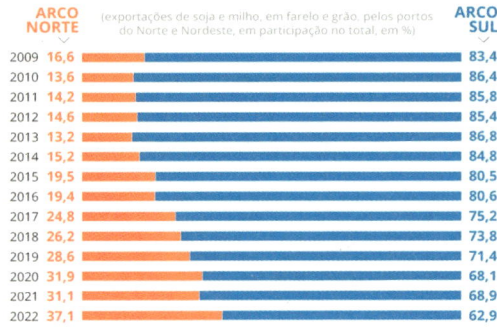

[자료: PODER 360]

    물류 인프라가 건설되면서 브라질 북부, 북동부 지역은 점차 발전할 것으로 예상된다. 물류 비용이 감소하면서 브라질이 수출하는 원자재의 단가 경쟁력도 높아질 것이다. 리우데자네이루, 산토스 등 브라질의 전통적인 항만들이 성장한 것은 과거부터 커피, 금, 철광석 등의 수출이 집중적으로 이루어졌기 때문이다. 과연 북부, 북동부 지역이 브라질의 새로운 물류 중심지로 성장하면서 해당 지역의 성장을 이끌 수 있을지 기대가 된다.

브라질 철도 산업은 왜 발전이 더딜까?

　브라질의 철도는 커피를 브라질 최대 항구인 산토스항으로 운송하기 위해 건설되기 시작했다. 19세기 중반부터 리우데자네이루주, 상파울루주에서 커피 경작이 급증해 수출 항구로의 운송이 시급했기 때문이다. 브라질의 첫 철도는 1850년대 페드로 2세가 칙령을 내려 마우아 남작(Barão de Mauá)이 건설했다. 1900년대 초까지 약 19,000km의 철도가 구축되었는데 2010년의 철도 길이가 30,000km인 것을 보면 그 당시 철도가 집중적으로 건설되고 그 이후에는 진전이 없었던 것을 확인할 수 있다. 현재 30,000km의 철도 중 1/2 정도는 운영되지 않거나 운영 빈도가 낮다.

　브라질은 국토가 넓고 광산, 농장 등 사업장이 전국에 퍼져 있어 철광석, 철강, 시멘트, 보크사이트, 곡물, 코크스, 비료, 석탄 등 원자재나 중간재 운송 수요가 많다. 중량 기준으로 철도 운송 용량의 과반 이상을 철광석 운반이 차지한다. 인도, 미국, 남아프리카공화국, 중국 등 다른 대륙 국가들과 비교해도 국토 면적당 철도 길이는 매우 짧은 편이다. 인도의 경우 1,000㎢당 철도 길이가 평균 33.04km에 달하는데 비교하여 브라질은 3.62km밖에 되지 않는다. 60% 이상의 화물은 도로를 통해 운송되고 있어 비효율성이 가중되는 중이다. 엄청난 양의 원자재를 도로를 통해 운반하려면 트럭 수가 많이 필요해 비용이 높아지며 탄소배출량도 많다.

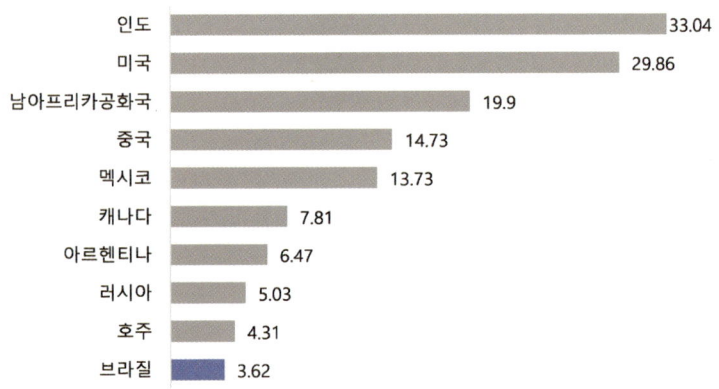

[자료: Associação Nacional dos Transportadores Ferroviários]

브라질의 철도 산업 발전이 늦은 것은 1960년대 새 행정수도 브라질리아를 건설하고 내륙 발전을 도모한 주셀리노 쿠비체크(Juscelino Kubitschek de Oliveira) 대통령이 자동차에 매료되어 전국에 고속도로를 설치하는 동안 철도 건설은 등한시한 탓이 크다. 추가로 대부분의 초기 철도망은 커피 시대에 건설되었는데 당시 커피를 재배하던 지역이 상파울루주, 미나스제라이스주, 리우데자네이루주 등 상파울루 인근 지역이라 마투그로수주, 고이아스주 등 1900년대 중반 이후 집중적으로 개발된 내륙 지방까지는 철도가 연결되지 않았다. 만약 전통적으로 브라질 내륙 지역에 금, 다이아몬드, 커피 등 원자재가 많이 생산되었거나 안데스산맥이나 아마존 등 밀림이 없어서 페루, 칠레 등 태평양에 접한 나라들과 철도를 연결할 수 있었다면 브라질 내륙 지역에도 촘촘한 철도망이 건설되지 않았을까 짐작해 본다.

1980년대까지 브라질 철도망은 국영 기업이 운영하였지만 1990년대 초반 민영화 기조에 휩쓸려, 철도 사업권은 대부분 민간에 넘어갔다. 민간 기업은 정부의 철도 양허사업 입찰에 참가하여 낙찰받으면 철도망을 건설하고 25~30년 정도 운영한다. 이후 사업권을 반납하거나 다시 입찰에 참가하고 낙찰받으면 운영권을 유지할 수 있다. 보우소나루 정부 때는 신규 철도법이 국회를 통과하여 철도 운영 기업들이 정부 입찰에 참가하지 않고 철도 프로젝트를 기획하고 정부의 승인을 받으면 철도를 건설하고 사업을 진행할 수 있게 되었다.

브라질의 철도운송 회사들 중에는 철광석, 농산물 등을 생산하는 기업들의 계열회사들이 많다. 브라질 정부가 1990년대 기간 산업을 대거 민영화하면서 대형 민간 운송 회사들이 탄생했다. VLI는 브라질 최대의 광물 회사인 발리의 자회사이고, 후모 로지스치카(Rumo Logística)는 브라질의 대표적인 곡물 기업인 코산(Cosan)이 소유하고 있다. MRS도 발리, MBR, CSN, 우시미나스(Usiminas) 등 철광석이나 철강 회사들이 주요 주주로 있다. MRS는 2024년 기준 20,000여 개의 화물차, 670여 개의 기관차를 운영하고 있다.

브라질에서 원자재 운송을 위한 산업용 철도는 운송량이 많고 신규 투자도 꾸준하게 이루어지고 있지만, 여객용 철도는 발전이 더딘 편이다.

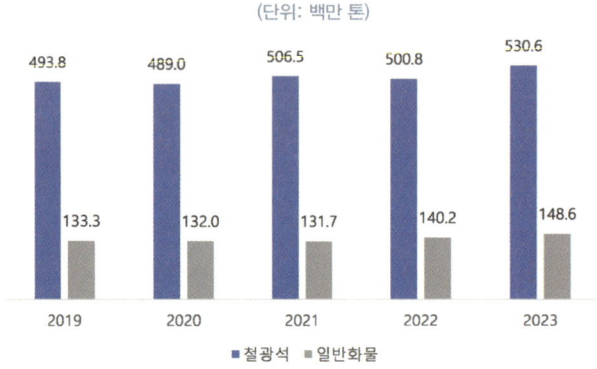

[자료: Associação Nacional dos Transportadores Ferroviários]

　운영되고 있는 몇 개 노선을 보자면 상파울루에서 근교 도시 준지아이까지 연결하는 경전철, 발리가 미나스제라이스주와 파라주의 광산 채굴권을 획득하면서 공공기여 형태로 해당 지역 근로자 및 주민들을 위해 건설한 '비토리아-미나스(Estrada de Ferro Vitória a Minas)', '카라자스 승객 노선(Estrada de Ferro Carajás)' 정도밖에 없다. 대도시들을 연결하는 노선은 없고, 도시와 근교 지역들을 이어주는 출퇴근용 경전철이 대부분이다. 2024년 2월에는 상파울루와 캄피나스를 연결하는 인터시티(Trem intercidades) 철도 사업자가 선정되었다. 중국 CRRC와 브라질 콩포르치(Comporte)가 구성한 'C2 모빌리다지 컨소시엄(Consórcio C2 Mobilidade)'이 낙찰받아 101km의 철도를 건설할 예정이다. 하지만 이 철도도 상파울루와 북서부의 근교 도시들을 연결하는 데 그친다.

　2010년대 초반에 리우데자네이루-상파울루-캄피나스를 연결하는 고속철 사업이 추진되었지만 사업자가 150~200억 달러에 달하는 자금을 투자하고 운영하면서 수익을 거둬들여야 하는데 사업성이 불투명하여 성사되지 않았다. 이미 GOL, LATAM 등의 대형 항공사들이 브라질 구석구석을 연결하는 항공 노선들을 운영하고 있어 고속철 사업이 사업성을 갖기는 쉽지 않을 것 같다.

오히려 브라질의 농산물, 광물, 셀룰로스 등 원자재 수출이 증가하면서 이들을 운송하기 위한 철도 프로젝트가 활발하게 진행될 것으로 예상된다. 교통부(Ministério dos Transportes)는 2026년까지 경제촉진프로그램(Nova PAC)의 일환으로 민관 합쳐 944억 헤알(약 150억 달러)을 철도 건설에 투자할 계획이라고 발표했다.

브라질에서 현재 검토·추진 중인 가장 큰 규모의 철도 프로젝트는 페호그라웅(Ferrogrão)으로 마투그로수주의 시노피(Sinop)와 파라주의 미리찌투바(Miritituba)를 연결하는 933km의 화물철도 노선이다. 만약 이 철도가 건설된다면 마투그로수주에서 생산되는 곡물을 북쪽 항만으로 신속하게 운송할 수 있어 물류 경쟁력이 향상될 것으로 예상된다.

현재는 마투그로수주에서 생산되는 곡물 상당량이 트럭을 통해 남부 항만으로 운송되거나 마투그로수주 혼도노폴리스(Rondonópolis)에 있는 터미널에서 기차로 환적되어 남부 항만으로 이동한다. 하지만 이 철도 노선의 운송 능력은 마투그로수주의 곡물을 전부 운송하기 역부족이다.

페호그라웅 철도가 건설되면 미리찌투바까지 대두와 옥수수가 운송되고 타파조스강을 따라 항만까지 이동하여 중국 등으로 향하는 선박에 선적될 수 있다.

이 프로젝트는 2015년부터 추진되었으나 인디언 및 환경 보호지역을 관통하는 것으로 기획되어 환경/사회운동가들의 극심한 저항에 부딪혀 아직까지 구체화되지 못하고 있다. 정부는 페호그라웅 프로젝트가 환경에 미치는 영향을 분석한 이후 추진 여부를 결정할 예정이다. 페호그라웅을 지지하는 사람들은 철도가 건설되면 12량의 화물기차에 400개의 트럭이 운송하는 양의 농산물을 실을 수 있어 물류비 및 탄소배출량이 감소될 것이라고 주장한다.

2023년 룰라 정부는 브라질 내륙 동서를 연결하고 바이아주 일례우스항까지 연결되는 'FIOL(Ferrovia de Integração Oeste-Leste)' 프로젝트 재개, 공사 시작 이후 35년 동안 완공되지 않고 있는 '남북 철도(Ferrovia Norte-Sul)' 공사 마무리, 트란스노르데스치나(Transnordestina) 철도 공사 개시 등 중점 철도 프로젝트들을 공개했다. 모두 사업성이 높은 프로젝트들이라 신속히 추진될 것으로 예상된다.

발리는 2022년 연방정부와 '카라자스 철도(Estrada de Ferro Carajas)', '페호 비토리아 미나스(Estrada de Ferro Vitoria Minas)' 철도 양허사업 계약 기간을 2057년까지 연장에 합의했고 240억 헤알(약 48억 달러)을 투자해서 철도를 현대화시킬 예정이다. 두 철도 모두 내륙 철광석 광산에서 캐낸 광물을 수출항까지 연결해 주는 역할을 한다. 발리의 물류 자회사 VLI는 '중부-대서양 철도(FCA)' 현대화도 추진하고 있다.

다른 광산 기업인 BAMIN은 바이아주 카에티테(Caetité)시에 철광석 광산을 운영하고 있다. 이 회사는 FIOL1 철도 노선 건설에 200억 헤알(약 40억 달러)을 투자할 것이라고 발표했다. FIOL은 브라질 동서를 연결하는 철도 프로젝트인데 BAMIN은 카에티테시와 일례우스 항만을 연결하는 537km의 첫 번째 노선을 담당할 예정이다. 이 노선의 연간 운송량은 6,000만 톤으로 BAMIN은 자사의 철광석을 운반하는 데 운송량의 약 40%를 배정하고 나머지는 곡물·광물·일반화물 등의 운송수요가 있는 화주들에게 판매할 예정이다.

브라질 철도 지도

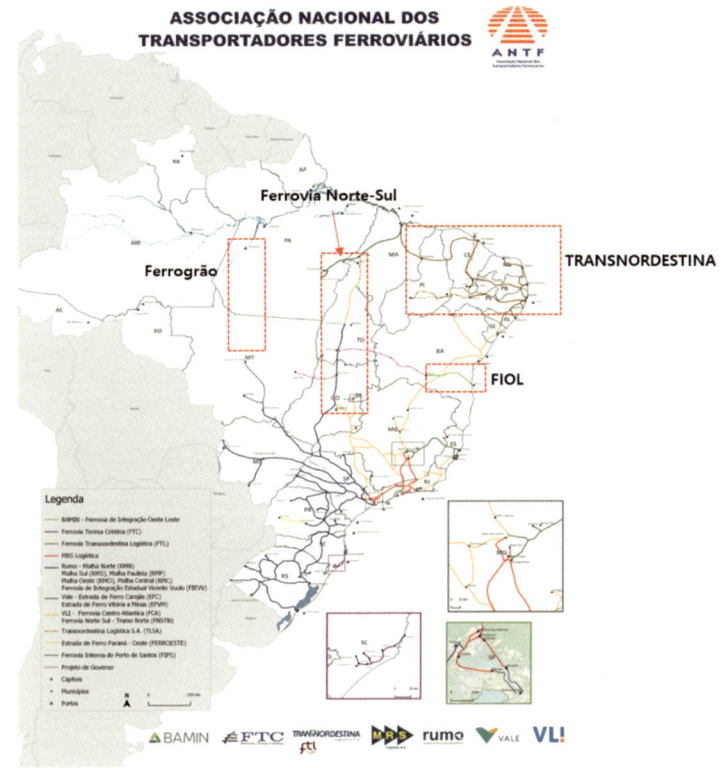

[자료: Associação Nacional dos Transportadores Ferroviários]

VLI는 2024년 비료를 수송하기 위한 2개의 철도 프로젝트를 기획하고 있는데 첫 번째는 마라냥주 이타키(Itaqui)에서 토칸칭스주 팔메이란치(Palmeirante)를 연결하고 두 번째 철도는 산토스항에서 미나스제라이스 우베라바(Uberaba)까지 연결할 예정이다.

상파울루주, 마투그로수두술주, 마투그로수주 등을 산토스항과 연결

4. 물류 · 모빌리티로 보는 브라질 공급망   203

하는 파울리스타 노선(Malha Paulista)의 철도 연장, 터미널 건설, 계약 갱신 등도 추진되고 있다. 파라나주에서는 마투그로수두술주의 마라카주(Maracaju)와 파라나구아 항구를 연결하는 페호에스치(Ferroeste) 철도 양허사업 경매도 추진될 예정이다.

 브라질은 트럭 운송 비중이 지나치게 높아 내륙 운송비가 높은 것이 구조적인 문제가 되고 있다. 트럭 운송량이 너무 많으면 물류비가 높아지고 환경에도 좋지 않다. 연간 수억 톤의 곡물 및 광물을 운반하기 위해 쉴 새 없이 트럭들이 브라질 전역을 이동한다고 생각해 보자. 얼마나 비효율적이고 탄소배출 등 공해를 많이 일으키는 활동인지 느낄 수 있을 것이다.

 미국, 중국 등과 같이 철도가 브라질 전역에 설치된다면 국가 경쟁력이 획기적으로 높아질 것이다. 하지만 지금의 제도 체계 및 투자 환경을 고려할 때 점진적으로 오랜 시간에 걸쳐 건설이 이루어질 것으로 예상된다. 일단은 수익성이 높은 원자재 운송 노선을 중심으로 투자가 진행되고 차츰 지방 구석구석까지 사업이 확장될 것이다.

브라질은
왜 유료 도로가 많을까?

브라질에서 운전을 하다 보면 도로에 따라 관리 상태의 차이가 참 크다고 느끼게 된다. 인구가 많고 산업이 발전한 대도시 인근에는 유료 고속도로가 많고 관리가 잘되어 있다. 하지만 내륙으로 들어가거나 북부, 북동부 등 소득이 낮은 지역으로 가면 비포장 도로도 많이 있고 포장이 있더라도 도로 중간중간에 있는 팟홀을 심심치 않게 목격할 수 있다.

인프라 관련 시장 조사 업체인 Inter.B의 2023년 통계를 보면 브라질의 도로 길이는 총 170,000km에 달하는데, 13%인 22,000km만 포장이 되어 있었다. 상파울루 등 교민이나 주재원이 많이 거주하는 대도시 인근에서는 비포장도로를 보기 쉽지 않지만 브라질 전체적으로는 포장되지 않은 도로가 훨씬 많다.

브라질은 국토가 넓은 대신 모든 도로를 온전하게 유지하는 데도 비용이 많이 든다. 2023년 12월 진행된 브라질 전국 교통연맹(CNT)의 통계에 따르면 브라질의 도로 중 67.5%는 상태가 좋지 않았다. 조사원들은 브라질 전역에 있는 11,000km의 국영(연방이나 주정부가 운영하는) 도로를 조사했다.

브라질 인프라 교통부(Dnit) 자료에 따르면 2024년 137억 헤알(약 22억 달러)이 도로 인프라에 투자될 예정이다. 브라질 전역에 있는 도로를 관리하기에도 턱없이 부족한 금액이라 민간 사업자들이 참여할 수 있는 양허(Concession)나 민관합작투자사업(PPP) 사업이 필수적이다. 브라질에는 여러 인프라 회사들이 고속도로 건설 및 운영 사업을 하고 있는데 대표적인 기업으로는 EcoRodovias (4,543km), CCR (3,246km), Arteris (3,199km) 등이 있다. 도로를 달리다 보면 톨게이트나 안내판 등에서 위의 회사 이름들을 흔하게 볼 수 있다. 프로젝트 경험이 많기에 도로 건설, 운영, 유지보수 관련 노하우가 충분하다. 이들 회사들은 수익성이 좋은 도로 운영 프로젝트 발표가 나면 놓치지 않고 입찰에 참가한다.

이런 결과는 브라질 전국 교통연맹(CNT) 등 기관들이 실시한 통계에도 잘 드러난다. 2015년에 실시되어 오래된 자료긴 하지만 포장된 도로 중 민간 기업이 운영하는 도로 비중을 보면 브라질(9.2%), 중국(3.6%), 포르투갈(2.2%), 독일(2.0%), 이탈리아(1.1%) 순이었다. 그 이후 실시된 조사들을 봐도 브라질의 민자 도로 비율은 더 높아지는 추세다. 2024년 민간이 운영하는 도로 길이는 약 29,000km였다.

브라질 사람들은 이 같은 현상에 불만이 많다. 자동차세 등 여러 교통 관련 세금을 내는데 왜 고속도로를 타는 데 비싼 통행료를 계속 내야 하는지 잘 받아들이지 못한다. 하지만 현재 브라질 정부의 재정 상황을 볼 때 재정 사업을 대폭 확대하기에는 한계가 있어 보인다. 유료라는 한계가 있지만 도로 인프라를 확충하려면 어쩔 수 없기에 매년 수많은 양허, 민관합동 투자사업 형태의 고속도로 프로젝트 입찰이 발표될 것이다.

남미 최대의 자동차 생산 국가

국토가 넓고 인구가 많은 브라질은 자동차 산업이 발전하기 좋은 여건을 갖추고 있다. 브라질 정부는 1900년대 중반부터 자동차 산업을 육성하려는 노력을 기울였고 시장의 잠재력을 파악한 글로벌 자동차 회사들도 대부분 브라질에 진출했다.

브라질에서 자동차는 1894년에 처음 도입되었는데 세계 최초의 비행기 조종사 중 하나로 유명한 산투스두몽(Alberto Santos-Dumont)이 프랑스에서 구매해 상파울루주 산토스항을 통해 수입했다. 브라질 남동부에서 커피 산업이 발전하면서 소비력을 가진 사람들이 늘어났으며 포드(Ford)는 1919년, GM은 1925년 브라질에 사무소를 개설하고 영업을 개시하였다. 1920년대 워싱턴 루이스 대통령은 당시 수도였던 리우데자네이루와 외곽 휴양도시인 페트로폴리스(Petrópolis)를 연결하는 브라질 최초의 아스팔트 포장도로를 건설했다.

1930~50년대 집권한 제툴리우 바르가스와 주셀리노 쿠비체크 대통령은 브라질 전역에 자동차가 운행되는 꿈을 품고 포장도로를 건설하였고 브라질 자동차 산업을 육성하기 위해 많은 인센티브를 내놓았다. 그중 하나로 수입 자동차에 고관세를 매기면서 브라질에 해외 기업들이 공장을 건설하게 유도했다. 자동차 생산에 필수적인 철강의 안정적인 공급을 위해 국영 철강 회사인 CSN도 설립했다.

이런 움직임에 힘입어 1950년 '호미-이세타(Romi-Isetta)'라는 브라질산 자동차가 출시되었으며, 글로벌 기업들도 브라질에 앞다투어 공장을 건설하기 시작한다. 폭스바겐(Volkswagen)은 1959년 상파울루 외곽 상베르나르두두캄푸(São Bernardo do Campo)에 자동차 공장을 세워 지금도 시내에 돌아다니는 푸스카스(Fuscas), 콤비(Kombi) 등 모델을 출시했다.

자국의 자동차 및 자동차부품 회사는 아그렐리(Agrale), 푸마(Puma), 마르코폴로(Marcopolo), 트롤러(Troller), 로비니(Lobini) 등이 있지만 브라질 정부의 기대와 다르게 마르코폴로 등 소수의 기업을 제외하고는 글로벌 회사로 성장하는 데 실패했다. 트롤러(Troller)라는 오프로드 차량은 브라질 사람들의 인기를 끌었으나 2007년 포드가 인수했고 포드가 2021년 브라질 시장에서 철수하면서 단종되었다. 마르코폴로는 남부 히우그란지두술주의 버스 생산 회사로 브라질 내수 시장뿐 아니라 남아프리카공화국, 중국 등에서 제품을 생산하고 판매하는 글로벌 회사로 성장했다. 지금도 버스를 타고 타 도시로 여행을 갈 때 보면 대부분의 경우 마르코폴로가 제조한 버스인 경우가 많다.

치열한 경쟁을 거쳐 1970~80년대 폭스바겐, GM, 포드, 피아트 등 서구권 자동차 회사들이 살아남아 브라질 자동차 시장을 석권했다. 2000년대 들어서는 현대자동차, 도요타, 닛산, 혼다 등 일본 및 한국 기업들이 공장을 건설하고 활발하게 진출하였다. 브라질 자동차협회(Anfavea)에 따르면 브라질에서 자동차를 생산하는 제조업체는 총 26개에 달한다. 이 중 승용차 및 상용차 생산업체는 18개이며 나머지는 트랙터, 건설장비 등을 생산한다. 브라질의 엄청난 트럭 운송 수요를 반영하듯 글로벌 트럭 회사들도 대부분 브라질에 공장을 보유하고 있다. 브라질에서 생산된 차량들은 아르헨티나, 파라과이, 우루과이 등 메르코수르 협정 체결국, 멕시코 등으로 수출되기도 한다.

브라질 정부는 자국 자동차 브랜드를 키우는 데는 실패하였지만, 해외 자동차 회사들이 단순 조립만 하지 않고 브라질에서 연구개발 및 생산설비에 많은 투자를 하여 자국 내에 부가가치를 남기게 하는 데 관심이 많다. 이를 위해 2000년대 초 룰라 정부 때부터 외국 기업이 투자를 확대하도록 유도하는 정책을 많이 폈다.

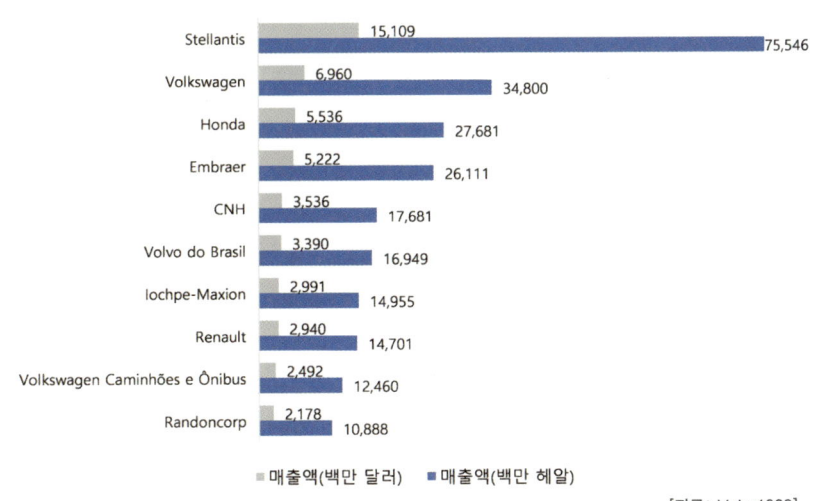

브라질 모빌리티 기업 매출액(2023년)

[자료: Valor1000]

브라질 정부는 자동차 기술혁신과 부품 현지생산 강화를 위해 2012년 이노바-아우토(Inovar-Auto) 프로그램을 도입했다. 국산부품 의무사용 비중을 준수하거나 R&D에 투자하거나 에너지 효율이 높은 자동차를 생산하는 기업을 대상으로 세금 감면 혜택을 제공했다. 반면에 국산부품 의무사용 비중을 채우지 못하는 기업이나 수입업체들은 공업세 추가 세액을 납부해야 했다.

2018년에는 '호타 2030(ROTA 2030)' 정책이 발표되었다. 주요 내용은 에너지 효율 및 안정성을 강화하고 R&D 투자를 늘리는 기업들에게 소득세, 기업 이윤세 공제 등 세금 인센티브를 제공하는 것이었다. 2023년에는 그린모빌리티혁신(MOVER) 프로그램이 발표되었는데 주요 내용은 ① 국내차 및 수입차에 대한 에너지 효율, 온실가스 감축, 차량 재활용, 구조적 성능 개선 등 의무 부과 ② 그린모빌리티 생태계 조성을 위한 페널티 및 인센티브 신설 ③ R&D를 지원하기 위한 국가산업기술 개발 펀드의 설치 등이다.

브라질 신정부가 제시하는 세제 혜택을 받고 '에탄올 하이브리드' 등 앞으로 트렌드가 되는 자동차 기술을 선점하기 위해 글로벌 자동차 회사들은 막대한 투자 계획을 밝혔다. 특히 스텔란티스(Stellantis)의 투자액이 큰데, 이 회사는 피아트(Fiat), 지프(Jeep), 시트로엥(Citroën), 푸조(Peugeot), 램(RAM)이 통합된 대규모 그룹이고, 브라질 내에 많은 공장을 보유하고 있기 때문이다. 자동차 기업들은 2030년까지 약 1,070억 헤알(약 214억 달러)을 해당 친환경 자동차 개발에 투자할 예정이다(2023년 3월 집계). MOVER 인센티브 자원은 전기자동차 수입 관세 인상분으로 충당할 것이다.

전성기에 비하면 브라질 자동차 산업은 침체기를 겪고 있다. 2013년 브라질의 자동차 생산량은 380만 대에 달했지만 2010년대 중반 이후 200만 대 초·중반을 맴돌고 있다. 포드와 메르세데스벤츠 등이 브라질 공장을 철수한 것도 큰 타격이다. 2021년 포드가 철수했을 때 브라질 언론에서 자동차 산업이 몰락하는 것이 아니냐는 내용으로 많은 기사가 나왔던 기억이 난다.

하지만, 자동차 산업은 브라질 산업의 근간인 만큼 정부는 앞으로도 자동차 산업 육성을 위한 다양한 정책을 제시할 것으로 예상된다. 현재 브라질 자동차 산업도 내연기관에서 전기차, 하이브리드 등 친환경 모델로 넘어가는 과도기에 있기에 자동차 회사들도 시장을 선점하기 위해 공격적으로 투자를 진행할 것이다.

브라질 자동차 기업들이 발표한 MOVER 관련 투자액

스텔란티스 - 300억 헤알(2025/2030)
폭스바겐 - 160억 헤알(2022/2028)
토요타 - 110억 헤알(2024/2030)
GWM - 100억 헤알(2023/2032)
GM - 170억 헤알(2021/2028)
현대자동차 - 54억 헤알(~2032)
르노 - 51억 헤알(2021/2027)
CAOA - 45억 헤알(2021/2028)
BYD - 55억 헤알(2024/2030)
닛산 - 28억 헤알(2023/2025)
BMW - 5억 헤알

브라질 친환경차의 대세는 에탄올 하이브리드

현재 캐즘으로 주춤하지만 전 세계적으로 전기차 판매량이 증가세에 있다. 내연기관차에서 배출하는 탄소배출을 줄이고 지구온난화를 막기 위해 내연기관차의 판매를 금지할 것이라고 발표하는 나라들도 늘어나고 있다.

브라질에서 자동차 전기화는 선진국들에 비해 지연될 것으로 예상된다. 먼저 전기차를 본격적으로 도입할 만한 인프라를 단기간 내에 구축하기 어렵다. 국토가 넓고 거점 도시들이 멀리 떨어져 있으나 전기충전소 등의 인프라는 상파울루, 리우데자네이루 등 주요 도시를 제외하고는 잘 구축되어 있지 않다. 브라질에서 가장 큰 도시인 상파울루에도 전기충전소가 없는 아파트나 사무실이 수두룩하다. 그래서 브라질에서 돌아다니는 전기차 중 절반 이상이 '플러그인 하이브리드(Plug-In Hybrid)' 차량이다. 2024년 중순 브라질에는 아직 약 9천 개의 공공 전기차 충전기가 설치되어 있었다. 국가 규모에 비해서는 미미하며 대부분이 남부, 남동부에 집중되어 있다. 브라질 전기자동차 협회(ABVE)에 따르면 브라질 전국에 최소 7만 개의 충전기가 설치되어 있어야 전기차가 효율적으로 운행될 수 있다.

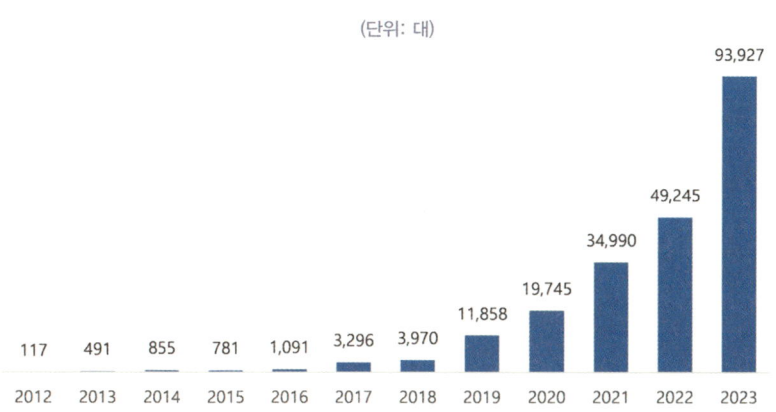

브라질 전기차 판매량

(단위: 대)

연도	판매량
2012	117
2013	491
2014	855
2015	781
2016	1,091
2017	3,296
2018	3,970
2019	11,858
2020	19,745
2021	34,990
2022	49,245
2023	93,927

[자료: ABVE]

이미 자동차를 보유하고 있는 사람들이 도시나 근교에서만 이용할 목적으로 '세컨드 카'로 전기차를 사는 것을 제외하면 많은 브라질 사람들은 아직 전기차를 구매하기가 경제적으로 부담스러운 상황이다.

추가로 브라질은 바이오에너지 산업이 발달해 있어서 이들 연료를 활용하여 탄소배출 감축 목표를 달성하려는 움직임이 있다. 브라질은 사탕수수나 옥수수로 에탄올을 생산하고 대두나 가축 유지류를 원료로 바이오디젤을 생산한다. 만약 순수 전기차들이 전면적으로 보급된다면 해당 작물들을 재배하는 농가들의 대대적인 반발이 예상된다. 지방정부들은 전기차가 급속도로 보급되어 사탕수수, 옥수수, 대두 등을 재배하는 농가들의 소득이 줄어드는 것을 바라지 않는다.

  도요타는 2019년 하이브리드 시스템에 에탄올연료를 투입할 수 있는 준중형 세단인 코롤라(Corolla)를 출시했고 2021년에는 SUV인 코롤라 크로스(Corolla Cross)를 선보였다. 다른 자동차 회사들도 에탄올을 연료로 사용할 수 있는 플렉스 하이브리드 차량 개발에 많은 자금을 투자하고 있다. 그동안 순수 전기차만을 고집했던 GM도 상파울루주 상카에타누두술(São Caetano do Sul) 연구소에 에탄올 기반 하이브리드 전기차를 개발하기 위한 연구팀을 꾸렸다. CAOA, 스텔란티스 등도 브라질에서 에탄올 기반 하이브리드 차량을 개발했거나 연구 중에 있다.

  보스턴 컨설팅 그룹에 따르면 브라질 자동차 시장은 내연 자동차 판매 비중이 점점 내려가고 하이브리드, 순수 전기차가 그 틈을 메꾸다가 2040년경이 되면 내연 자동차 판매 비중은 10% 내외까지 감소할 것으로 예상된다. 전기차 중에서는 하이브리드가 주류를 이루지만 2040년경에는 순수 전기차 비중도 40~55%에 달할 것으로 전망된다.

  필자가 브라질에 근무를 시작한 2019년에는 중국 자동차 회사들이 공장을 건설하고 조금씩 영업망을 구축하던 초창기여서 도로에서 중국 자동차의 존재감이 크지 않았다. 운전 중에 체리(Chery) 자동차가 가끔 보이면 생소하게 느껴졌고 아직 브라질 시장의 주류가 되었다는 느낌은 받지 못했다.

  하지만 2020년대 초 이후 BYD, 체리, JAC, 장성자동차(Great Wall Motors) 등의 브랜드를 앞세워 중국차들이 브라질 시장을 무섭게 잠식하고 있다.

  특히 중국 자동차 회사들이 강점을 지닌 전기차 시장에서는 엄청난 두각을 나타내고 있다. BYD는 포드가 철수한 바이아주 카마사리(Camaçari) 산업단지에 전기차 공장을 건설하고 있고 장성자동차는 메르세데스벤츠가 철수한 상파울루주 이라세마폴리스(Iracemápolis) 공장을 인수했다.

에너지원에 따른 브라질 자동차 판매량 전망

(단위: %)

점진적인 전기차 시대로의 전환					
구분	2023	2025	2030	2035	2040
내연기관 엔진	96	87	61	35	14
마일드 하이브리드	1	4	14	21	22
하이브리드	1	3	10	19	20
하이브리드 플러그인	2	3	5	4	4
순수 전기차	–	2	11	21	40
급진적인 전기차 시대로의 전환					
구분	2023	2025	2030	2035	2040
내연기관 엔진	96	84	46	22	9
마일드 하이브리드	1	5	17	13	10
하이브리드	1	4	15	26	20
하이브리드 플러그인	1	3	6	7	6
순수 전기차	2	5	17	32	55

[자료: 보스턴 컨설팅 그룹]

장성자동차는 2025년 상반기부터 MOVER 프로그램을 활용해 Haval H6 플러그인 하이브리드 차량을 생산할 계획이다. BYD는 브라질에서 이 차전지까지 생산하고 있으며 리튬 등 핵심광물을 현지에서 조달하기 위해 광산 기업 매물도 알아보는 중이다.

BYD는 2013년 캄피나스에 전기버스 공장을 건설했고 마나우스에는 전기버스용 LFP 이차전지 공장을 운영하고 있다. 당시 생산하던 제품은 버스라서 시장 규모가 크지 않지만 본격적으로 승용차 시장을 공략한다면 다른 나라 기업들이 차지하던 점유율을 상당 부분 뺏어갈 가능성이 크다. BYD는 하이젠(Raízen) 등 브라질 에너지 회사들과 8개 도시에 600여 개의 전기차 충전소를 건설하는 협약도 체결했다.

BYD는 초반에 모듈을 중국에서 들여와 하이브리드 전기차 조립만 하다가 2025년부터 브라질 내 국산화를 추진하고 부품의 현지 조달도 확대할 계획이다. 대리점도 2024년 130개에서 2025년 250개로 확대하려고 한다. 광저우 자동차 그룹(GAC)도 10억 달러를 투자해 브라질에 전기차 공장을 세우겠다고 발표했다. 유럽 자동차 회사들도 중국 전기차 회사들과 협력하여 브라질에 전기차 공장을 건설하는 방안을 검토 중이다.

2024년 브라질에서 판매된 전기차 브랜드 순위를 보면 BYD(1위), 장성자동차(2위), 볼보(4위), 카오아체리(5위)를 기록했다. 볼보도 중국 회사가 인수하였기 때문에 브라질 전기차 판매 상위 5개 회사 중 중국 회사들이 4개를 차지한 것이다. 동 기간 판매된 자동차 모델들을 보면 장성자동차의 HAVALH6, BYD의 DOLPHIN MINI, SONG, DOLPHIN, 도요타의 COROLLA CROSS, BYD의 SONG PLUS 순으로 판매량이 많았다. 중국산이 대거 포진하고 있다.

아직 브라질 전기차 시장이 성장하려면 넘어야 할 허들이 많다. 브라질 차량 판매의 5~10% 정도만 전기차이며 그동안 면세였던 전기차 관세는 2024년부터 부과되기 시작해 2026년이 되면 35%까지 인상될 전망이다. 하지만 해당 관세 인상분이 MOVER 프로그램의 예산으로 투입될 예정이기에 브라질 내 전기차 생산 기반은 상대적으로 확충될 것이다.

브라질의 전기차 산업은 원자재 공급망 관점에서도 주목할 필요가 있다.

브라질의 2024년 전기차 판매량

기업명	판매대수	점유율
BYD	76,863	43.3%
GMV	29,219	16.5%
TOYOTA	20,358	11.5%
VOLVO	8,631	4.9%
CAOA CHERY	7,321	4.1%
M.BENZ	6,287	3.5%
BMW	4,720	2.7%
FIAT	3,842	2.2%
HONDA	3,156	1.8%
LAND ROVER	3,065	1.7%
총계	177,358	100%

[자료: ABVE]

전기차 생산 및 판매가 늘어나면서 니켈, 리튬, 희토류 등 핵심 광물의 채광 및 유통이 늘어날 것이다. 대신 가솔린, 디젤 등 화석연료의 판매량은 중장기적으로 감소할 수 있다. 바이오연료 판매량의 경우 플렉스 하이브리드 차량이 많이 판매되면서 점진적으로 늘어날 것이다. 과연 전기차 산업이 브라질 원자재 시장의 역학관계에 어떤 영향을 미칠지에도 관심을 가질 필요가 있다.

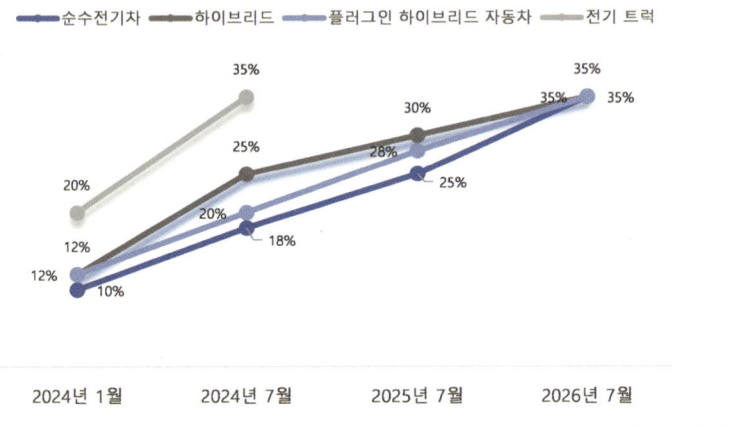

이커머스·첨단산업이 이끄는 브라질 항공운송

　ILOS의 조사에 따르면 2022년 브라질 화물 운송의 0.05%가 항공을 통해서 이루어졌다. 도로, 철도 등 주요 운송수단에 비해서는 미미하지만 항공운송은 고가의 제품을 안전하고 신속하게 운반하는 장점이 있기 때문에 앞으로 활용도가 높아질 것이다. 아마조나스주 마나우스처럼 지형적으로 도로나 철도로 접근하기 힘든 지역도 항공을 주요 운송수단으로 활용한다. 마나우스는 아마존 정글로 둘러싸인 경제특구로 조세 혜택이 있기에 오토바이, 전자 제품 등을 제조하는 많은 회사들이 공장을 운영하고 있다.

　산업적으로는 전자제품, 의약품, 자동차 부품, 반도체 등 단가가 높고 긴급한 운송 수요가 있는 제품들이 운송수단으로 항공을 많이 선택한다. 코로나19 기간에는 백신을 수송하는 데 항공기가 많이 활용되었다. 국립민간항공청(Anac)의 2023년 통계에 따르면 124만 톤의 화물이 항공으로 운송되었으며 이중 국제선 화물 운송량은 80만 톤이었다.

마이애미-플로리아노폴리스 멕시코시티-헤시피 등 국내외 주요 공항들을 연결하는 화물 운송이 늘어나는 추세다.

아마존(Amazon), 메르카도리브리(Mercado Livre) 등 전자상거래 회사들도 항공기를 임차하거나 전용 항공기를 구매하면서 배송 시간을 단축하는 데 많은 노력을 기울이고 있다. 이 회사들은 브라질 전역에 하루 만에 배달이 가능한 인프라를 구축하기 위해 많은 투자를 하고 있다. 경제지 발로르 이코노미코(Valor Econômico)에 따르면 아마존에어가 하루에 운행하는 화물기 수는 2020년 85편에서 2022년 187편으로 늘어났다. 메르카도리브리도 멜리에어(Meli Air)라는 전용 화물기 회사를 설립했다.

한편 브라질에서 항공 화물 운송이 가장 활발하게 이루어지는 국내선 노선은 과률루스(상파울루)-마나우스, 캄피나스-마나우스 구간이다. 마나우스에서 많은 전자 제품이 생산되기에 이들 제품을 브라질에서 가장 큰 소비지인 상파울루로 수송하는 수요가 많고, 반대로 반도체 등 첨단부품을 마나우스 공업지대로 운송하려는 수요도 많다.

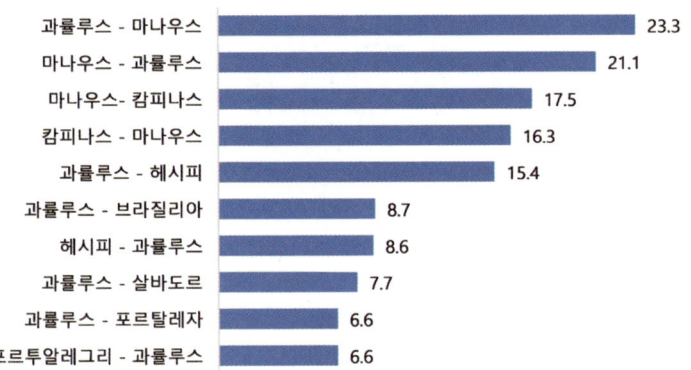

브라질 항공 화물의 국내운송 순위
* 2022년 3월~2023년 2월 / (단위: 천 톤)

과률루스 - 마나우스	23.3
마나우스 - 과률루스	21.1
마나우스 - 캄피나스	17.5
캄피나스 - 마나우스	16.3
과률루스 - 헤시피	15.4
과률루스 - 브라질리아	8.7
헤시피 - 과률루스	8.6
과률루스 - 살바도르	7.7
과률루스 - 포르탈레자	6.6
포르투알레그리 - 과률루스	6.6

[자료: ILOS]

　전체 화물 운송량 중에서는 비중이 작지만 점차 브라질의 첨단 산업이 발전하고 이커머스 시장이 성장하면서 항공을 통한 화물 운송이 늘어날 것으로 전망된다. 이에 따라 주요 공항들의 사업 운영권 확보 경쟁이 치열해지고 GOL, LATAM 등 주요 항공사들도 화물기 발주를 확대할 것이다.

엠브라에르는
세계 3위의 민항기 생산 회사

 브라질은 세계에서 5번째로 넓은 국토를 효율적으로 관리하기 위해 일찍부터 항공기 및 인공위성 기술을 육성해 왔다. 아마존(Amazon)이나 판타나우(Pantanal) 등 밀림 지역에 있는 거점 도시들은 도로나 철도가 제대로 연결되어 있지 않아 접근을 위해서는 항공기가 필요하다. 브라질 정부는 1939년 항공 인력 양성을 위해 리우데자네이루의 군기술학교에 항공/운항 관련 전문과정을 신설했고 1947년 브라질 항공우주기술센터 산하 항공기술학교(ITA, Instituto Tecnológico de Aeronáutica)를 설립하여 인재들을 양성하고 있다. 브라질 주요 항공기 제조회사나 공군 등 관료에 ITA 출신 졸업자들이 많이 포진되어 있다. 1969년에 브라질 정부는 엠브라에르(Embraer)라는 항공기 회사를 설립했다.
 브라질 항공 산업의 아버지는 산투스두몽인데, 그는 브라질에서 농장을 경영하는 프랑스계 이민자 출신의 부모님 사이에서 태어나 브라질에서 유

년 시절을 보내며 세계 최초의 동력 비행선을 개발하였다. 리우데자네이루에 있는 국제선 공항이 그의 이름을 따 '산투스두몽 국제 공항'이다.

브라질 정부는 1970년대부터 강력한 항공 산업 육성 정책을 펼쳐 엠브라에르가 생산한 항공기를 적극적으로 구매하고 민간 항공사도 활용하도록 유도했다. 항공 산업에 대해 재정적인 지원을 하였고 핵심 부품을 해외에서 원활하게 조달할 수 있게 관세를 낮추어 주었다. 점차적으로 해외 회사 인수합병 및 자체적인 기술 및 모델 개발을 통해 항공기 생산능력을 내재화하였다. 프랑스, 독일, 일본 등에서 수입하던 핵심 부품들은 대부분 국산화되었다. 엠브라에르는 1970년대까지는 내수 공급을 위해 항공기를 제조했고 1980년대부터는 정부의 허가를 받아 중소형 항공기를 수출하기 시작했다.

한편 1990년대 들어 브라질 정부는 재정난을 겪게 되어 철강, 화학, 전력 등 타 주력 산업과 마찬가지로 엠브라에르의 민영화를 단행했다. 민영화 이후에도 엠브라에르는 국산 민항 및 군용 항공기 개발을 추진하고 1995년 소형 군용기인 슈퍼 투카노(Embraer EMB 314 Super Tucano)를 개발했다. 한편 엠브라에르는 100~150명이 탑승할 수 있는 리저널 중소형 항공기(Regional Jet) 개발에 집중하여 해당 분야에서는 독보적인 기술 및 점유율을 가지고 있다. 엠브라에르의 중형 항공기를 운영하는 항공사는 델타항공, 유나이티드항공, 에어프랑스, KLM, 루프트한자, 영국항공, 텐진항공, 일본항공, 중화항공 등 전 세계에 퍼져 있다. 엠브라에르는 기존 120명의 승객을 운송하기 위해 개발한 E-190을 화물기로 개량한 E-Freighter도 선보였다.

기업 임원들이나 부호들이 구매하는 비즈니스 항공기(Executive Airplane)도 많이 생산한다. 베스트셀러로는 페놈 300(Phenom 300)이 있다.

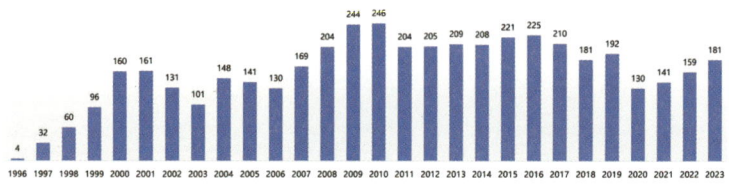

엠브라에르의 항공기 인도 건수
(단위: 건)

[자료: 엠브라에르 연차보고서]

엠브라에르 본사는 상조세두스캄푸스(São José dos Campos)에 위치하며 공장은 상조세두스캄푸스, 보투카투(Botucatu), 가비옹 페이소투(Gavião Peixoto) 등에 있다. 포르투갈, 미국, 프랑스, 중국 등 해외에도 AS센터 등 사업장을 운영한다. 포르투갈에는 프랫&휘트니(Pratt&Whitney) 모터를 수리하는 시설을 가지고 있다. 중국에는 2002년 공장을 건설하여 90대가 넘는 항공기를 현지에서 생산했었다.

엠브라에르는 한국 정부나 항공사에도 항공기를 공급하였는데 2015년 코리아익스프레스에어(Korea Express Air)는 엠브라에르에서 개발된 ERJ-145를 도입하였고, 2018년 에어필립(Air Philip)은 ERJ-145를 도입하여 광주-김포, 광주-제주 등 노선에 투입했다. 2021년 한국의 국토교통부는 신규 비행 검사용 항공기로 엠브라에르가 개발된 프레터(Praetor)-600 제트기를 도입했다.

엠브라에르는 2007년 군용 수송기 시장에도 진출하여 브라질 공군과 C-390을 개발했으며 한국 방위사업청이 주관하는 대형수송기 2차 사업 입찰에 참여하여 낙찰받았다. 한국뿐 아니라 포르투갈, 네덜란드, 헝가리 등 국가에도 C-390을 수출하였다.

브라질 정부는 초음속 전투기도 개발하기 위해 F-X 사업을 추진하였고

2013년 스웨덴 사브(SAAB)에서 개발한 그리펜(Gripen)을 최종 선정했다. 2026년까지 총 36대의 전투기가 공군에 인도되며 일부 물량은 엠브라에르가 기술을 이전받아 브라질 공장에서 생산한다. 공군과 엠브라에르는 차세대 무인전투기도 개발하고 있다.

한편 미래 항공기 산업 트렌드가 친환경으로 변모할 것이기 때문에 엠브라에르는 도심형 항공 모빌리티(UAM) 및 하이브리드/수소/전기/가스터빈으로 구동하는 네 가지 형태의 항공기를 개발하고 있다. 엠브라에르는 2026년부터 상파울루주 타우바테(Taubaté)에서 전기 수직 이착륙기(eVTOL)를 생산할 계획이다. 2023년부터는 일본 니덱(NIDEC)과 '니덱 에어로스페이스(Nidec Aerospace)'라는 합작법인을 만들어 eVTOL에 투입할 전기모터를 개발하는 중이다.

엠브라에르는 항공기술학교(ITA), 상파울루연구재단(Fapesp) 등 정부 기관들과도 협력하여 수소 연료전지를 동력원으로 삼는 비행기를 개발하고 있으며 영국 GKN에어로스페이스(GKN Aerospace)와도 수소 연료전지 추진 관련 공동연구를 진행하고 있다. 2030년까지는 지속가능항공유(SAF)을 연료로 사용하는 항공기를 개발하고 있으며 2040년까지 50%의 탄소배출량을 감축시키고 2050년까지 넷제로를 목표로 하고 있다.

브라질에서 향후 그린수소, 지속가능항공유(SAF) 등이 대량으로 생산될 예정이기에 에너지-항공 산업 간의 시너지도 기대된다. 브라질은 지금까지의 성공 경험을 바탕으로 미래 항공 모빌리티 산업을 주도할 수 있을 것으로 기대된다.

도로 대체 수단으로 떠오르는 수로·연안운송

브라질의 항만 물동량은 2023년 13억 톤을 기록했고 계속 증가할 것으로 예상된다. 브라질의 주요 항구는 산토스항, 파라나구아항, 히우그란지항 등으로 동남부 및 남부에 집중되어 있다. 특히 상파울루주에 있는 산토스항의 물동량이 많은데 2023년 1억 7,330만 톤을 기록했다. 산토스항은 우리나라 부산항과 유사한 브라질 제1항의 위상을 가지고 있다.

브라질 항만에서 주로 선·하적되는 품목을 무게 기준으로 보면 철광석, 원유, 대두, 석유 제품, 옥수수, 비료 순이었다. 브라질은 역시 원자재 위주로 수출입을 진행하는 점을 확인할 수 있다.

글로벌 해운 및 물류 회사들은 컨테이너 터미널을 임차하는 경매에 참가하여 사업권을 확보한다. MSC, APM터미널스(APM Terminals), CMA CGM 등은 브라질 각지에 컨테이너 터미널을 임차하여 운영하고 있다. 주요 항구의 터미널 사업권 입찰은 경쟁이 매우 치열한 편이다.

TUP(Terminal de Uso Privado)라 불리는 민간이 개발하고 운영하는 항만 터미널들도 많다. 발리, CSN 등 광산 회사들은 철광석, 니켈 등을 효율적으로 선적하기 위해 자체적으로 건설/운영하는 항만을 보유하고 있다. 광산 회사들이 운영하는 항만은 철도와도 연결되어 있는 경우가 많다.

브라질 항만의 주요 선·하적 품목

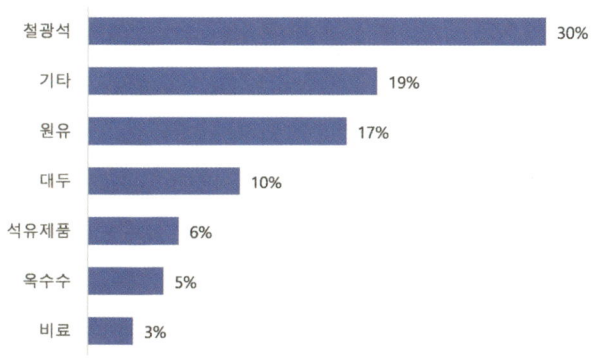

[자료: Antaq]

브라질 항만의 화물 처리량

(단위: 백만 톤)

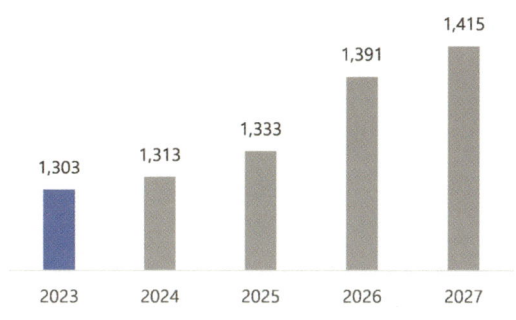

[자료 Antag]

브라질은 대서양을 접하고 있고 해안선 길이가 8,000km가 넘는다. 도로, 철도가 열악한 지역이 많기 때문에 연안에 있는 항구들을 활용하여 브라질 지역 간 화물을 운송하는 연안운송(Cabotagem)이 발전했다. 쉽게 생각하여 연안운송은 바다를 내륙 수로처럼 활용하는 것이다. 브라질 해상운송청(Antaq)에 따르면 2023년 연안운송을 통한 운송량은 2억 9,010만 톤에 달했다. 연안운송의 중심지는 경제특구가 있는 아마조나스주 마나우스로 브라질 연안운송 화물의 50% 정도는 마나우스를 거친다. 특히 전자 제품 부품을 브라질 남부 및 전 세계에서 마나우스 경제특구에 있는 공장으로 소싱하고 만들어진 완제품을 브라질 남동부 혹은 메르코수르 국가로 운반하는 수요가 많다. 삼성전자, LG전자 공장도 마나우스에 전자 제품 공장을 운영하고 있다.

브라질의 주요 연안운송 경로

[자료: Empresa de Planejamento e Logística]

연안운송은 가뭄 등 기상의 영향을 받기도 하는데 연안을 통해 화물을 운송해도 아마존강 등 주요 강이 마르면 더 이상 내륙의 목적지로 나아갈 수 없기 때문이다. 2023년 8~11월 북부 지역을 중심으로 가뭄이 심하게 들어 마나우스로 화물을 운송하는 데 지장이 생겼다. 이런 문제가 상시화되자 연안 및 수로운송을 주로 하는 물류회사인 '이드로비아스 두 브라질(Hidrovias do Brasil)'은 출항 15일 전부터 강의 수위를 예측하는 AI 시스템을 구축했다.

최근 브라질 연안운송 회사들은 글로벌 회사들과 합작법인을 만들어 규모의 경제를 이루고자 한다. 하파그로이드(Hapag-Lloyd), 머스크(Maersk), MSC, CMA CGM 등 글로벌 물류 기업들은 브라질 현지 회사들과 합작법인을 만들어 연안운송 사업을 진행하는 중이다.

파라나구아(Paranaguá)-산토스(Santos)-수아페(Suape)-페셍(Pecém) 등 대서양을 따라 있는 주요 항만들을 정기적으로 기항하는 노선도 늘어나고 있다. 철광석, 철강, 보크사이트, 셀룰로스, 시멘트 등 원자재를 연안운송을 통해 고객들에게 정기적으로 운송해 주는 수요도 많다. 글로벌 알루미늄 제조회사인 알코아(Alcoa)는 파라주 주루티(Juruti) 광산에서 생산한 보크사이트를 아마존강을 통해 상루이스에 위치한 알루마르(Alumar) 제련소로 운송한다. 이후 가공된 알루미늄은 해안선을 따라 브라질 각 도시에 있는 고객들의 공장으로 수송된다. 알루마르 제련소의 알루미늄 생산능력은 연 300만 톤인데 수로가 아니면 안정적으로 원료를 조달받기 힘들다. 북부 지역은 밀림이 우거지고 도로 인프라가 발달하지 않아 트럭이나 기차를 통한 원자재 운반이 어렵기 때문이다. 마찬가지로 연안운송을 통하지 않고는 브라질 각지의 가공 공장이나 수출항으로 알루미늄을 운송하기 어렵다. CSP 제철소를 인수한 아르셀로미탈도 연안운송을 통해 페셍에서 생산한 철강을 투바라웅 등 브라질 각지에 있는 철강 가공 공장으로 운송하고 있다.

한편 브라질에는 아마존(Amazon), 치에테(Tietê), 타파조스(Tapajós), 토칸칭스(Tocantins) 등 폭이 넓고 길이가 긴 강들이 많이 있다. 파라나-치에테강을 연결하는 수로는 마투그로수주, 마투그로수두술주, 파라나주, 미나스제라이스주, 고이아스주, 상파울루주를 관통하며 길이는 2,400km에 이른다. 이 수로는 대두, 옥수수, 사탕수수 등 농산물을 산토스항으로 운반하는 데 활용된다. 물류 기업들은 수로 운영을 위한 양허사업권을 따내면 터미널을 곳곳에 건설하고 화주들에게 이용료를 받으면서 투자금을 회수한다. 고속도로나 철도 운영 사업과 유사하다.

수로운송은 물류 효율성이 매우 좋은데 1개의 동력선과 4개의 화물선으로 172개의 트럭이 실을 수 있는 양의 곡물을 운송할 수 있다. 주로 대두, 옥수수, 석유 제품, 비료, 철광석 등 원자재를 수송하는 데 수로운송이 많이 활용된다. 브라질 정부는 '신성장 촉진 프로그램(PAC)'을 추진하면서 수로운송망 개선에 41억 헤알을 투자할 것이라고 발표했다.

아직 브라질 화물 운송 중 수로가 차지하는 비중은 2% 내외에 지나지 않는다. 브라질 전국 교통연맹(CNT)에 따르면 브라질에서 수로로 활용할 수 있는 강 길이는 63,000km에 달하는데 아직 19,500km 정도만 수로로 활용되는 실정이다. 도로, 기차 등과 환적하는 터미널 등 인프라도 아직 충분치 않다.

중국 양쯔강, 미국 미시시피강과 다르게 브라질 주요 강들이 주요 항만으로 연결되지 않는 것도 한계점이다. 양쯔강은 상하이 항만, 미시시피강은 뉴올리언스항과 바로 연결된다.

브라질 강들은 산토스, 파라나구아 등 주요 항만까지 직접적으로 연결되지 않는다. 화물들은 수로로 상파울루시 북쪽까지 와서 트럭이나 기차로 환적해야 산토스항에 다다를 수 있다. 참고로 산토스항이 위치한 상파울루주는 해안으로 갈수록 산악지형이 험난하여 치에테 등 주요 강줄기가 바다 쪽이 아닌 내륙으로 흐른다. 파라나강, 우루과이강 등도 브라질 하구가 아닌 아르헨티나-우루과이 쪽으로 흐르기 때문에 브라질 회사들이 수로로 활용하기에 한계점이 뚜렷하다.

  하지만 브라질 철도 산업을 설명하면서 언급했듯이 브라질의 도로를 통한 화물 운송은 포화에 달했기 때문에 점차 수로나 연안운송 관련 프로젝트들이 증가할 것으로 예상된다. 선박을 통해 화물을 운송하면 트럭에 비해 탄소배출량도 획기적으로 줄일 수 있기에 더욱 경쟁력이 높아질 것이다.

브라질의 주요 수로

Principais corredores hidroviários

❶ Corredor do Solimões-Amazonas-Madeira
❷ Corredor do Tapajós
❸ Corredor do Tocantins
❹ Corredor do São Francisco
❺ Corredor do Paraguai
❻ Corredor do Paraná-Tietê
❼ Corredor do Mercosul

[자료: Agência Senado]

5

브라질의 공급망 관련 혁신기술들

브라질은 왜 스타트업이 발전했을까?

브라질은 라틴아메리카 최대의 스타트업 천국이다. 파노라마 테크(Panorama Tech)가 2023년 9월에 발표한 자료에 의하면 라틴아메리카의 45개 유니콘 기업 중 24개가 브라질 스타트업이었다. 스타트업 종류로는 모빌리티, 핀테크(Fintech), 간편결제, 물류, 배달, 프롭테크(Prop Tech), 게임 등 다양했다.

브라질 스타트업 기업들이 유치한 투자액은 2019~23년 총 219억 달러에 달했다. 일본 소프트뱅크(SoftBank)는 2023년 중순까지 약 72억 달러를 라틴아메리카 스타트업들에 투자했는데 포트폴리오에는 퀸토안다르(QuintoAndar), 하피(Rappi), 크레지타스(Creditas), 방코 인테르(Banco Inter), 누뱅크(Nubank) 등 브라질 스타트업들이 포함되었다.

혁신은 서비스나 첨단 산업뿐 아니라 농업, 전력, 에너지, 기계, 항공기, 자동차, 화학 등 산업 전 분야로 확대되고 있으며 브라질 경제 및 산업의 발전을 이끌 것으로 전망된다. '브라질 코스트(Brazil Cost)'라는 단어가 있는데 브라질 특유의 비효율성, 느림, 복잡성, 인프라 부족, 고물가, 높은 환 변동성 등 때문에 다른 나라에서 비즈니스를 하는 것보다 비용이 높고 성공하기 힘들다는 의미다. 하지만 의외로 빠른 속도로 혁신 문화가 퍼지면서 경제에 활력을 불어넣고 있다.

브라질은 스타트업이 발전하기 좋은 환경을 가지고 있다. 먼저 인구가 2억 1천만 명에 달하며 젊은 인구가 많다. 많은 사람들이 브라질 사람들이 놀기 좋아하고 일을 열심히 하지 않을 것이라는 편견을 가지고 있는데 인구가 많은 만큼 능력이 좋고 창의적인 사람들이 많다. 브라질 대기업에 다니거나 변호사, 회계사 등 전문 직종에 종사하는 사람들과 소통하다 보면 진심으로 일을 좋아하고 치열하게 일하는 '워커홀릭'들을 많이 만날 수 있다. 오후 6시가 넘거나 주말까지 일하는 사람들도 많이 있다. IT 열풍이 불면서 야망과 능력이 있는 사람들이 대거 스타트업이나 IT산업으로 넘어갔다.

브라질은 내수 시장이 크고 금융, 자원, 인프라 등의 사업 기회가 풍부해서 일찍부터 모든 산업의 글로벌 기업들이 진출해 있다. 이들은 브라질 시장을 장악하기 위해 기술, 자본, 인력을 모두 끌어온다. 구글(Google), 마이크로소프트(Microsoft), 페이스북(Facebook) 등 IT 기업뿐 아니라 쉘(Shell), 엑손모빌(Exxon Mobil), BP, 앵글로아메리칸(Anglo American) 등 원자재 기업, 스텔란티스, 현대자동차, 혼다 등 자동차 기업 모두 브라질에 막대한 금액을 투자하면서 최신 기술도 함께 도입했다.

브라질 사람들의 비효율성을 개선하고자 하는 의지도 높은 편이다. 브라질 코스트로 누구보다 피해 보는 것은 브라질 사람들이다. 브라질 사람들 모두 관공서나 공공병원(SUS), 경찰서 등에 방문하여 끝도 없는 줄을 서서 기다리고, 기다린 끝에 드디어 응대를 받아도 깔끔하게 일을 해결하지 못하는 경험이 많을 것이다.

정부가 인프라를 개선한다고 발표해도 삶이 나아질 기미는 보이지 않는다. 정부가 모든 국민들을 위한 인프라 투자를 할 예산도 충분치 않고 인구도 너무 많다. 브라질 국토는 정말 넓기 때문에 북동부, 북부, 서부 내륙까지 인프라 개선 혜택이 미치려면 엄청난 세월이 걸릴 것이다. 대도시 안에 거주해도 빈민가인 파벨라 안에 집이 있으면 배달, 전기, 통신 등 혜택을 제대로 받기 어렵다. 법률, 제도를 개선하려고 해도 브라질은 수많은 당이 국회 의석을 나누어 가지고 있기 때문에 급진적인 변화를 주기 힘들다.

브라질 기업들도 비효율적인 시스템 때문에 다른 나라였으면 필요하지 않은 시간 및 노력 소비가 많다. 2019년 세계은행(World Bank) 자료에 따르면 브라질 기업들은 평균적으로 세금을 계산하는 데 1,501시간을 써서 세계 1위를 기록했다. 세계 평균은 233시간, OECD 평균은 164시간이다. 브라질 다음으로는 볼리비아(1,025시간), 베네수엘라(920시간), 리비아(889시간), 차드(834시간)가 2~5위를 기록했다. 선진국들을 보면 미국(175시간), 프랑스(139시간), 일본(129시간), 스위스(63시간) 등 브라질보다 훨씬 적은 시간을 세금 계산에 사용했다.

브라질은 인구가 많고 산업 저변이 넓은 등 세계에서 가장 잠재력이 높은 국가 중 하나다. 다만 '브라질 코스트'로 대변되는 비효율성 및 전 세계에서 가장 복잡한 제도 때문에 잠재력이 발현되기 힘들었다. 하지만 혁신기술이 도입되면서 변화도 빠르게 진행되고 있다. 오히려 비효율성이 컸기 때문에 효과도 더 크게 나타나는 것 같다. 이 책에서는 혁신기술이 원자재, 물류 등 공급망 전반에 영향에 대해 다룰 것이다.

브라질의 우수한 고등 교육 기관들

　브라질은 라틴아메리카의 상위권 대학교가 집중되어 있어 스타트업을 세우거나 기업에서 기술을 개발할 인재들이 충분하게 배출된다. 『타임스(Times)』에서 2022년 발표한 라틴아메리카의 우수한 고등 교육 기관 20개를 보면 브라질 대학교가 14개 포함되어 있었다. 상파울루주, 산타카타리나주, 미나스제라이스주, 리우데자네이루주 등 남동부 지역을 중심으로 경쟁력 있는 대학교들이 많이 포진하고 있다.

　리우데자네이루는 과거 브라질의 수도였기에 인재들이 몰렸으며 이들을 교육할 군사, 인문, 과학, 농업 등 관련 고등 교육 기관들이 많이 설립되었다. 이후 경제의 중심이 상파울루주로 옮겨가면서 상파울루대학교(USP), 캄피나스대학교(Unicamp), 상파울루주립대학교(Unifesp) 등 우수한 대학교들이 많이 설립되었다. 지금 브라질에서 가장 유명하고 학생들이 가고 싶어 하는 대학교는 상파울루대학교(USP)며 본교는 상파울루시 서쪽에 위치한 부탄탄(Butantã)이라는 도시에 있다. 우리나라 서울대학교와 같이 도시 외곽에 방치되어 있던 넓은 부지를 활용하였기에 소도시만큼 캠퍼스가 크다. USP는 상파울루시뿐만 아니라 상카를로스(São Carlos), 히베라웅프레투(Ribeirão Preto), 피라시카바(Piracicaba) 등 주요 거점도시에도 분교들이 많이 있다.

브라질에도 중고등학생들을 위한 입시학원들이 있다. 우리나라처럼 모든 학생들이 좋은 대학교를 가기 위해 학원을 다니는 분위기는 아니지만 학업에 관심이 있고 성장 욕구가 큰 학생들은 상파울루대학교 등 유력 대학교에 가기 위해 입시학원에 다니는 등 많은 노력을 기울인다.

우수한 젊은 인력들도 지속적으로 IT산업으로 유입되고 있다. 미국, 캐나다 등 선진국에 비해 브라질 기업들의 초임 임금은 낮은 편이다. 대학교를 졸업하고 낮은 임금을 받으니 스타트업을 창업해서 성공하려는 대학생들이 늘어나고 있다. 이미 많은 유니콘 기업들이 생겨나고 있어 이런 성공 사례들에 모티베이션을 받기 때문이다.

브라질이 그동안 거둔 경제적 성과를 보면 고등 교육 기관들이 성공적으로 인재를 육성하는 것을 알 수 있다. 브라질은 농업, 광업, 석유, 바이오에너지 등 원자재 산업뿐만 아니라 건설/엔지니어링, 정유, 석유화학, 철강, 항공 등 기간 산업 관련해서도 중남미 최고의 기술력을 보유하고 있다. 라바자투 부패 사건(Operação Lava Jato) 이후 잠잠하긴 하지만 과거 브라질 건설이나 에너지 회사들은 페루, 콜롬비아, 모잠비크, 앙골라 등에도 활발하게 진출했다. 브라질 기업들은 자체 기술로 수심 수천 미터 아래에 있는 광구에서 석유 및 가스를 생산한다. 상조세두스캄푸스에 있는 ITA에서 배출된 인력들은 브라질 공군, 우주청, 항공기 회사에 들어가서 우수한 성과를 거두고 있다.

IT산업 및 스타트업이 발달하면서 인재들이 코딩, 빅데이터, 사이버보안 등 분야로 많이 몰리는 중이다. 브라질 대학생들은 주로 낮에 회사에서 일하고 밤에 대학교를 다닌다. 퇴근 후 무거운 몸을 이끌고 대학교에 가서 파이썬, R 등 코딩언어를 배우고 좋은 조건으로 이직하거나 창업하려는 사람들이 많이 보인다.

　대학을 졸업한 직장인들이나 사업가들도 더 나은 기회를 얻거나 기술을 습득하기 위해 야간이나 주말 MBA/대학원을 많이 다닌다. 브라질 MBA는 IT, 금융, 농업, 전력, 유통 등 산업별로 분야가 나누어져 있는 경우가 많은데 직장인들을 겨냥하여 밤 7~8시에 시작하는 코스가 많다. 해당 수업들에 가보면 학생들로 가득하다.

　브라질 개발자들이 만드는 프로그램들도 우수하다. 누뱅크(Nubank) 등 브라질 금융기관에서 제공하는 애플리케이션들을 보면 오히려 우리나라 기업들이 만드는 것보다 디자인이 세련되고 편리하다고 느낄 때도 많다. 브라질에 진출한 우리나라 기업 주재원들에게 물어봐도 브라질 개발자들의 실력이 좋다고 한다.

　브라질 사람들은 미국, 포르투갈 등 외국에 거주하는 경우도 많다. 미국 남부에 있는 마이애미의 경우 브라질 사람들이 비즈니스, 여행, 거주 등의 목적으로 많이 찾는 곳이며 뉴욕, 워싱턴, 로스앤젤레스 등 미국 전역에 퍼져 살아가고 있다. 이들은 미국 아이비리그 등 주요 대학교들에서 학업을 마치고 브라질로 돌아와 취업하거나 회사를 차리기도 한다. 외국에서 익힌 선진기술을 브라질이라는 거대한 시장에 접목하기에 잘만 맞으면 성장 속도가 엄청나다.

　세계 최고의 맥주 그룹인 AB Invev를 만든 조지 파울루 레만(Jorge Paulo Lemann), 누뱅크를 설립한 다비드 벨레스(David Vélez) 모두 미국에서 명문 대학교를 졸업하고 투자 은행에서 경험을 쌓은 이후 브라질에서 창업하여 큰 성공을 거두었다.

지금은 브라질 사람들이 포르투갈로 많이 이민을 가고 있지만 2010년대 초반만 해도 브라질이 브릭스(BRICS)에 포함되고 경제가 급격하게 성장하던 시기기 때문에 포르투갈, 스페인 등의 인재들이 브라질로 대거 넘어왔다.

젊은 인구 및 기술에 대한 열정, 우수한 교육 기관들을 고려할 때 브라질은 앞으로도 라틴아메리카의 혁신을 이끌 것으로 예상된다. 특히 브라질은 농업, 광업, 건설/엔지니어링, 에너지 등 관련해서 산업 저변이 넓기에 '현장 경험'을 쌓은 실전형 인재들이 많이 배출될 것이다.

라틴아메리카 대학교 순위
(2022년)

순위	대학교	국적
1	PUC-Chile	칠레
2	USP	브라질
3	Unicamp	브라질
4	Unifesp	브라질
5	Technologico de Monterrey	멕시코
6	UFSC	브라질
7	Univ. do Chile	칠레
8	UFRGS	브라질
9	UFMG	브라질
10	PUC-Rio	브라질

[자료: Ranking Times Higher Education Latinoamérica]

농촌 구석까지 연결되는 고속 인터넷망

　브라질 곳곳에 보급되는 초고속 인터넷 덕분에 첨단기술 도입도 빨라지고 있다. 브라질 지리·통계연구소(IBGE)에 따르면 2023년 기준 88%의 브라질 사람들이 인터넷을 이용했다. 60세 이상 인구도 66%가 컴퓨터나 인터넷을 이용하는 것으로 나타났다. 상대적으로 인프라가 부족해 소외되었던 북부나 북동부 지역에도 빠르게 인터넷 보급이 확대되는 중이다.

　아래 지도는 브라질 주의 5G 고속 인터넷망 구축 현황인데 상파울루, 리우데자네이루가 보급률이 80~90%에 달하고 나머지 지역도 50% 이상인 곳들이 대부분이다. 아마존 열대우림이 위치한 아마조나스주의 5G 보급률도 65.97%에 달한다. 브라질 정부는 2030년까지 모든 도시가 5G망에 연결되는 것을 목표로 하고 있다.

　브라질에서 통신 사업을 하는 스페인 텔레포니카(Telefônica), 멕시코 클라로(Claro), 이탈리아 TIM 모두 경쟁적으로 브라질 전역에 5G용 통신 안테나를 설치하고 있다. 3개의 통신사 모두 해외 자본이며 1990년대 브라질 정부가 통신 자산을 민영화할 때 인수합병을 통해 진출했다. 브라질 통신 회사들이 경쟁력을 잃으면서 외국 자본에 인수되었고, 현재는 이 3개 회사가 4G, 5G 등 통신 시장을 과점하고 있다. 세 회사의 점유율 경쟁이 치열하기 때문에 브라질의 통신 서비스 품질은 우수한 편이다.

브라질의 3.5GHz대역 5G망 설치 도시

	2022년 8월	2022년	2023년	2024년 7월
TIM	12	27	208	379
Vivo	12	27	173	273
Claro	12	27	198	262

[자료: Teleco]

브라질은 높은 수입관세, 제조원가 등의 영향으로 스마트폰 가격이 다른 나라에 비해 비싼 편인데 중국 등 국가의 보급형 스마트폰이 빠르게 도입되고 있어 인구 대부분이 모바일로 인터넷을 이용할 수 있게 되었다. 통신망이 보급되자 농업, 광업, 물류, 금융, 부동산, 전자상거래 등 산업이 연계되어 급속히 발전하고 있다. 브라질 전역에 있는 빈민가(파벨라) 주민들도 인터넷을 이용해서 금융, 배달, 구인구직 등 활동을 한다.

브라질의 5G 통신망 보급 현황

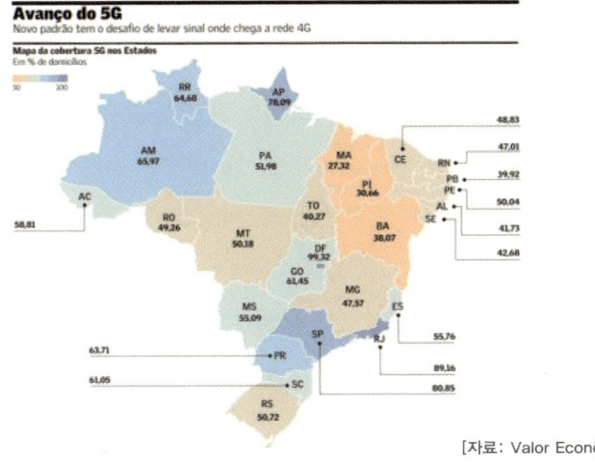

[자료: Valor Econômico]

통신망은 무엇보다 농업 생산성에 많은 영향력을 미친다. '커넥타르 아그로(ConectarAgro)'에 따르면 2024년 브라질 도시의 고속 인터넷 보급률은 98%에 달하나 대두, 옥수수, 사탕수수 등을 재배하는 농장 지역(Área disponível para uso Agrícola)의 4G/5G 인터넷 보급률은 23.8% 남짓이다. 농업에 종사하는 사람들도 마을이나 도시에서는 인터넷을 활용하나 실제 일터인 농장에서는 접속하지 못하는 불편함이 있다.

커넥타르 아그로는 중소 농가에 인터넷을 보급하고자 2019년에 설립된 연합(Associação)으로 농장에 700MHz 이상의 4G 인터넷을 보급하기 위해 여러 활동을 하고 있다. 1개의 안테나를 세우면 35,000헥타르 지역에 4G 전파를 제공할 수 있다.

회원으로는 아그코(AGCO), 바이엘(Bayer), CNH인더스트리얼(CNH Industrial), 작투(Jacto), 노키아(Nokia), 솔린프텍(Solinftec), TIM, 트림블

(Trimble), 아마존웹서비스(Amazon Web Services) 등 농기계, 통신, 소프트웨어, 농화학 등 기업들이 있다. 농업 대기업들은 자체적으로 통신 회사들과 제휴하여 초고속 인터넷을 농장에 설치하나 중소형 농가들은 자체 자본력으로 인터넷망을 도입하는 데 어려움을 겪고 있다.

통신 회사들인 클라로(Claro)와 엠브라텔(Embratel)도 농촌용 통신 개발을 위한 이노베이션 허브를 만들어 보급용 기술을 연구하는 중이다. 텔레포니카는 마투그로수주의 봉제수스(Bom Jesus) 그룹과 협력하여 28,000헥타르의 농장에 4G망을 공급하는 프로젝트를 진행하고 있다. 2024년 브라질 최대의 농업 전시회인 아그리쇼(Agrishow)에서 상파울루주 타르시우(Tarcísio) 주지사는 상파울루주에 있는 농장 지역 전체에 2026년까지 4G 이상의 인터넷을 보급하겠다고 밝혔다. 존디어는 인터넷이 보급되지 않은 지역에 투입할 수 있는 스타링크 수신기를 부착한 농기계들을 브라질에서 생산할 계획도 가지고 있다.

브라질 전역에 고속 인터넷망이 설치되면 농업 생산성에 미칠 영향력이 클 것으로 예상된다. 드넓은 농장에 드론이 날아다니면서 작물보호제와 종자를 살포하고 존디어(John Deere), 뉴홀란드(New Holland Agriculture) 등에서 제조한 자율주행 농기계들이 쉬지 않고 파종, 수확 등 작업을 할 수 있게 된다. 이미 미국, 유럽 등 시장에서 개발 및 상용화된 농업 첨단기술들이 많다. 2030년까지 브라질 농장 구석구석까지 인터넷망이 설치될 것으로 보이며 첨단기술들이 브라질 농업에 전면적으로 접목되면서 생산성이 급격히 향상될 것이다.

어디서든 볼 수 있는
스타트업 인큐베이터

상파울루 도심을 지나가다 보면 위워크(WeWork) 등 공유 오피스가 많이 보인다. 상파울루, 리우데자네이루, 벨로리존치 등 대도시뿐 아니라 지방 농촌 도시에서도 스타트업 인큐베이터를 흔하게 접할 수 있다.

상파울루에서 금융회사들이 많이 몰려 있어 서울의 여의도 같은 지역인 파리아리마(Faria Lima)에는 '쿠보 이타우(Cubo Itaú)'라는 인큐베이터가 있는데 브라질의 대형 은행인 이타우(Itaú)에서 설립했다. 부동산, 농업, 물류, 교육, 금융 등 층마다 산업 테마가 있고 관련 스타트업 및 대기업들이 입주해 있다. 스타트업뿐만 아니라 대기업들도 혁신 아이디어를 얻기 위해 공간을 임대하고 직원을 파견한다.

다양한 기관이나 기업에서 나온 사람들이 같은 공간에서 개발을 진행하니 시너지가 클 것 같은 생각이 들었다. 회의실마다 사람들이 빼곡하게 들어서서 열띤 토의를 하는 모습을 볼 수 있다. 브라질 스타트업 협회(Abstartups)도 같은 건물에 있으며 다양한 스타트업 지원 프로그램을 운영하고 있다.

다른 대형 은행인 브라데스코(Bradesco)도 상파울루 콘솔라써웅(Consolação) 지역에 이노바브라 아비탓(Inovabra Habitat)이라는 스타트업 허브를 운영한다. 지방 거점 도시들에도 스타트업 인큐베이터들이 활발하게 운영되고 있는데 벨로리존치(Belo Horizonte)의 산페드로벨리(San Pedro Valley), 캄피나스(Campinas)의 테크노파크(Techno Park), 포르투알레그리(Porto Alegre)의 테크노푸크(TECNOPUC), 플로리아노폴리스(Florianópolis)의 이노바랩(InovaLab)이 유명하다.

피라시카바(Piracicaba), 론드리나(Londrina), 쿠이아바(Cuiabá) 등 대표적인 농업 도시들에 가면 어그테크와 관련된 스타트업 허브들도 많이 있다. 지방정부 차원에서도 농업 생산성 향상을 유도하기 위해 스타트업 관련 시설에 많은 지원을 해준다.

대기업들도 혁신 및 아이디어를 얻기 위해 오픈이노베이션 프로그램들을 운영한다. 브라질 최대 육가공 회사인 JBS가 운영하는 JBS바이오테크(JBS Biotech), 셀룰로스 회사인 수자누의 수자누 벤처스(Suzano Ventures), CMPC의 CMPC 벤처스(CMPC Ventures) 등이 대표적이다. 철광석 개발, 철강 사업을 영위하는 CSN은 CSN이노바(CSN Inova)라는 프로그램을 만들어 그룹 내 사업군인 철강, 철광석, 시멘트, 에너지, 물류 관련 혁신기술을 육성하고 있다. 브라스켐(석유화학), 엠브라에르(항공), 클라빈(셀룰로스), 나투라(화장품), 하이젠(바이오에너지) 등 각 산업계의 대표 기업들도 스타트업 육성 프로그램들을 운영하고 있다.

이렇게 대·중소기업을 가리지 않고 혁신기술 개발에 대한 관심도가 높아지고 있으며, 이는 브라질 각 산업 발전의 한 축으로 자리 잡을 것으로 보인다. 특히 앞 장에서 설명하였듯이 고속 인터넷망이 브라질 구석구석으로 퍼져 나가면서 이런 움직임은 더욱 가속화될 것이다.

농촌 생산성을 높이는 어그테크 기술

브라질 농업의 역사를 보면 혁신의 연속이었다. 많은 사람들은 브라질의 땅이 넓고 비옥하며 날씨가 좋아 씨앗만 뿌리면 농산물을 쉽게 재배할 수 있다고 생각한다. 하지만 실상은 그렇지 않다. 브라질에는 토지가 척박한 지역들이 많은데, 이 지역들은 특화된 종자를 뿌리거나 비료를 대량으로 살포해야 경작이 가능하다. 실제로 1900년대 중반에 접어들기 전에는 상파울루주, 파라나주 등 비옥한 남동부 지역이나 해안가 지역 위주로만 대규모 농업 활동이 이루어졌다.

한 예를 들어보면 셀룰로스 및 펄프 회사로 유명한 수자누(Suzano)는 1950년대 세계 최초로 호주산 유칼립투스를 기반으로 펄프 및 종이를 생산하는 데 성공했다. 이 과정에서 유칼립투스 종을 브라질 토양에 적합하게 만들기 위해 많은 노력을 기울였다. 지구온난화가 심화되면서 변화되는 기후에 맞는 유칼립투스 종을 만드느라 많은 연구원들이 지금도 연구를 진행하고 있다. 대두, 옥수수, 사탕수수 등 브라질의 주요 작물들도 브라질 토양 및 기후에 적응시키기 위해 비슷한 과정을 거쳤다.

최근에는 단순한 혁신 활동에서 더 나아가 어그테크 기업들이 주목받고 있다. 어그테크(Agtech)는 농업(Agriculture)과 기술(Technology)을 합친 용어이며 브라질의 농·축산업의 트렌드가 되고 있다. 많은 농기업 및 스타트업들이 블록체인, 인공지능, 드론 등을 활용해서 생산성을 높이고 ESG 기준을 준수하기 위해 노력하고 있다. 브라질의 어그테크는 자동화, 전기화, 디지털화, 연결성으로 정의할 수 있다. 센서, 소프트웨어, 위성 등 기술이 발전하면서 변화가 가속화되고 있다.

2023년 기준 브라질에는 1,953개의 농업 스타트업이 있었으며 남동부(56.9%), 남부(26%), 중서부(5.8%), 북동부(5.2%), 북부(5.9%) 순으로 분포되어 있었다. 특히 상파울루시에 농업 스타트업 385개가 소재하고 있는데 2위인 쿠리치바(73개)의 5배가 넘는다.

어그테크는 크게 '농장 전(Before the Farm)', '농장 안(On the Farm)', '농장 이후(After the Farm)' 3가지 카테고리로 분류된다. 2023년 기준 '농장 전' 단계에 331개, '농장 안' 단계에 815개, '농장 후' 단계에 807개의 스타트업이 분포되어 있었다.

'농장 전' 단계에서는 작물을 재배하기 전 모든 준비 과정이 포함되며, '농장 안' 단계에서는 실제로 작물을 재배하는 데 필요한 활동들이 이루어진다. '농장 이후' 단계는 생산한 작물을 유통, 가공하는 과정들이 주를 이룬다.

구체적인 사례들을 살펴보면 사탕수수 가공 기업인 하이젠(Raízen)은 상파울루 내륙 농장에 시험단지를 설치하고 농기계에 사물인터넷 장치 및 센서를 설치하고 있다. 농기계들은 부품 정보를 실시간으로 클라우드에 전송하고 직원들은 스마트폰이나 태블릿으로 부품 마모 상황 및 교체 시기를 파악할 수 있다.

농화학 회사인 아다마(ADAMA)는 AI, 머신러닝 등 기술을 활용해 날씨, 위성사진, 토지 상태, 질병 등을 분석해 주는 애플리케이션을 제공한다. 오렌지 회사인 시트로수쿠(Citrosuco)는 AI를 활용하여 이미지를 분석하고 질병을 예측·대비한다.

농업연구청(EMBRAPA)은 세아라연방대학교(UFC)와 협력하여 AI로 관개 시설을(Irrigation) 자동으로 제어하는 시스템을 만들었다. 북동부, 북부 지역은 만성적인 가뭄으로 물 부족 현상이 심해지고 있다. 센서와 AI는 태양열, 습도, 식물 상태 등을 분석하여 성장에 필요한 물의 양을 알아내고 식물에게 적정량만 제공할 수 있다. 농업연구청은 농화학 기업 바이엘과도 협력하여 '프로 카르보누(Pro Carbono)'라는 프로그램을 개발했다. 이 프로그램에 참가하는 농가들은 AI 기반 플랫폼에 접속하여 토지에 해를 입히지 않고 탄소가 배출되지 않는 방식으로 작물을 재배하는 방법을 안내받을 수 있다.

구분	내용
농장 전 (Before the farm)	작물을 심기 전 단계로 농업 자금 대출, 작물보호제/종자/비료/가축 영양제 구매, 연구분석 등 포함
농장 안 (On the Farm)	작물 재배 단계로 농장관리, 수로 관리, 드론/농기계 운영, 농촌 내 통신망 구축, 가축 관리, 센서/이미지 모니터링, 자동화 등
농장 이후 (After the Farm)	농산물이나 축산품이 농장을 떠난 후 단계로 물류/유통/저장, 식품 가공, 추적, 패키징, 리사이클링, 마켓플레이스, 도소매, 소비 등 활동

축산 관련해서도 여러 혁신기술이 개발되고 있는데 스타트업인 인스타보이(Instabov)는 소에 센서를 부착하여 상시 위치를 파악하고 가축의 도주나 강도를 방지한다. 바이털신호에 변화가 생기면 플랫폼을 통해 수의사나 관리인에게 즉시 알려준다.

농화학 기업 '코르테바 아그로사이언스(Corteva Agroscience)'는 스타트업인 아우라반트(Auravant)와 위성사진으로 작물을 모니터링하는 플랫폼을 구축했다. 브라질과 파라과이에 있는 48개의 농장이 모니터링되고 있다.

브라질 농촌 지역은 도로 등 상태가 열악하므로 드론을 활용한 모니터링 및 종자/비료/작물보호제 살포도 활발하다. 엠브라에르는 엑스모보츠(Xmobots)라는 드론 회사에 투자했는데 SPAD 150이라는 드론을 개발하여 자동으로 작물보호제를 농장에 살포한다.

'사이키 에어로스페이스(Psyche Aerospace)'는 상파울루주 상조세두스캄푸스의 인큐베이터에서 설립된 스타트업인데 아르피아 P-71(Harpia P-71)이라는 농업용 드론을 개발했다. 이 드론은 에탄올 하이브리드 모터로 가동되며 시간당 40헥타르의 농지에 작물보호제를 살포할 수 있다. 한번 충전하고 10시간 동안 운항이 가능하다.

대두, 옥수수, 밀 등 주요 곡물들의 원산지 및 재배·생산 과정에 관심을 가지는 소비자들이 늘어나면서 블록체인을 통해 토지 개간, 파종부터 유통, 가공까지 어떤 과정을 거치는지 투명하게 추적하는 기술도 발전하고 있다.

인터넷, 위성 인프라 보급이 확대되면서 이러한 어그테크 기업들은 더욱 늘어나고 발전할 것으로 예상된다. 중장기적으로는 한국의 우수한 스마트팜 기업들이 브라질에 진출하여 현지 기업들과 협력하는 기회도 많이 만들어지길 기대해 본다. 한국의 우수한 IT기술과 브라질의 넓은 농토 및 다양한 작물이 만나면 많은 기회가 창출될 수 있을 것이다.

무인 농기계의 시대로

브라질의 농기계 산업은 1960년대부터 본격적으로 발전했다. 브라질 연방정부는 1959년 '트랙터 산업 육성계획'을 발표한 이래, 꾸준히 해당 산업 발전을 지원하고 있다. 농업 생산성에 직접적인 영향을 끼치기 때문이다. 한 예로 트랙터 완성품에 대한 관세를 높여 자국산 농기계 산업의 성장을 도모하였고, 글로벌 기업들도 브라질에 공장을 짓기 시작하였다.

1960년에 포드(Ford), 발멧(Valmet)이 브라질의 첫 트랙터를 생산했으며 1966년대부터는 대두 및 밀을 수확하기 위한 수확기(Harvester)도 선보였다. 1970년대부터 브라질 곡물 수출이 본격화되면서 농기계 산업도 호황을 맞이했다. 당시 아그랄리(Agrale), 엥제사(Engesa), CBT(Companhia Brasileira de Tratores) 등 브라질 농기계 회사들이 등장했다. CBT는 미국, 아르헨티나, 멕시코, 호주, 모로코, 남아공 등으로도 제품을 수출했다.

그런데 1900년대 중반 페르난도 엔리케 카르도주(Fernando Henrique

Cardoso) 대통령이 개방 경제를 채택해 농기계 산업에 제공하는 혜택들을 철폐했고 본격적으로 시장이 글로벌 회사들에게 잠식당하기 시작했다. 엥 제사는 1993년, CBT는 1995년 파산했다. 지금은 존디어, CNH 등 외국 회사들이 브라질 농기계 산업을 주도하고 있다.

브라질 농산업이 호황기를 맞이하면서 농기계 판매량은 매년 증가하고 있는데 2022년 브라질 농기계 판매액은 916억 헤알(약 180억 달러)에 달했다. 마투그로수주, 파라나주, 상파울루주, 고이아스주 등 옥수수, 대두, 사탕수수, 목화 등 주요 작물이 자라는 지역이 주요 판매처다.

브라질의 농기계 산업 매출액

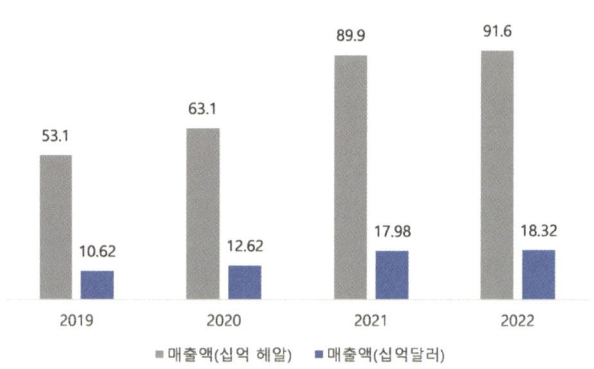

[자료: Abimaq]

정부는 농가들의 농기계 구매지원을 위해 다양한 융자 프로그램을 운영하고 있다. 주로 경제사회개발은행(BNDES), 브라질 농축산부(Mapa) 등의 재원이 투입된다. 일부 기업이나 에이전시들은 바터(Barter)로 농기계를 판매하기도 한다. 고객에게 농기계, 부품 등을 미리 인도하고 작물 수확 시 금액에 상응하는 곡물을 인수해 현금화하는 방식이다. 최근에는 디지털화폐로 농기계를 판매하기도 한다. 아그로토큰(Agrotoken)이라는 스타트업은 농가들의 농산품을 디지털화폐로 바꿔주며, CNH인더스트리얼 산하 은행은 해당 화폐를 거래 수단으로 인정해 준다. 존디어, CNH인더스트리얼 등 주요 농기계 회사들은 이런 거래를 위해 자회사로 금융회사들을 보유하고 있다.

농기계 공장들은 상파울루, 파라나, 히우그란지두술 등 주로 남동부에 위치해 있다. 철강, 플라스틱, 반도체(후공정), 정밀기계 등의 공장들이 이 지역에 많이 있어 공급망 구축에 유리하기 때문이다. 히우그란지두술은 브라질 농기계 생산의 약 50~60%를 담당한다. 카시아스두술(Caxias do Sul) 공단에 많은 정밀기계 공장들이 위치해 있다.

외국 기업들 중에는 미국의 존디어(John Deere), AGCO, 이탈리아의 CNH인더스트리얼(CNH Industrial), 독일 호르히(Horsch), 인도 마힌드라(Mahindra) 등이 브라질에 진출해 있다. 우리나라의 LS엠트론도 산타카타리나주 가루바시(Garuva)에 2013년 소형 트랙터 조립공장을 건설해 운영하고 있다. LS엠트론이 생산하는 소형 트랙터는 커피, 오렌지 등 농가에서 매우 인기가 좋다. 브라질 회사로는 작투(Jacto)가 있는데 일본 이민자인 순지 니시무라(Shunji Nishimura)가 상파울루주 폼페이아(Pompeia)에 설립했다. 작투는 아르헨티나, 태국에도 공장이 있으며 100개국 이상에 수출한다.

농촌에 4G 등 고속 통신망이 구석구석 구축되고 AI, 자동화, 위성, 센서 등 기술이 도입되면서 농기계도 진화하는 중이다. 글로벌 농기계 회사들은 자동화, 정밀 기술을 적용하고 있다. 대두, 옥수수, 목화 등 대규모 플랜테이션의 경우 무인 농기계가 농장을 다니면서 파종하고 수확하는 사례가 늘어나고 있다. 작업자들은 스마트폰이나 패드 화면으로 농기계 운행 상황을 모니터링하고 실시간으로 지시를 내린다.

농기계들의 동선은 AI가 최적화해 주어 '로스(Loss)' 시간이 줄어들고 기후, 토양 등 환경에 따른 작업 전략을 도출해 준다. 농기계에 부착되어 있는 센서, 카메라가 전달해 주는 정보를 AI가 자동적으로 분석하여 투입되는 작물보호제나 비료량을 줄일 수 있다. 부품이 마모되는 상황은 실시간으로 운전자에게 전달되어 적합한 시점에 유지보수 서비스를 받을 수 있다.

농기계, 통신, 농업 회사들이 공동으로 추진하는 과제들도 늘어나고 있다. CNH인더스트리얼은 대형 농업 회사인 상마르치뉴(São Martinho)와 사탕수수 농장의 농기계 자동화 사업을 추진하고 있다. 상파울루주 이라세마폴리스(Iracemápolis)에 위치한 사탕수수 농장에 4G 안테나 및 통제센터를 설치하고 실시간으로 농기계에서 보내주는 데이터를 분석한 다음 파종기, 작물보호제 살포기, 수확기, 트랙터 등에 지시를 내린다. 점점 농기계의 자동화 수준을 높이고 궁극적으로는 100% 자동화시키는 것이 목표다.

CNH인더스트리얼 '뱅 아그로(Bem Agro)'라는 브라질 스타트업을 인수했는데 농기계, 위성, 드론이 확보한 이미지를 AI를 통해 보정, 분석해 준다.

하이젠(Raízen)은 농장과 곡물사일로 간 제품을 운송하는 데 자동화된 트럭을 운행한다. 농장 규모가 거대하고 사람들이 거의 다니지 않아 사고 위험이 적기에 신제품을 테스트하기에 적합하다.

존디어도 '존디어 에코시스템'이라는 플랫폼을 클라우드 기반으로 운영하고 있는데 기업 운영자, 농장 작업자, 농기계, 곡물사일로 등이 연결되어 있다. 작업자는 태블릿을 통해 농장의 작업 진척도를 확인하고 필요한 지시 사항을 입력한다. 비료, 작물보호제, 가솔린 등을 적시에 공급하거나 물류 계획을 미리 수립하는 것도 가능하다. 데이터가 중앙 통제센터에 누적되고 분석되기에 점차 작업이 스마트해진다.

기술이 축적되고 자본이 모이면서 브라질 농기계 산업은 급속도로 첨단화될 것으로 예상된다. 브라질의 첨단 농기계 트렌드를 보기 위해서는 매년 열리는 아그리쇼(Agrishow) 등 농업 전시회에 방문해 보는 것도 좋은 방법이다.

브라질 Agrishow에 전시된 농기계

[자료: 저자 직접 촬영]

브라질의 물류 관련 스타트업들

브라질은 물류 인프라가 낙후된 곳이 많으며 개선에는 많은 시간이 필요할 것이다. 고속도로나 철도를 건설하는 데 최소 3년에서 수십 년까지 소요될 수 있다. 브라질은 국토 넓이가 대한민국의 88배에 달하기에 모든 지역에 효율적으로 물류 인프라를 설치하기가 어렵다. 반면 인구가 많고 기업이나 인구가 브라질 구석구석에 퍼져 있기 때문에 물류 서비스에 대한 수요가 많다.

현재 보유하고 있는 인프라를 활용하면서 물류 비용을 줄이고 효율성을 높이기 위해 많은 스타트업들이 연구를 하고 있다. 센서와 AI, 블록체인 등 기술을 활용하여 화물의 위치를 실시간으로 추적하고 제반 서류 작업을 효율화하는 기술들이 많이 활용되고 있다.

글로벌 트레이딩 회사들은 매년 수천만 톤의 대두, 옥수수, 밀 등 곡물을 마투그로수주, 고이아스주, 마투그로수두술주 등 내륙에서 대서양 항만으로 운송한다. 반대로 대서양 항만으로 들어오는 비료, 작물보호제, 종자 등 원부자재를 농장으로 운송한다.

이런 작업을 효율적으로 수행하기 위해 트레이딩 회사들은 독자적 혹은 유사 기업들과 협력을 통해 물류 관리 시스템을 개발하고 있다. 벙지(Bunge)는 아르헨티나 회사 타겟(Target)과 2020년 벡터(Vector)라는 물류 플랫폼을 구축해 대두, 옥수수 등 곡물을 수출항까지 효율적으로 운송하고 있다. 벡터를 통해 벙지의 트레이더들은 외주 트럭 기사를 물색하고 선적하고는 운송 경로를 실시간으로 추적한다.

'아처 대니얼스 미들랜드(ADM)', 아마지(Amaggi), 카길, LDC는 2021년 카르구에로(Carguero)라는 물류 플랫폼을 만들어 트럭을 섭외하고 서류를 구비하는 작업을 간소화시켰다. 과거에는 각 기업이 트럭 기사나 운송 회사들과 독자적으로 교신하였기 때문에 교섭력이 떨어졌고 물류 비용도 운송 회사들 조건에 따라 변동이 심했다.

대형 트레이딩 회사들이 동일 물류 시스템을 이용하면 관리 측면에서 시너지가 있고 비용 변동성도 줄일 수 있다. 브라질 곡물 생산량은 최근 20년간 3배 정도 늘어 2022~23년 3억 톤을 넘어섰다. 트럭 운송 주문이 중복되면 물류 비용이 걷잡을 수 없이 올라갈 수 있다. 트럭 기사들 입장에서도 카르구에로나 벡터 같은 플랫폼에 들어가서 여러 트레이딩 회사들이 제공할 일감을 한 번에 확인할 수 있어 동선 계획을 효율적으로 구성할 수 있다.

철광석 광산 및 제련소를 운영하는 브라질 기업 게르다우(Gerdau)는 독일 소프트웨어 회사 SAP과 '제스터옹 지 필라스 온라인(Gestao de Filas Online)'이라는 애플리케이션을 개발하여 트럭 기사들과 실시간으로 소통하고 일감을 배정한다. 트럭들은 항만, 제련소, 광산 등을 자주 왕래하기에 효율적인 관리가 필요하다.

　육가공 회사인 JBS도 물류 자회사인 TRS를 통해 1,700대 정도의 트럭을 운영하고 있다. TRS가 운영하는 트럭들은 위성 기반 위치추적 시스템뿐 아니라 가축들의 상태를 파악하는 센서, 트럭 운전사의 상태를 살피는 AI 기반 카메라 등을 갖추고 있다. 만약 트럭 기사가 피곤해 보이면 알람을 울려 휴식을 유도한다.

　브라질은 치안이 좋지 않기 때문에 화주들은 트럭들이 운송 중 강도를 당할까 봐 많이 우려한다. 요즘은 트럭에 GPS를 설치하고 고속도로에 설치된 통신망을 통해 기사와 실시간으로 교신하면서 위험을 줄이고 있다. 예를 들어 트럭이 지정되지 않은 장소에 일정 시간 이상 정차해 있으면서 교신도 되지 않으면 사설 경비요원이 출동하거나 인근에 있는 경찰에 자동으로 연락이 간다.

　농산물, 자동차, 부품, 비료 등 전통적인 물류 수요에 더하여 이커머스가 발전하면서 관련 운송 수요가 폭발적으로 늘어나고 있다. 브라질 이커머스 매출액은 2018년 698억 헤알에서 2023년 1,857억 헤알로 3배 정도 늘어났다. 주문 건수도 2018년 1억 6,064만 건에서 2023년 3억 9,511건으로 증가했다. 이커머스 제품은 브라질 내에서 조달하는 것도 많지만 해외 직구도 늘어나고 있다. 쇼피(Shopee), 테무(Temu), 쉬인(SHEIN), 알리익스프레스(AiExpress) 등 글로벌 이커머스 플랫폼들이 대거 브라질에 진출했다.

　화주, 물류 기업, 이커머스 플랫폼 사이에서 물건을 효율적으로 고객에게 전달하는 서비스를 제공하는 스타트업들도 나타나고 있다. 대표적인 스타트업으로는 프레치닷컴(Frete.com)과 로지(Loggi)가 있는데 모두 유니콘 기업 반열에 올랐다. 고객이 온라인으로 물건을 주문하면 가장 빠른 속도로 전달할 수 있는 트럭이나 오토바이 기사를 연결해 준다. 이들 회사들은 배송을 더 빠르고 저렴하게 하기 위해 기술에 많은 투자를 한다.

이커머스 매출이 늘어나자 DHL, 페덱스(FeDex) 등 글로벌 물류 회사나 우체국(Correio) 등도 전용 화물기나 트럭을 추가로 구매하거나 임대하고 물류창고, 배송기지 등 인프라를 구축하고 있다. 물류 기업들은 많은 소비자들이 거주하고 있는 상파울루, 벨로리존치, 쿠리치바 등 대도시 인근에 창고를 건설하고 있기에 고속도로와 인접한 창고 부지 가격이 급등하는 중이다. 상파울루주와 미나스제라이스주는 인접하고 있는데 미나스제라이스주의 물류 관련 세금이 저렴하기에 두 주의 접경 도시인 엑스트레마(Extrema) 등에 많은 회사들이 물류창고를 건설하고 있다. 아메리카나스 등 매장을 많이 보유하고 있는 유통 회사들은 오프라인 매장을 물류 기지로 활용하기도 한다.

2022년부터는 브라질 정부(ANAC)에서 드론으로 물건을 배송하는 것을 허가해서 많은 기업들이 드론을 통한 배송 비즈니스를 진행하고 있다. 로지테크 기업 아이푸드(iFood), 화장품 회사 나뚜라(Natura), 의약품 기업 '그루포 파르디니(Grupo Pardini)' 등은 드론을 통해 제품을 배송하는 것을 시범적으로 추진하고 있다. 이들은 파일럿 차원에서 5~10km 거리 내에서 화물을 배송하고 있으며 경험이 쌓이면 배송 거리를 100km까지 늘릴 계획이다. 그루포 파르디니는 도심에 있는 환자에게 혈액을 채취하여 도시 외곽에 있는 시험소까지 드론으로 운송하는 것을 테스트하는 중이다. 드론을 활용하면 차로 1시간 이동해야 하는 거리를 6분 만에 주파할 수 있다.

물류창고에서도 드론이 재고를 파악하는 데 많이 활용된다. SAP ERP 시스템과 연동된 드론들이 창고에 날아다니면서 재고를 파악하고 시스템에 자동적으로 반영한다.

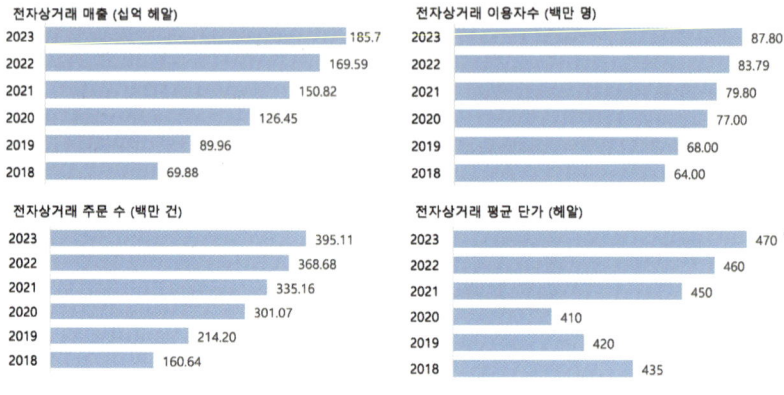

[자료: Associação Brasileira de Comércio Eletrônico]

　브라질은 도시 곳곳에 파벨라(Favela)라고 불리는 빈민가가 있어 물류의 걸림돌이 된다. 파벨라에 거주하는 주민들이 이커머스 플랫폼을 통해 제품을 주문하면 일반 운반원들이 배송하러 들어가는 데 위험할 수 있으며 실제로 많은 주문이 취소된다. 파벨라 내에 있는 집 상당수가 무허가로 건축된 것이라 배송 주소가 없는 것도 문제다. 2022년 국가 인구 통계에 따르면 브라질 전역에 11,403개의 파벨라가 있으며 1,600만 명의 인구가 655만 개의 집에 거주하고 있다.

　일부 물류 회사들은 파벨라 내에 있는 단체나 주민들과 협력하여 해당 지역에 거주하는 주민들에게 제품을 운송하는 시스템을 개발하고 있다. 파벨라에 거주하는 주민을 배달원으로 사용한다든지 파벨라 입구 특정 장소에 물건이나 음식을 배달하면 주문자가 찾아가는 방식 등이 활용된다. 2021년 구글과 이커머스 회사 아메리카나스(Americanas)는 위성 지도를 활용하여 파벨라 지역에 있는 집들에 가상 주소를 부여하는 작업을 진행했다. 주소만 있다면 아무리 깊숙하고 복잡한 곳에 살아도 배송이 가능해진다.

위에서 설명한 것과 같이 고속 인터넷망 및 온라인 기술을 활용하여 물류를 효율화시키려는 움직임이 브라질 전역에서 활발하게 이루어지고 있다. 비효율적인 물류 인프라는 브라질 공급망의 큰 걸림돌 중 하나다. 이러한 노력을 통해 과연 브라질이 물류비 부담을 줄이고 산업 경쟁력을 높일 수 있을 것으로 기대된다.

iFood의 배달용 드론

[자료: iFood 홈페이지]

성장하는 농업 핀테크
(Agfintechs)

브라질은 라틴아메리카의 핀테크 천국으로 누뱅크(NuBank), 방코인테르(Banco Inter) 등 시가총액이 10억 달러가 넘는 유니콘 기업들이 많이 있다. 2024년 5월 누뱅크는 이용자가 1억 명을 넘었는데 브라질에서만 9,200만 명의 고객을 보유하고 있다. 거의 브라질 인구의 절반이 누뱅크를 이용하는 것이다. 누뱅크는 멕시코, 콜롬비아 등 중남미 시장으로도 확장하고 있어 점차 영향력이 커질 것으로 예상된다.

기존에는 이타우, 브라데스코, 방코두브라질, 산탄데르 등 대기업 은행군들이 브라질 금융 시장을 장악하였다. 하지만 인터넷 보급률이 높아져서 농촌, 파벨라 할 것 없이 대부분의 사람들이 온라인 애플리케이션에 접속할 수 있게 되면서 주도권이 핀테크로 넘어가게 되었다.

핀테크들이 브라질 시장에서 자리 잡을 수 있게 된 배경을 보면 먼저 기존 대형 은행들이 높은 금리로 대출을 해주었고, 계좌 개설 시 조건이 까다로워 신용이 좋지 않은 사람들은 계좌를 만들거나 유지하는 것이 힘들었다. 이처럼 기존 금융에서 소외된 사람들이 핀테크로 대거 넘어왔다.

정부도 자본요건, 필수 인프라 등 조건을 낮추어 신규로 새로운 금융회사들이 설립될 수 있는 토양을 마련했다. 2019년 핀테크 육성법을 제정하고 P2P와 크라우드펀딩 활성화 법률을 마련하여 제도적으로 핀테크 사업을 추진하기 좋은 환경을 조성했다.

인터넷 은행들은 계좌 유지 수수료를 부과하지 않고 애플리케이션으로 계좌 개설이 가능하다. 기존 대형 은행을 통할 때는 많은 서류를 제출해야 하고 은행에도 서류를 보완하러 여러 번 방문해야 했다. 매달 계좌 유지 수수료가 나가는 것도 부담스러웠다.

누뱅크는 일단 고객 수를 대거 확보한 뒤 타 핀테크 기업과의 제휴나 인수합병을 통해 서비스 라인업을 확장하고 있다. 결제를 대행해 주는 누페이(NuPay) 및 마켓플레이스인 누쇼핑(Nu Shopping)을 론칭했다. 블록체인 기업 팍소스(Paxos)와도 제휴하여 가상자산 거래도 지원한다. 고객이 1억 명이 넘기 때문에 이들이 데이터베이스에 남기는 정보 가치만 해도 가치가 크다. 그 정보를 활용하여 수익이 나는 새로운 서비스를 지속적으로 론칭할 수 있다.

브라질의 핀테크 수는 2017년 244개였는데 2022년 말 855개로 3배가 넘게 증가했다. 아그핀테크(Agfintechs)라고 농업에 특화된 핀테크 기업들도 등장하고 있다. 아그핀테크 기업들은 온라인 플랫폼, 디지털 기술 등을 활용해 농가, 축산업자 등에 특화된 금융 서비스를 제공한다. 아그핀테크들의 장점은 다음과 같다.

- 디지털 프로세스: 자료수집, 리스크 분석, 신용도 확인, 거래자동화, 실시간 거래
- 특화된 서비스: 각 농가에 특화된 여신/대출 제공, 농업보험 등 서비스 안내 등
- 자료 분석: 기후변화, 거시정책, 금융성과, 시장예측 등
- 연결성: 농가, 금융기관, 농화학 기업 등 연결

브라질 농업은 급격히 성장하는 분야기에 기업이나 농가들의 융자 수요가 많다. 정부에서 '플라노 사프라(Plano Safra)' 등 정책자금을 운용하고 있으나 수요에 비해 금액이 부족하며 엄격한 심사로 자금이 필요하나 대출을 받지 못하는 농가들도 많이 있다. 아그핀테크 플랫폼을 사용하면 농가들은 애플리케이션으로 투자 및 운영자금을 신청할 수 있다. 핀테크 기업은 실시간으로 수집하는 다양한 정보를 바탕으로 대출을 승인할지 결정한다.

대기업들이 아그핀테크 사업에 뛰어드는 사례도 늘어나고 있는데 글로벌 곡물 트레이딩 회사인 벙지는 핀크롭(Fincrop)이라는 핀테크 자회사를 만들어 농가들에 더 많은 금융 서비스를 제공하려고 한다. 핀크롭은 AI, 머신러닝 등 기술을 활용해서 환경적인 요인 및 리스크를 파악하고 대출 여부 및 조건을 판단한다. 벙지는 아그핀테크 기업과 협력하면서 농가들의 신용도, 매출 등 정보를 효율적으로 분석할 수 있다. 추가로 위성사진, 센서 등에서 취합되는 정보를 AI가 자동으로 분석하여 당해 연도 생산량 및 ESG 준수 여부 등을 실시간으로 확인할 수 있다. 디지털 및 자동화된 방식으로 금융 행정절차도 간소화할 수 있는 장점도 있다.

브라질 대형 은행인 브라데스코는 e-아그로(e-agro)라는 플랫폼을 만들어 농업 금융을 제공하고 있다. 농가들은 스마트폰이나 태블랫 PC로 손쉽

게 대출을 받을 수 있다. e-아그로 플랫폼에는 온라인숍도 있어 농가들은 필요한 제품이나 디지털 솔루션을 구매할 수 있다.

대두, 옥수수, 커피, 비료 등 원자재를 토큰(Token)화하여 거래에 적용하는 서비스들도 나타나고 있다. 원자재를 정량적으로 토큰화시킬 수 있으면 현금화하지 않고도 언제든 거래나 대출을 받는 데 활용할 수 있다. 기존에도 농가들은 바터(Bater)를 통해 곡물을 주고 농기계, 비료, 작물보호제 등을 구입하는 데 활용했다. 존디어, CNH인더스트리얼 등 농기계 회사들은 자체 시스템을 활용하여 곡물을 받고 기계나 장비를 내주었다.

아그로트큰(Agrotoken)은 농산물을 토큰화시키는 시스템을 개발한 스타트업으로 금융거래 회사인 비자(VISA), 농업 디지털 플랫폼 회사 브로투(Broto), 대형 은행인 방코두브라질(Banco do Brasil)과 2023년부터 협력하여 서비스를 제공하고 있다. 농산물을 토큰화시키는 서비스를 이용하는 농가들은 애플리케이션에 접속하여 토큰으로 기계, 비료 등 제품을 구입할 수 있다. 시스템은 블록체인 기술을 활용하여 모든 거래는 향후에도 추적이 가능하고 신뢰성을 갖는다.

독일 농화학 기업인 바이엘(Bayer)과 핀테크 회사 팜테크(Farmtech)도 '크롭 크레딧(CropCredit)'이라는 플랫폼을 만들었다. 두 회사는 사전에 AI 시스템 분석을 통해 각 농가가 받을 수 있는 여신 한도를 책정한다. 이후 농가는 해당 여신 한도 내에서 작물보호제, 종자 등 농화학 제품을 바이엘에서 구매할 수 있다. 농가는 현금이 없어도 간편하게 제품을 구매할 수 있고 바이엘은 각 농가의 분석 결과를 바탕으로 제품을 판매하고 판매 대금을 회수할 수 있는 확률을 높일 수 있다.

브라질 농산업의 성장세를 볼 때 아그핀테크 시장은 앞으로도 유망할 것으로 보인다. 고객에게 제공받거나 자체적으로 확보한 금융, 기후, 산업, 신용 등의 방대한 정보를 바탕으로 유망한 기업을 발굴하고 검증하는 기술이 급속도로 발전할 것이다. 이를 통해 기술이나 사업성이 있지만 기존 금융권에서 자금을 대출받지 못하던 기업들이 수혜를 받을 수 있어 브라질 농산업 경쟁력은 더욱 강화될 것으로 전망된다.

e-agro 플랫폼

[자료: e-agro 홈페이지]

브라질의 광업 및
석유·가스 관련 스타트업들

　이차전지, 신재생에너지 발전 등 산업이 발전하면서 핵심 광물 수요가 늘어나고 있다. 철광석, 금, 니켈, 망간, 구리 등 판매 호조로 브라질 광업 매출액은 증가세에 있다. 다만 탄소배출로 인한 지구온난화, 철광석 광산 광미댐 붕괴로 인한 희생자 발생 등으로 지속가능한 광산업에 대한 요구가 세지고 있다. 추가로 점차 노천에서 캐낼 수 있는 광물이 소진되면서 땅속 깊숙이 매장되어 있는 광물을 효율적이고 안전하게 채굴하는 필요성이 높아지는 추세다.

　핀테크, 농업, 물류 등의 사례와 유사하게 광업 관련 스타트업들도 속속들이 나타나고 있다. 마이닝허브(MiningHub)는 광산업으로 유명한 미나스제라이스주 벨로리존치에 위치한 광물 스타트업 허브로 2019년 설립되었다. 2024년 기준 21개의 광산 회사가 회원으로 소속되어 있고 17개의 광업 스타트업과 공동으로 활발하게 혁신기술 연구를 진행하는 중이다.

발리(Vale), 알코아(Alcoa), 앵글로아메리칸(AngloAmerican), 아르셀로미탈(ArcelorMittal), MRN, 모자이크(Mosaic), CBMM, 게르다우(Gerdau), 넥사리소시스(Nexa Resources) 등 브라질의 유명 광산·제련소 기업들이 회원으로 가입되어 있다. 브라질의 광업 스타트업들이 주로 연구하는 분야는 아래와 같다.

- 광물 생산에서 탄소배출 절감
- 사회 개발
- 에너지 전환
- 에너지 효율
- 직업 효율성 및 안정성
- 수자원 관리
- 폐기물 관리
- 광산근로자의 안전 및 건강

광업 관련 주요 혁신 활동을 보면 먼저 넥사리소시스는 브라질에 운영하고 있는 아연 제련소에 석탄 대신 바이오 카본을 투입하는 것을 연구하고 있다. 이 경우 탄소배출 절감 효과가 있다. 아연괴를 만드는 데 나오는 폐기물을 재활용해서 시멘트의 대체품인 지오폴리머(Geopolymer)를 만드는 데도 성공했다.

발리는 발리 기술센터(Instituto Tecnológico Vale), 미나스제라이스 연방대학교와 함께 지하 광산을 개발할 때 지형 파악에 투입될 수 있는 로봇을 개발했다. 로봇 이름은 '에스펠로 호보(EspeloRobo)'로 자유롭게 이동하면서 갱도 특성, 광물 매장지 등을 파악한다. 스위스 애니보틱스(Anybotics)와도 에니말(Anymal)이라는 로봇개를 개발하여 광산, 항만 등 현장에 투입했다. 이 로봇개는 사업장을 돌아다니면서 위험 요소를 파악한다. 광물 사업장은 대형 트럭이 상시로 이동하고 배관이 터져 유해 물질이 배출될 수 있는 등 위험 요소가 상존한다. 발리는 미국 NASA와도 로봇 개발에 협력하고 있으며 장기적으로 광산 개발 및 운영에 증강현실, 인공지능 기술도 적용할 것이다. 보크사이트 광산을 운영하는 알코아(Alcoa)도 2019년 파라주 주루티(Juruti) 광산에 드론으로 광미댐과 주변 환경을 감시하면서 실시간으로 위험 요소를 파악한다. 알코아는 호주 사업장에 운영하고 있는 로봇개를 브라질 파라주 및 마라냥주 사업장에 투입할 예정이다.

영국 광산 개발 회사인 앵글로골드 아샨티(AngloGold Ashanti)는 브라질에서 활동하고 있는데 지하 광산에 와이파이를 설치하여 근로자 위치를 파악하고 인공지능 기반 기계·드론도 원격으로 조종한다. 광산 곳곳에는 센서가 부착되어 있으며 근로자는 광산에 들어갈 시 옷에 칩을 부착하게 되어 있다. 쿠이아바 광산에서는 중앙 통제센터에서 원격으로 트럭을 운전한다. 로봇은 센서로 갱도를 분석하고 인공지능으로 신규로 갱도를 뚫을 지역을 안내해 준다.

재규어(Jaguar)는 미나스제라이스 '산타 바르바라(Santa Barbara)' 금광산을 운영하고 있으며 2021년 83,000온스를 채굴했다. 이 회사도 광산에 와이파이를 설치하고 드론·로봇 등으로 신규 탐사 지역을 분석한다. 드론은 갱도 등 위험지역을 자유롭게 날아다니면서 디지털 지형도를 그려줄 수 있다.

게르다우도 통신 회사인 엠브라텔(Embratel)과 협력하여 '오우루 블랑쿠(Ouro Branco)' 광산에 5G 통신망을 설치하고 IoT, AI, 광산 기계 자율주행 등을 테스트하고 있다.

또 다른 영국 광산 기업인 앵글로아메리칸 브라질 법인은 2025년까지 2,500만 헤알(약 500만 달러)을 오픈이노베이션에 투자할 것이라고 발표했다. 선광 작업 시 오염되는 수자원 재활용률을 제고하고 2040년까지 탄소 배출을 '제로(Zero)화'시킬 계획이다.

불법 금 채굴이 문제가 되자 브라질 연방경찰은 2021년부터 '오우루 아우보(Ouro Alvo)'라는 작전을 시행하면서 불법 금 채굴업자들을 단속하고 있다. 브라질 광물청(ANM)도 금 밀수를 방지하기 위해 블록체인을 통해 금 유통경로를 추적하는 기술을 개발하는 중이다.

대기업들 말고도 다양한 광산업 스타트업들이 모니터링, 장비 원격조종, ESG 준수, 광물 중개 플랫폼 등을 개발하는 중이다. 이들은 대기업들의 오픈이노베이션 프로그램에 적극 참여하며 중소 중견 광물 회사들의 생산성 향상 및 ESG 준수에도 많은 기여를 한다. 경제사회개발은행(BNDES)과 '산업 연구혁신 공사(Embrapii)'도 우수한 광업 스타트업을 지원하는 프로그램을 운영하고 있다.

브라질의 주요 광업 스타트업

회사명	활동
Minery	- 2019년 설립되었으며 광물 소비자들과 광산 회사들을 연결 (마켓플레이스) - 광물 회사들이 채굴할 때 ESG를 준수한다는 인증(실사)
Fractal Engenharia	- EDP Ventures Brasil, INSEED Investimentos 투자 유치 - 광산의 물 관련 사고 예방(광미댐 관리 등) - 센서를 통해 강수량, 강 수위 등 정보를 수집하여 위험분석 (머신러닝, 빅데이터 기술 활용)
Gauss Fleet	- 광산용 중장비 대여 플랫폼(제련소/광산 기업이 주 고객) - IoT, 원격조종시스템, 지오프로세싱 장비를 통해 고객이 중장비를 실시간으로 모니터링하고 조종
DSafeTech	- 2018년 설립되었으며 Fonntes Geotécnica 투자금 유치 - 실시간으로 광산 광미댐을 관리하는 엔지니어, 관리자들에게 의사결정에 참고할 수 있는 정보 제공

[자료: MiningHub]

한편 석유·가스 산업에서도 비슷한 연구들이 진행되고 있다. 히우그란지두술주 포르투알레그리 출신의 픽스포스(Pix Force)라는 스타트업은 석유 시설에 부착된 수많은 감시 카메라를 활용하여 영상을 수집하고 AI, 딥러닝(Deep Learning)을 통해 사전에 위험을 감지해 주는 시스템을 만들었다. 시추선, FPSO 등 석유·가스 시설에서는 사고가 한번 터지면 규모가 매우 크고 환경 등에 끼치는 악영향이 크다. 그래서 에너지, 전력, 광업 등 회사들은 픽스포스의 서비스에 열광하고 있다. 석유·가스회사인 쉘(Shell), 비브라(Vibra) 및 전력 회사인 세미그(Cemig)를 포함하여 2024년 말 기준 35개사의 고객을 보유하고 있다.

브라질의 석유·가스 회사들은 이 외에도 탄소 포집, 신재생에너지, 원격작업, 안전한 시추, 광구 분석, 물류 관련 혁신기술을 연구하고 있다. '브라질 석유가스 연구소(IBP)'에 따르면 브라질 석유·가스 회사들은 1998~2024년간 연구개발에 320억 헤알을 투자했다. 앞으로 연구개발 비용의 상당 비율은 AI기술 개발에 사용될 것이다. 블록체인, 사물인터넷, 클라우드 컴퓨팅 등 기술을 활용하여 생산성을 높이려는 연구도 활발하다. 브라질 국립 석유·천연가스·바이오연료 공사(ANP) 등 정부 기관들도 스타트업을 발굴하고 육성하는 여러 프로그램을 운영하고 있다.

광업 및 에너지 분야에서 기술 발전이 진행되면서 생산성이 향상되고 환경에 미치는 영향을 줄이면서 신규 광산이나 석유·가스 매장지를 발굴하기도 쉬워질 것으로 예상된다. 탄소배출량 감축, 신재생에너지 발전, 그린수소 등 신산업의 기술 개발도 점점 구체화될 것이다.

브라질 공급망의 모든 것

초판 1쇄 발행 2025. 3. 7.

지은이 신재훈
펴낸이 김병호
펴낸곳 주식회사 바른북스

편집진행 박하연
디자인 이강선

등록 2019년 4월 3일 제2019-000040호
주소 서울시 성동구 연무장5길 9-16, 301호 (성수동2가, 블루스톤타워)
대표전화 070-7857-9719 | **경영지원** 02-3409-9719 | **팩스** 070-7610-9820

•바른북스는 여러분의 다양한 아이디어와 원고 투고를 설레는 마음으로 기다리고 있습니다.
이메일 barunbooks21@naver.com | **원고투고** barunbooks21@naver.com
홈페이지 www.barunbooks.com | **공식 블로그** blog.naver.com/barunbooks7
공식 포스트 post.naver.com/barunbooks7 | **페이스북** facebook.com/barunbooks7

ⓒ 신재훈, 2025
ISBN 979-11-7263-993-8 03320

•파본이나 잘못된 책은 구입하신 곳에서 교환해드립니다.
•이 책은 저작권법에 따라 보호를 받는 저작물이므로 무단전재 및 복제를 금지하며,
이 책 내용의 전부 및 일부를 이용하려면 반드시 저작권자와 도서출판 바른북스의 서면동의를 받아야 합니다.